国家出版基金项目

"十四五"国家重点图书出版规划项目
国家出版基金资助项目

国家现代化进程与乡村振兴战略

李小云 于乐荣
董 强 陆继霞
张传红 ◇ 著

中国乡村振兴
前沿问题研究
丛书

丛书主编 ◇ 李小云
执行主编 ◇ 左 停

湖南人民出版社·长沙

本作品中文简体版权由湖南人民出版社所有。
未经许可，不得翻印。

图书在版编目（CIP）数据

国家现代化进程与乡村振兴战略 / 李小云等著. --长沙：湖南人民出版社，2023.10
（中国乡村振兴前沿问题研究丛书 / 李小云主编）
ISBN 978-7-5561-2878-5

Ⅰ. ①国… Ⅱ. ①李… Ⅲ. ①农村—社会主义建设—研究—中国 ②农村现代化—研究—中国 Ⅳ. ①F320.3

中国国家版本馆CIP数据核字（2023）第161675号

GUOJIA XIANDAIHUA JINCHENG YU XIANGCUN ZHENLÜE
国家现代化进程与乡村振兴战略

丛书主编	李小云
执行主编	左　停
本册著者	李小云　于乐荣　董　强　陆继霞　张传红
策划编辑	黎红霞　欧阳臻莹
责任编辑	黎红霞　夏文欢
装帧设计	许婷怡
责任校对	周海香

出版发行	湖南人民出版社［http://www.hnppp.com］
地　　址	长沙市营盘东路3号
电　　话	0731-82683346
邮　　编	410005

印　　刷	长沙鸿发印务实业有限公司
版　　次	2023年10月第1版
印　　次	2023年10月第1次印刷
开　　本	710 mm×1000 mm　1/16
印　　张	17.75
字　　数	280千字
书　　号	ISBN 978-7-5561-2878-5
定　　价	70.00元

营销电话：0731-82221529（如发现印装质量问题请与出版社调换）

总序

在中国式现代化进程中
全面推进乡村振兴理论与实践创新研究

党的十九大明确提出实施乡村振兴战略，并将其作为构建社会主义市场经济体系的六大方面之一。2018年，《中共中央 国务院关于实施乡村振兴战略的意见》明确了实施乡村振兴战略的指导思想、目标任务和基本原则，进一步明确了乡村振兴战略实施路线图。乡村振兴战略是中国乡村发展实践总结出来的新思想、新模式、新路径，是党的农业农村工作的总抓手，是针对我国农业、农村、农民的特点提出的具有中国特色的乡村发展道路。

习近平总书记强调："从中华民族伟大复兴战略全局看，民族要复兴，乡村必振兴。"我们已经实现从解决温饱、摆脱贫困到全面小康的历史性跨越，但城乡发展不平衡、农村发展不充分仍然是社会主要矛盾的突出体现。农业农村这个短板能不能补上，是现代化进程中必须处理好的重大问题，关系到社会主义现代化建设的成效，也关系到共同富裕的成效，迫切需要坚持农业现代化与农村现代化一体设计、一并推进，走中国特色乡村振兴道路。

全面推进乡村振兴是新发展阶段乡村发展工作重心的历史性转移。乡村振兴是全域、全员、全方位的振兴，涉及乡村产业、人才、文化、生态、组织振兴诸多方面，对象更广、范围更宽、要求更高、难度更大，是一项中长期的任务，最终目标是全面实现农业农村现代化，实现农业强、农民富、农村美，"全面实施乡村振兴战略的深度、广度、难度都不亚于脱贫攻坚"，需要系统谋划、有序推进。

全面推进乡村振兴也是构建新发展格局的需要。随着经济社会的发展，农业多种功能、乡村多元价值越来越得以彰显，全面推进乡村振兴也是挖掘农村内需潜力、畅通城乡大循环、构建新发展格局的重要举措。扩大内需，培育完整内需体系，农村有着广阔的增量空间。农民收入水平提升、农村社会事业发展，会释放出巨量的投资和消费需求。加快拓展和畅通国内大循环，就需要充分挖掘农村内需潜力，推动乡村振兴和城市更新"双轮驱动"，进一步增强产业链供应链韧性。

全面推进乡村振兴还是应变局、开新局的关键之举。习近平总书记强调："从世界百年未有之大变局看，稳住农业基本盘、守好'三农'基础是应变局、开新局的'压舱石'。"改革开放以来，我们创造出的经济快速发展、社会长期稳定这"两个奇迹"，一个很重要的因素就是保持"三农"的稳定发展。2020年以来，应对新冠疫情和部分地区严重自然灾害冲击，我国粮食和重要农副产品供给充裕，农村社会保持和谐安定，对保持经济社会稳定发展功不可没。当前，外部形势复杂变化，不稳定性不确定性日益增加，需要通过乡村振兴实现农业农村稳定发展，赢得应对风险挑战的战略主动和回旋余地。

全面推进乡村振兴更是中国式现代化进程的一个部分，面临很多理论、政策和实践问题。当前的乡村振兴战略，一方面是全球现代化特别是新中国以来国家农业农村现代化战略和实践的一个部分，另一方面又有鲜明的时代特征，面临其他国家、其他时期所没有的问题和挑战。乡村振兴战略需要随着实践的深化而加大研究总结力度。比如，不同类型地区的乡村振兴类型是否有差别；在城镇化大背景下，农村的人口尤其是年轻人还在继续减少，乡村振兴如何实现；在推进乡村振兴产业发展过程中，如何兼顾产业发展的规模集聚效益；如何推进乡村治理体系的创新，有效地保证乡村振兴战略的实施；如何在保证国家生态安全和粮食安全前提下，通过乡村振兴实现农民生活富裕的目标；等等。这些来自实践中的诸多疑问要求我们更加科学、准确地回答关于乡村振兴的实质或内涵到底是什么，需要在更深的层次从多维视角对我国乡村振兴研究的现状、热点和前沿进行更深入的思考和研究。

为此，三年前，湖南人民出版社和中国农业大学国家乡村振兴研究院商量，计划联合学术同仁对当前全面推进乡村振兴所面临的一些迫切需要思考的理论实践问题开展研究，并撰写出版这套《中国乡村振兴前沿问题研究丛书》，以期为更深入开展乡村振兴研究提供重要参考和建议。经过几个方面的努力，现在这套丛书终于付梓。

《中国乡村振兴前沿问题研究丛书》坚持问题导向、国际视野和前沿性，强化实地调查、案例研究和统计分析，在中外乡村发展理论大视野下，力求对当前的乡村振兴理论进行深刻理解和阐释，致力于回应乡村振兴战略和政策实践的现实需要。《中国乡村振兴前沿问题研究丛书》也对代表性的乡村振兴案例进行生动呈现。丛书共七卷，主要的内容包括国家现代化进程与乡村振兴战略、巩固拓展脱贫攻坚成果与乡村振兴有效衔接、乡村产业振兴与乡村功能拓展、乡村振兴与乡村人才建设、乡村振兴与民生保障、乡村组织振兴与新时代乡村治理、乡村振兴与城乡融合发展。丛书各卷编撰都由相关领域的一线专家担纲，这些专家对相关问题有充分的研究积累。

我们需要从全球现代化进程和中国农业农村发展的大历史的视角理解中国乡村振兴战略提出的必然性，理解中国乡村振兴的本质属性，并在此基础上构思解决中国农业、农村、农民发展各类问题的路径框架。《国家现代化进程与乡村振兴战略》系统地分析和阐释乡村振兴战略提出与形成的国际国内背景、基本内涵、重要内容、实施体系和重大意义；针对农村改革与发展中迫切需要解决的问题，诸如农村土地流转、农村组织与制度、农产品生产与流通、乡村建设与发展、城镇化、农村金融、贫困与脱贫攻坚、农村社会、农村法治、乡村治理等进行论述，聚焦"三农"领域的新做法、新经验；总结评估乡村振兴战略从顶层设计到基层落实的实践现状、主要做法、经验和模式。

脱贫攻坚和乡村振兴既是局部和全局的关系，也是不同发展阶段的关系。脱贫攻坚为乡村振兴提供了现实基础；乡村振兴也能为减贫创造长期的有利的政策氛围，为减贫发挥经济上的牵引作用，可以提升社会托底的水平，为减贫建立新的标杆，也为长期的反贫困提供新的治理和发展的资源和力量。巩固拓展脱贫攻坚成果与乡村振兴相衔接既是当下的问题，也是一个长期问题，涉及实现包容性、益贫性的社会经济发展模式和公共政策体系。《巩固拓展脱贫攻坚成果与乡村振兴有效衔接》就做好脱贫攻坚与乡村振兴有效衔接需要把握和厘清的二者的深刻内涵和内在逻辑关系，两大战略协同推进、平稳过渡的政策着力点、关键路径、机制构建以及实施重点、难点等做了分析阐释，对脱贫攻坚已形成的经验和项目如何主流化、常态化、机制化嵌入到乡村振兴战略进行了展望和讨论。

乡村振兴战略不仅应重视传统农业的发展，还应拓展乡村产业发展的新的方向，也就是对乡村新的产业功能的拓展。《乡村产业振兴与乡村功能拓展》从夯实农业生产能力基础、加快农业转型升级、提高粮食等农产品质量安全、建立现代农业经营体系、强化农业科技支撑、完善农业支持保护制度、推动农村产业深度融合、完善紧密型利益联结机制、激发农村创新创业活力等方面进行了阐释；同时，本卷还着眼于未来乡村产业发展，探讨了深化改革、拓展农村的新功能，通过构建新的乡村产业体系和新农业，为实现"农业强""农民富"创造前提。

乡村振兴离不开乡村人才振兴，乡村振兴需要一批新农人。《乡村振兴与乡村人才建设》从城乡融合的视角，对乡村人才队伍建设，特别是农业经营管理人才（农业职业经理人）、新型职业农民、农业科技人才、农村电商人才、乡村人才挖掘、乡村教育体系、乡村人才培养机制等方面作了详细阐释，就如何创新人才培育、引进、使用、激励体制进行分析和论证，旨在为激励各类人才在农村广阔天地大施所能、大展才华、大显身手，打造一支懂农业、爱农村、爱农民的强大的乡村振兴人才队伍提供具体指导。

乡村振兴战略的出发点和立足点都是人的发展、人民福祉的改善，特别是生活在乡村中的农民。农民的生活富裕是乡村振兴的最重要目标，也是中国现代化的特色和本色。《乡村振兴与民生保障》从政治、社会和经济维度对乡村振兴民生保障的目标、重点、意义和基本框架进行了系统性的阐释。乡村振兴应该为农民提供生态宜居的家园，提供基本的民生保障。乡村是一个人类生态系统，乡村振兴的过程应该包括人类生态系统的优化、功能化。乡村系统不仅能够传承乡村传统文化，更重要的要为乡村文化文明的新发展提供沃土。要把乡村文化和乡村生态系统融合起来，打造乡村居民生态宜居的家园。要加强改善乡村福利、加强乡村社会服务体系建设，发展乡村养老等服务功能。

组织振兴是乡村振兴的核心，《乡村组织振兴与新时代乡村治理》紧紧抓住组织振兴这一乡村振兴的"牛鼻子"，从组织振兴的意义、乡村治理的历史演变与时代要求以及如何构建新时代乡村治理体系等方面进行深入阐述，剖析了构建新时代乡村治理体系所面临的难题和困境，提供了打造服务型政府、建设村民自治组织、推进乡村法治建设、提升乡村德治水平、壮大乡村集体经济组织等措施和方法，为实现乡村各类组织的全面振兴提出相应的政策路径。组织振兴还要积极考虑数字治理技术在乡村的推进应用，打破数字鸿沟、实现数字超车，提升乡村组织治理能力和水平。

乡村振兴需要在城乡融合发展的大格局下予以推进。作为面向2050年国家现代化进程一部分的乡村振兴战略，也需要嵌入到国家社会经济发展的宏大框架中，与城镇化等"四化"统筹的战略相配合。城乡融合是推进乡村振兴战略的重要路径之一，只有通过城乡融合，才能实现资源在城乡之间的优化配置。城乡基本公共服务均等化是推进城乡融合的目标和主要指标，基本服务均等化也是提升乡村能力、改善乡村居民福利的重要方面，也是乡村产业发展的平台。《乡村振兴与城乡融合发展》力图从理论上建构新型工农城乡关系的框架，从实践层面回应城乡融合的政策和措施手段。

丛书尽可能针对乡村振兴需要思考的理论与实践问题进行系统的梳理和研究，提出了很多有建设性的意见和建议，为我国乡村振兴的学术研究提供了前沿观点与资料储备，也提出了需要学界和业界进一步探索的问题。我们希望丛书的出版有利于乡村振兴研究和实践工作的开展。

习近平总书记强调，全面建设社会主义现代化国家，既要有城市现代化，也要有农业农村现代化。要在推动乡村全面振兴上下更大功夫，推动乡村经济、乡村法治、乡村文化、乡村治理、乡村生态、乡村党建全面强起来，让乡亲们的生活芝麻开花节节高。乡村振兴涉及的领域十分丰富，需要研究探索的问题也很繁杂。本丛书的研究编写历经了三年的时间，其间，国内外的形势发生变化，乡村振兴战略的推进也在不断深化，丛书可能没有完全反映相关领域的最新进展，也希望得到各界的批评指教。

李小云

2023年8月

目 录

第一章
中国现代化的基本路径

007 · 一、中国现代化的总体特征
026 · 二、中国现代化的历史进程
034 · 三、中国现代化过程的特殊性
044 · 四、中国现代化建设的前景

第二章
中国农业农村现代化的基本路径

055 · 一、农业现代化
064 · 二、农村现代化
073 · 三、农民现代化
083 · 四、农业农村现代化的前景

第三章
现代化视角下的乡村振兴战略

092 · 一、现代化背景下乡村问题的实质
099 · 二、乡村振兴的内涵
107 · 三、乡村振兴的战略和政策
116 · 四、乡村振兴的运行机制
120 · 五、乡村振兴面临的挑战

第四章
现代化视角下的乡村振兴实践

132 · 一、中国早期的乡村建设实践
139 · 二、中国共产党的早期乡村振兴实践
150 · 三、社会主义现代化视角下的乡村振兴实践
163 · 四、新乡村建设实践

第五章
现代化视角下乡村发展的国际经验

175 · 一、英国农业与乡村发展经验
189 · 二、美国的农业农村发展经验
202 · 三、日本乡村振兴经验
213 · 四、韩国农业与乡村发展经验

第六章
面向国家现代化的乡村振兴

227 · 一、乡村振兴战略形势及主要进展
236 · 二、乡村振兴在国家现代化进程中的价值和意义

244 · **参考文献**

268 · **后记**

第一章

中国现代化的基本路径

经典现代化的理论认为，现代化是指从农业经济向工业经济、农业社会向工业社会、农业文明向工业文明转变的历史过程。广义的"现代化"概念还包括由社会生产力大发展而导致社会生产方式大变革所引起的社会组织和社会行为的深刻变化。回顾走在现代化前列的发达国家的历史，无一例外都是通过工业化和城市化的方式来完成现代化的，这几乎成为人类社会发展的必然趋势。现代化作为一个世界性的历史进程，既发生在先进国家的社会变迁中，也存在于后进国家赶超先进水平的过程中，不同类型国家其现代化的源起、路径和特点也不尽相同。

世界现代化进程始于18世纪后期英国工业革命，以大工业的兴起为标志，由工业化推动和引导。英国经过17世纪中叶的资产阶级革命和长达一个世纪的政治动荡，建立了资本主义制度，为生产力的大发展开辟了道路。随着纺织机、蒸汽机等的发明，英国的生产力迅猛发展，生产方式从手工工场过渡到大工厂机器生产。到1841年，英国农业产值的比重已下降到22%，农业劳动力下降到23%。到19世纪中叶，英国已经完成了从传统的农业社会向现代化工业社会的转变。工业革命使英国经济社会发生了显著的结构性变革，并使英国从世界古典文明的边缘奇迹般地变成了世界工业文明的中心。工业革命引起了世界的巨变，带来了世界的大分化，改变了世界文明传播方式，因而成为人类社会发展的分水岭和标志。

工业革命从英国开始后迅速向全球扩展。在英国工业革命的影响下，法国、比利时、荷兰、德国等西欧国家也先后开始了现代化的进程。法国在19世纪初开始了工业革命。19世纪下半叶，随着电力、电灯、电话、内燃机、汽车、轮船等的发明，工业化在西欧取得巨大成就，并向北欧、中欧、东欧、北美国家和东亚的日本推进。这一阶段的工业化以重工业为主，以电与钢铁为物质技术基础，是工业化向更高层次、更广领域的扩展，所带来的社会变革也更加深刻。英、美、德等国成了以重工业为主导的工业国，并先后崛起为世界强国。美国在工业化的方式上与英、法等西欧国家略有不同，它是在高效率商品农业基础上发展工业化，而英、法是在掠夺农业基础上发展工业化。到20世纪初，西欧和北美都完成了工业化过程，初步实现了现代化，农业劳动人口都降到40%以下（英国下降到10%）。但是美国的农业现代化完成得最早，这是美国能够在20世纪初经济实力一跃超过英国的重要原因之一。此外，西欧、北美以外的地区也被卷入工业化潮流中，俄国和日本大约在20世纪20年代也完成初步的工业化。

20世纪下半叶，在新科技革命的推动下，西方发达国家经济现代化迈向更高层次，而一批发展中国家和地区也先后完成了工业化，成为新兴工业化国家和地区。以美、英、日为代表的那些在20世纪前期就已经实现工业化的国家，相继进入工业化的高级阶段。生产向高科技、专业化和多样化方向发展，第一产业的比重进一步下降（美、英、日等国下降到不足5%）。第二产业中传统工业向外转移，产业结构从劳动密集型为主向资本密集型、技术密集型为主过渡。第三产业迅速发展，占国民生产总值的比重逐步提高到50%。特别是80年代兴起的以微电子技术、新能源、新材料、生物工程等为代表的新技术革命，推动西方发达国家的经济现代化迈向更高阶段。与此同时，战后一大批欠发达国家和地区也较快地进入新兴工业化国家和地区行列。这些国家和地区的工业化进程如同英国一样，促进了经济社会结构的变迁和经济增长，推进了现代化进程。

现代化是世界性和民族性的统一。现代化延循从中心向外围推进的方式，把众多国家、民族卷入世界潮流。各地区各民族都以不同的速度和方式突破原来的农业社会形态，向工业社会形态转变，或者以某种适应性的变化来顺应现代化的潮流。因此，世界各国现代化既有共性也有个性，这主要表现在现代化的类型和模式上。依据现代化发展的动力源，可将现代化分为源发型现代化与外导型现代化。以英国为代表的传统西方发达国家走过的是一条源发型现代化之路，其特点是现代化生产力由内部逐渐孕育成长起来，经历了漫长的自下而上的、相对平稳的渐进变革过程，以工业革命和工业化带动整个社会的变革，最终实现现代化。其早期工业化投资主要来自国内的原始资本积累，本国资产阶级在现代化的过程中起着主导作用。源发型现代化是一种随着自身生产力的发展而发展的自然过程，资本主义生产关系为现代化提供了内在动力，经济生活由不断扩大的市场来调节，而政府的作用主要是保证经济自由运转，基本不介入现代化进程。外导型现代化是指一个国家在外来因素的冲击和压力之下启动和推进现代化，现代化的速度和方式都受到外界影响，启动较慢，并且不平稳。北美、日本及战后实现现代化的新兴工业化国家和地区都属于这种类型。外导型现代化的特点是现代化生产力要素由外部移植或引进，工业化投资在很大程度上借用外国资本，市场发育不成熟，是在先进国家的示范诱导甚至是冲击下启动现代化进程的。其一般是社会和思想层面的变革和政治革命发生在前，而工业化发生在后，是自上而下或上下结合的急剧变革过程。从世界格局看，源发型现代化国家一般都是世界发达国家，包括欧洲和北美国家等；外导型现代化国家大都是欠发达的第三世界国家，二者的差距不断拉大。

中国是19世纪中期在内忧外患的情势下被迫卷入世界现代化进程的，属于被动的外导型现代化变迁。现代化是近现代中国发展的主轴和主线，1840年鸦片战争后，中国即开始了现代化进程。不同于西方发达国家，中国的现代化并非内生性的，而是被迫现代化。中国现代化发展的条件和所面临的环境有着自身的特殊性，因此中国的现代化进程有其自身特点，走了一条具有中国特色的现代化道路。

首先，中国是一个人口众多，特别是农业人口居多的国家。人口众多意味着中国社会是一个超大规模的社会，经济与社会发展不平衡的矛盾以及城市和乡村发展不平衡的矛盾比较突出。在中国这样一个农村人口众多、资源紧张的国家，要实现从农业社会转向工业社会势必需要很漫长的时间。在这个过程中，农村社会的转型尤其艰难。

其次，中国现代化是在中国革命的推动下启动和发展的。与源发型现代化不同，中国的现代化并不是社会内部生产关系发展的自然驱动，而是迫于外在的强大压力而采取的被迫应对行为。从1840年鸦片战争开始，中国在内忧外患、主权和政权双重危机压力下被迫走上现代化之路。然而，一方面，外来帝国主义的不断侵略打断了中国现代化进程，另一方面，内部旧政权的极端衰朽无力支撑现代化的发展，因此，以洋务运动、戊戌变法、君主立宪等为代表的现代化的努力都以失败而告终。旧中国长期处于落后的状态以及经济、政治、文化和社会各方面所累积的弊病决定了只有经历一次深刻的社会变革，中国才能够为现代化提供基本前提，而暴力革命是政党取得政治革命成功的必然选择，也是为现代化扫除障碍的必然选择。孙中山领导的辛亥革命推动了中国现代化的进程，但是并没有从根本上解决实现现代化的基本前提问题。中华民国的建立并没有推动国家的发展，民族资产阶级力量的不足以及政权的失效并未使民主共和走得更远。之后，改造国民党的行动在孙中山先生逝世之后并未得到延续，中国国民党反而成为代表帝国主义、封建地主阶级和买办资产阶级势力的政党，丧失了革命性，最终也没有成为推动中国走向现代化的政治力量。1921年成立的中国共产党主导了中国革命，并推动了中国现代化。中国共产党作为工人阶级政党，代表着先进的阶级力量和先进生产力发展的要求，以其正确的政治纲领、强大的组织力和凝聚力，带领全国各族人民先后开启新民主主义革命、社会主义革命和改革开放这三场伟大革命，从而启动并推动中国现代化变迁。

再次，中国现代化是"后发追赶型"的现代化。后发追赶型现代化是一种有组织、有领导的发展过程，其中政府、政党和领袖起着重要的作用。由于是在比发达国家远远落后的情况下启动和发展现代化，后发国家如果单纯依靠国家内部的自然积累和新兴社会力量的自发推动，就不可能迅速赶上发达国家的现代化水平。只有运用国家机器的强大力量制定出实现现代化的方针、政策和计划，动员和整合有限的资源,才能推动现代化的快速发展,追赶上发达国家。从中国的国情出发,中国经济和社会现代化必须依靠上层建筑和政治制度的力量,由此决定中国现代化发展的内在机理,即以国家主导、集社会资源、基稳定秩序、借后发优势、借持续发展、行跨越战略。中国的现代化实质上是一种自觉定向性强制发展战略,是国家主导的民族振兴战略,这不仅需要有强大的国家主导作用,而且需要有强有力的领导核心。中国政党制度从基本政治制度层面确立了中国共产党政治权威中心的地位,这为现代化发展提供了强有力的支撑力量。在国家推动现代化的进程中,中国共产党立足于人民的根本利益和长远利益,制定国家经济和社会长远发展规划,构建现代化建设的战略布局,稳步推进现代化战略目标的实现。从"四个现代化"战略目标到不同阶段的"三步走"战略,再到"两个一百年"奋斗目标,中国共产党将现代化纳入其政治议程,不断设定目标追赶西方,使得新中国在比较短的时间内完成由传统农业国向现代工业化国家的转型。

最后,后发追赶型现代化具有加速性质,在现代化过程中不可避免会出现很多矛盾和问题。后发国家现代化发展的速度往往与现代化进程引发的社会矛盾和问题成正比例关系,其矛盾和冲突的数量和出现的频率都将大大超过源发型现代化国家。对中国而言,最突出的问题就是城乡二元结构。1950年以后的社会主义建设,尽管在土地制度、农村教育、经济合作、医疗卫生、农业技术推广、农村基础设施建设等方面取得很大进步,但同时也存在很多问题。当时国家以工业化为首要目标,为实现"社会主义原始积累",让农民无条件为工业化支付高额成本,实行城乡二元分治,把农村当成劳动力和初级产品、原材料的供应地,为此,农民和农村为新中国的工业化作出了巨大牺牲。直到今天,城乡二元结构仍然是阻碍农村发展的桎梏,农业农村现代化依然是实现社会主义现代化的短板。

基于以上对世界现代化以及中国现代化进程的简要回顾,本章后面的部分将对中国现代化的总体特征、阶段进程进行系统阐述,围绕中国现代化进程中乡村与城市、农业与工业的关系,从中国这样一个传统的农业和乡村社会国家转变为一个工业化国家角度,梳理分析中国现代化的进程和路径。其中,将重点阐述中国现代化的特殊性以及在现代化过程中乡村如何成为一个问题，进而理解中国式现代化的特点和路径，以及中国共产党提出将基本实现农业农村现代化作为2035年基本实现社会主义现代化远景目标的决策意义和理论价值。最后对中国现代化进程的前景进行展望。

一、中国现代化的总体特征

经过几十年的快速发展之后，中国经济发生了翻天覆地的变化，无论是综合国力，还是人民生活水平，都有显著提高。根据世界银行报告，中国通过广泛的改革实现了经济快速增长，已经从一个以政府为主导的计划性封闭式农业经济体转变为一个市场化的开放型城市经济体，服务业在经济中的占比也已超过工业（世界银行报告，2018）。经济的高速发展带来了经济结构和社会发展的快速转型，但是中国仍然是一个发展中国家，还未实现社会主义现代化，特别是农业农村现代化相对滞后。以下将从经济、工业化、社会发展和政治制度几个角度阐述中国现代化的进展以及差距。

（一）中国现代化的经济总量及结构特征

1.经济总量和发展差距

中国经济总量仅次于美国，位居世界第二，人均收入已进入中高收入国家的行列。1978年到2020年，中国国内生产总值（GDP）由3678.7亿元增加到1013567亿元，年平均增长率为9.6%；人均GDP也由385元增加到71828元，是世界上少有的在长达40年的时间内经济能够保持高速增长的国家之一（见表1-1）。从经济总量和人均收入指标看，中国与发达国家的差距正在缩小，经济现代化水平令人瞩目。但是作为世界第一人口大国，与发达的高收入国家和地区相比，中国的人均国民总收入（GNI）依然处于比较低的水平。从世界银行发布的各国人均收入数据来看，2019年中国人均GDP（2010年不变价）是8254.5美元，与世界平均水平11059.5美元相比，仍有差距（见图1-1）。2018年中国人均GNI（2010年不变价）是7765.3美元，与全世界排名前十的高收入国家和地区相比，仍然差距很大，与美国55333.9美元相比，相差47568.6美元（见图1-2）。因此，即使是已进入中高收入国家行列，中国也只是处于中等水平。

表1-1　1978-2020年中国国内生产总值（GDP）及其增长率

年份	国内生产总值GDP（亿元）	GDP增长率（%）	人均GDP（元/人）
1978年	3678.7	11.7	385
1979年	4100.5	7.6	423
1980年	4587.6	7.8	468
1981年	4935.8	5.1	497
1982年	5373.4	9.0	533
1983年	6020.9	10.8	588
1984年	7278.5	15.2	702
1985年	9098.9	13.4	866
1986年	10376.2	8.9	973
1987年	12174.6	11.7	1123
1988年	15180.4	11.2	1378
1989年	17179.7	4.2	1536
1990年	18872.9	3.9	1663
1991年	22005.6	9.3	1912
1992年	27194.5	14.2	2334
1993年	35673.2	13.9	3027
1994年	48637.5	13	4081
1995年	61339.9	11	5091
1996年	71813.6	9.9	5898

续表

年份	国内生产总值GDP（亿元）	GDP增长率（%）	人均GDP（元/人）
1997年	79715	9.2	6481
1998年	85195.5	7.8	6860
1999年	90564.4	7.7	7229
2000年	100280.1	8.5	7942
2001年	110863.1	8.3	8717
2002年	121717.4	9.1	9506
2003年	137422	10	10666
2004年	161840.2	10.1	12487
2005年	187318.9	11.4	14368
2006年	219438.5	12.7	16738
2007年	270232.3	14.2	20494
2008年	319244.6	9.7	24100
2009年	348517.7	9.4	26180
2010年	412119.3	10.6	30808
2011年	487940.2	9.6	36277
2012年	538580	7.9	39771
2013年	592963.2	7.8	43497
2014年	643563.1	7.4	46912
2015年	688858.2	7	49922
2016年	746395.1	6.85	53783
2017年	832035.9	6.95	59592
2018年	919281.1	6.75	65534
2019年	986515.2	6.11	70078
2020年	1013567	2.2	71828

数据来源：国家统计局网站 https://data.stats.gov.cn/

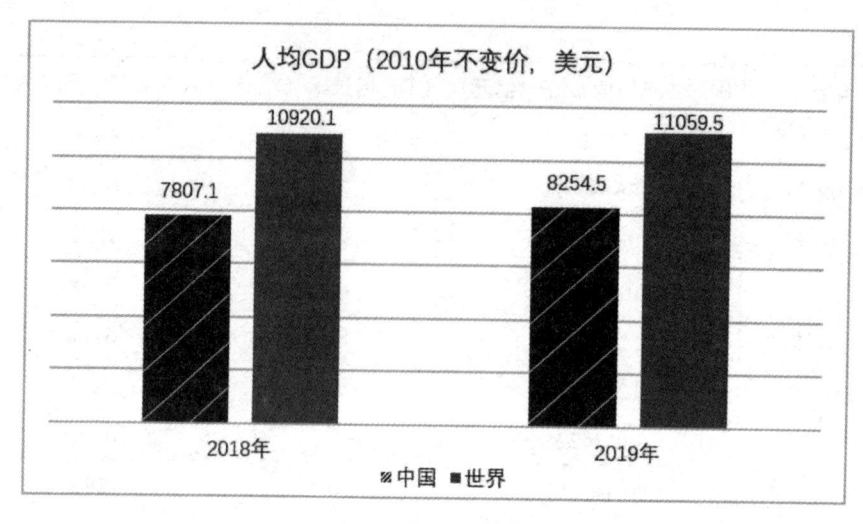

图 1-1 中国人均 GDP 和世界水平的比较

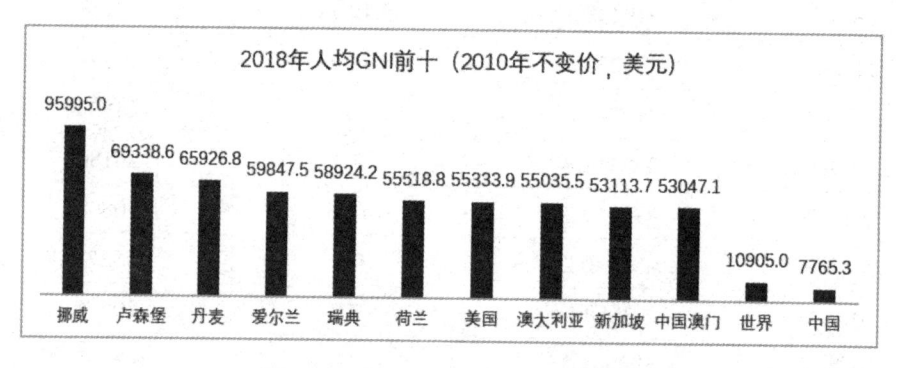

图 1-2 中国人均 GNI 的国际比较

从工业化进程看，经过几十年的高速增长，中国基本完成由传统农业国向工业化国家的转型，正在迈向工业化的高级阶段。1978年到2020年，中国的工业增加值由1621.44亿元增加到313071.15亿元，年均增长率在两位数以上（见图1-3）。从三次产业构成看，2019年，中国第一、第二、第三产业增加值比重分别为7.1%、38.6%和54.3%，农业产业增加值在国民经济中所占的比重已降到10%以下（见图1-4），第二产业所占的比重低于第三产业，这表明中国已经基本完成由传统农业国向工业化国家的转变。但是在发达国家，第一产业增加值比重不到5%，大多在2%—3%，第二产业增加值比重大都在20%以下，而第三产业增加值比重大都高达70%以上。如果从三次产业劳动力比重来看，中国与发达国家相比，第一、第二产业比重更高，第三产业比重更低。产业结构反映一国的工业化程度，与发达国家相比，中国第一、第二产业比重仍然比较高，第三产业比重较低，这表明中国的工业化进程仍然没有完成，正处在向高级工业化迈进的阶段。

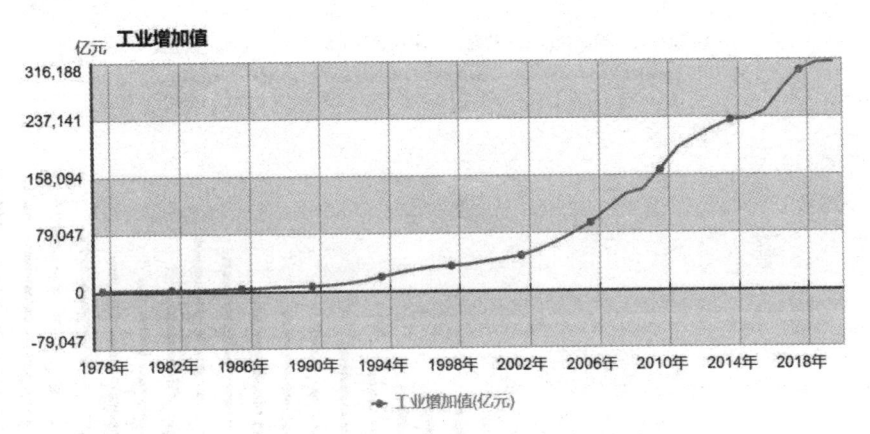

图1-3 1978—2018年中国工业增加值

数据来源：国家统计局网站 https://data.stats.gov.cn/

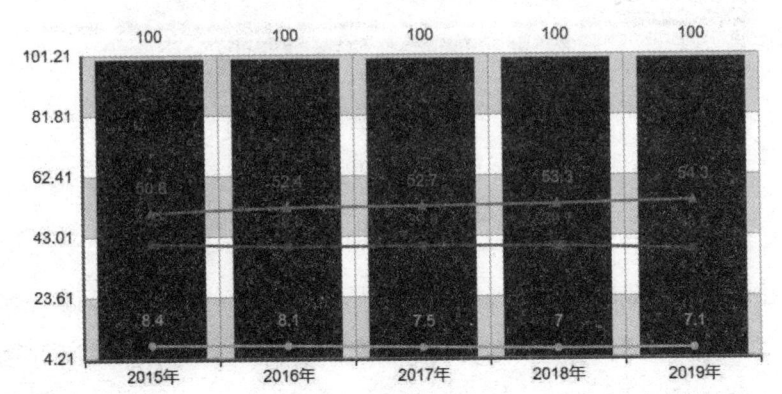

图1-4 2015—2019年中国三次产业构成

数据来源：国家统计局网站 https://data.stats.gov.cn/

从经济结构看,中国城乡二元经济结构特征明显。经过几十年的发展,中国农村整体上获得长足发展,但相比较而言,城市发展更快,导致城乡差距仍然较大,二元经济结构特征突出。城乡居民收入差距虽然近年来有所缩小,但仍然在2.5倍以上(见图1-5)。中国目前仍然有40%的人口生活在农村,25%的劳动力从事农业,这是中国二元经济结构的主要标志。

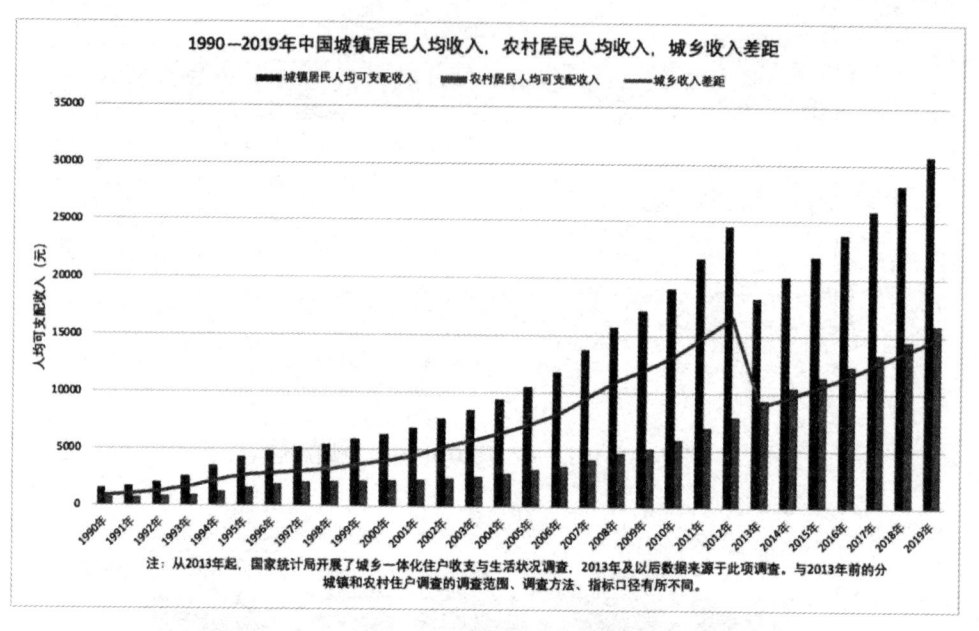

图1-5　1990—2019年中国城乡居民收入比较

数据来源:国家统计局网站 https://data.stats.gov.cn/

2.工业发展水平和特征

工业化和城市化是驱动现代经济发展的两个重要力量。在发达国家,城市化与工业化基本达到平衡状态,而在发展中国家,城市化与工业化发展不平衡是常态。对于中国而言,工业化进程处于向高级迈进的阶段;城市化进程很快,但人口城市化特征突出,总体呈现过分依靠城市化推动工业化的发展趋势。

首先,从基本经济国情来看,中国是工业大国,农业和服务业对工业存在依附关系。1953年,国家"一五"计划的实施是新中国现代工业化进程的开端。当时，中国工业全年增加值为119.6亿元，占GDP的23.2%，远低于农业占比，工业产品则多以布、纱、原煤、粗钢等基础工业产品为主。此外，第二产业就业人员占全部就业人数的7.4%，远低于第一产业就业人员83.5%的占比，中国此时处于典型的"农业国"阶段，工业体系几近"一穷二白"。而到2019年，中国已发展成为制造业总产值3.9万亿美元，全球占比超过20%，同时拥有完整涵盖联合国产业分类中39个大类、191个中类、525个小类的全部工业门类的世界第一"工业大国"（见表1-2）。毫无疑问，中国工业化的推进为中国经济腾飞注入了强大动力。

表1-2 三次产业在中国国内生产总值中的比重（1952—2019年）单位：%

产业类型	1952	1953	1958	1978	1980	1985	1990	1995	2000	2005	2010	2013	2015	2019
第一产业	50.5	45.9	34	27.7	29.6	27.9	26.6	19.6	14.7	11.6	9.3	8.9	8.4	7.1
第二产业	20.8	23.2	36.9	47.7	48.1	42.7	41	46.8	45.5	47	46.5	44.2	40.8	38.6
第三产业	28.7	30.9	29.2	24.6	22.3	29.4	32.4	33.7	39.8	41.3	44.2	46.9	50.8	54.3

数据来源：国家统计局网站 https://data.stats.gov.cn/

其次，尽管中国工业化进程很快，但是与发达国家相比，中国的工业化还没有完成，正处在向高级工业化迈进的阶段。中国第三产业发展程度远低于世界主要发达国家。从第三产业内部结构看，中国餐饮、交通运输等传统服务业占比偏高，生产性服务业与新兴服务业占比偏低。其中，生产性服务业中金融服务业占比过高，而和工业生产直接相关的仓储物流、信息服务、租赁商务等占比较低。2017年，中国租赁和商务服务、科研技术服务合计占比仅9%，远低于美国的17%。如果从三次产业劳动力比重来看，中国与发达国家相比，第一、第二产业比重更高，第三产业比重更低。从劳动力要素看，尽管本科及高职高专就业率持续上升，但依然有10%左右的未就业毕业生，与之形成鲜明对比的是，许多制造业工厂却连年出现"招工难"，存在结构性"错配"问题。以上特征表明中国的工业化进程仍然没有完成。

与工业化相对应，中国城市化发展迅速。1980年中国的城市化率为17.9%，到2019年，城市化率已经达到60.1%（见图1-6）。与很多发展中国家城市化不同的是，中国的城市化一方面是大城市的发展，同时也是中小城市的发展。中小城市的发展将大城市的发展和乡村连成一个产业和劳动力流动的整体。改革开放以来，中国城市化过程中的许多中小城市的发展都是围绕着农村工业的发展而形成的。也就是说，劳动力向城市的流动是围绕着城市中大量就业行业而形成的。随着大量农村富余劳动力向第二、第三产业转移，工资性收入成为拉动农村居民收入快速增长的重要来源，农民收入中来自打工的收入比例从1995年的33%增加到2005年的48%（国家统计局，2017）。

1980—2019年中国城镇化率及农业占GDP比重

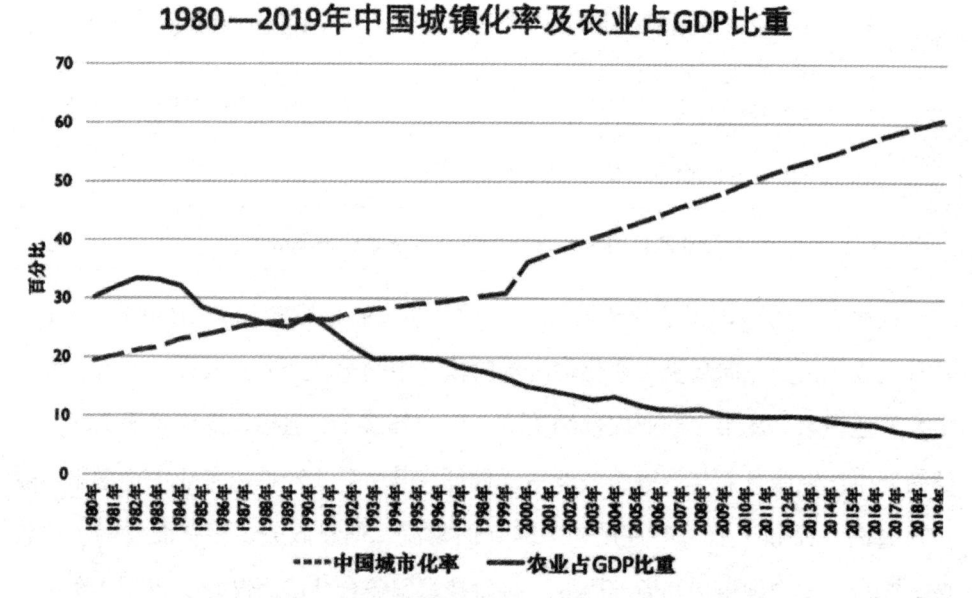

图1-6　1980—2019年中国城镇化率及农业占GDP比重

数据来源：国家统计局网站 https://data.stats.gov.cn/

若从工业化和城市化的互动关系看，中国则呈现城市化滞后于工业化的特点。从人均GDP指标看，2018年中国已经接近1万美元，城市化率为59.2%。与经济发展水平相近的其他中等收入国家相比，中国的城市化率显然低于其他国家。

表1-3显示，除哈萨克斯坦外，巴西、墨西哥、俄罗斯以及马来西亚等国家的城市化率水平都在70%以上，均高于中国。中国的城市化滞后于工业化与政府推行重工业优先发展战略有关，重工业创造就业机会有限，且服务业发展滞后，创造的就业机会也有限，因此政府会限制人口从农村向城市流动，这样，城市化率就很难提高。此外，中国城市化过程中，最突出的现象是"农民工"现象，大量的农村劳动力在从农村流向城市实现职业转移的同时，并没有实现身份的转换和生活方式的转变，并没有完成市民化过程转为城市居民。由户籍约束造成的城乡分割状况还没有完全打破，农村劳动力从农业向非农业部门转移具有身份"二重性"以及长久居住地和就业地分离的"两栖"特征，因此，"农民工"是中国经济结构转型过程中出现的一个特殊群体。

表1-3 2018年部分中等收入国家城市化水平比较

国家	人均GDP（美元）	非农产业增加值占GDP比重（%）	城镇人口占总人口比重（%）
中国	9977	93.0	59.2
保加利亚	9428	96.6	75.0
巴西	9001	95.6	86.6
古巴	8822	96.2	77.0
哈萨克斯坦	9813	95.6	57.4
墨西哥	9687	96.6	80.1
土耳其	9456	94.2	75.1
俄罗斯	11370	96.6	74.4
马来西亚	11377	92.5	76.0

数据来源：世界银行数据库 https://data.worldbank.org/indicator/

（二）中国现代化的社会发展水平及特征

新中国成立以来，先后经历了社会主义革命和建设时期，改革开放和社会主义现代化建设新时期以及中国特色社会主义新时代，中国的现代化进程快速推进，社会事业繁荣发展，人民生活发生了翻天覆地的变化。

1.人口和人民生活

从人口变动趋势来看，我国城镇人口和流动人口的规模不断扩大，城市化率不断攀升。1949年，新中国成立初期，我国总人口数量为54167万人，城镇人口5765万人，占比仅为10.64%，乡村人口48402万人，占总人口的比重为89.36%，乡村人口数量与比重远超城市。到2017年，从人口分布看城市化率已经达到60%。根据第七次人口普查的结果，我国共有141178万人，其中城镇人口的数量为90199万人，占总人口的比重为63.89%，乡村人口为50979万人，占比36.11%（见表1-4），户籍人口的城市化率增长至45.4%。除此之外，受区域经济发展的影响，人口流动的规模进一步扩大，截至2020年末，我国共有37582万流动人口，占总人口比重为26.62%。

表1-4 1949—2020年中国人口变化趋势

年份	总人口数量（万人）	城镇人口占比	农村人口占比
1949	54167	10.64%	89.36%
1978	96259	17.92%	82.08%
1979	97542	18.96%	81.04%
1980	98705	19.39%	80.61%
1981	100072	20.16%	79.84%
1982	101654	21.13%	78.87%
1983	103008	21.62%	78.38%
1984	104357	23.01%	76.99%
1985	105851	23.71%	76.29%
1986	107507	24.52%	75.48%

续表

年份	总人口数量（万人）	城镇人口占比	农村人口占比
1987	109300	25.32%	74.68%
1988	111026	25.81%	74.19%
1989	112704	26.21%	73.79%
1990	114333	26.41%	73.59%
1991	115823	26.94%	73.06%
1992	117171	27.46%	72.54%
1993	118517	27.99%	72.01%
1994	119850	28.51%	71.49%
1995	121121	29.04%	70.96%
1996	122389	30.48%	69.52%
1997	123626	31.91%	68.09%
1998	124761	33.35%	66.65%
1999	125786	34.78%	65.22%
2000	126743	36.22%	63.78%
2001	127627	37.66%	62.34%
2002	128453	39.09%	60.91%
2003	129227	40.53%	59.47%
2004	129988	41.76%	58.24%
2005	130756	42.99%	57.01%
2006	131448	44.34%	55.66%
2007	132129	45.89%	54.11%
2008	132802	46.99%	53.01%
2009	133450	48.34%	51.66%
2010	134091	49.95%	50.05%
2011	134916	51.83%	48.17%

续表

年份	总人口数量（万人）	城镇人口占比	农村人口占比
2012	135922	53.10%	46.90%
2013	136726	54.49%	45.51%
2014	137646	55.75%	44.25%
2015	138326	57.33%	42.67%
2016	139232	58.84%	41.16%
2017	140011	60.24%	39.76%
2018	140541	61.50%	38.50%
2019	141008	62.71%	37.29%
2020	141178	63.89%	36.11%

数据来源：国家统计局网站 https://data.stats.gov.cn/

新中国成立以来，城乡居民收入大幅增长，居民消费水平明显提升，生活质量显著改善，但城乡居民生活发生了翻天覆地的变化。从收入角度看，我国城乡居民收入大幅度提升，城乡之间仍有明显差距。1949年，我国城市居民年人均可支配收入为99.5元，农村居民年人均纯收入仅为44元。随着经济的发展，我国城乡居民人均收入显著增长。2020年，城镇居民人均可支配收入43834元，农村居民人均可支配收入为17131元。尽管收入大幅度提升，但是城乡居民的收入比值却并未下降。不仅如此，尽管2020年我国居民人均可支配收入已达32189元，但作为世界第二大经济体，居民收入与世界上发达国家相比仍存在较大差距。从消费水平和结构来看，我国城乡居民的消费水平和质量均有极大提高。城乡居民的消费水平随着收入的增长呈上升趋势，特别是改革开放后我国居民的消费水平出现跨越式发展。1978年至2020年间，我国居民的人均消费水平由184元/年跃升至21210元/年，其中城镇居民的消费水平由405元/年上升至27007元/年，农村居民消费水平由138元/年上涨至13713元/年。就消费结构而言，我国居民的食品消费支出占总消费支出的比重显著下降，1978年至2020年间，我国城乡居民的恩格尔系数分别由57.5%和67.7%降低至29.2%和32.7%。此外，我国居民拥有的耐用消费品也随着经济的发展不断更新换代，从20世纪80年代人们追求的"手表、自行车、缝纫机"，到90年代家家户户渴望拥有的"冰箱、电视、洗衣机"，再到现在走入千家万户的"手机、电脑、小汽车"，"三大件"的变化反映了经济的发展带来的生活方式变化，物质生活逐渐丰裕极大提升了人们生活质量。总的来说，人民生活从中华人民共和国成立初期奋力争取温饱到改革开放后稳定解决温饱，从实现总体小康迈向全面小康。

2.教育发展状况

教育是人力资源开发的重要途径。建设现代化强国的过程中，党和政府高度重视教育的重要性，"教育强国"是我国重要的发展战略。新中国成立至今，我国的基础教育、高等教育、职业教育等教育事业取得了辉煌成就，国民受教育程度不断提高，国民素质有了极大提升。

1949年，我国国民受教育水平低，小学阶段、初中阶段、高中阶段的净入学率分别仅为20%、3.1%和1.1%，高等教育净入学率仅为0.26%。1982年的第三次全国人口普查公报显示，我国共有23582万的人口文化程度处于文盲和半文盲水平，占总人口的比例为23.5%，其中，有91%的文盲为农村人口。1986年，我国颁布的《中华人民共和国义务教育法》，推动了义务教育在我国的全面普及。在国家财政等资源的大力支持下，2020年，我国学龄儿童净入学率达100%，九年义务教育巩固率已达95.2%，高中阶段的毛入学率为91.2%，15岁及以上人口的平均受教育年限提高至9.91年，文盲率降至2.67%。新增劳动力绝大部分已接受过高中阶段以上教育。大学文化程度的人口为21836万人，占总人口的比例为15.47%，高等教育水平大幅提高。

一直以来，乡村教育都是党和国家关注的重点问题，是政府工作的重点内容。党中央和国务院相继出台了《中共中央关于教育体制改革的决定》《国务院关于进一步加强农村教育工作的决定》等一系列政策,并对农村投入了大量的资金以增加农村的教育资源供给。我国乡村教育质量不断提升,农村人口的总体受教育程度和文化水平不断提高,乡村教育取得了显著成就。

3.医疗卫生事业发展

经过70余年的建设和发展,我国医疗卫生事业取得巨大成就。医疗卫生服务体系持续完善,人民健康水平不断攀升,医疗保障水平得到明显提高。

首先,医疗卫生体系不断完善。中华人民共和国成立初期,我国医疗卫生机构和卫生工作队伍资源都较为匮乏。据统计,1949年,全国仅有医疗卫生机构3760个,其中门诊部769个,医疗卫生机构床位8.5万张。卫生技术人员共有50.5万人,其中,执业医师和执业助理医师36.3万人,注册护士3.3万人,平均每万人拥有执业医师和执业助理医师7人。随着经济水平的不断提高,国家持续发展医疗卫生网络,并大力建设卫生工作队伍。到2020年末,全国医疗卫生机构发展到102.3万个,其中医院有3.5万个,基层医疗卫生机构97.0万个,其中乡镇卫生院3.5万个、社区卫生服务中心(站)3.5万个、门诊部(所)28.9个、村卫生室60.8万个,医疗卫生机构床位总计910万张,其中医院713万张,乡镇卫生院139万张。截至当年末,卫生技术人员增加到1067万人,执业医师和执业助理医师人数增加到408万人,注册护士已达到471万人。建立起了农村县、乡、村三级全覆盖的医疗卫生服务体系,并持续完善。

其次,人民健康水平显著提高。婴儿死亡率、孕产妇死亡率和平均预期寿命,是衡量一个国家居民健康水平和医疗水平的重要指标。随着我国医疗健康事业的发展,我国婴儿死亡率、孕产妇死亡率大幅下降,平均预期寿命明显延长。新中国成立初期,我国婴儿死亡率和孕产妇死亡率分别为20.0‰和15/万,2019年分别下降至5.6‰和1.78/万。新中国成立初期,我国人口平均预期寿命仅为35岁,2019年上升至77.3岁,70年的时间,提高了将近43岁。

最后,个人负担持续减轻。我国逐步建立了以基本医疗保险为主体的医疗保障体系，基本实现了医疗保障的全民覆盖。与此同时，构建了社会统筹与个人账户相结合的职工基本医疗保险制度、政府补贴与个人缴费相结合的城乡居民基本医疗保险制度、重特大疾病救助制度。截至2020年底，我国基本医疗保险共参保136101万人，其中，参加职工基本医疗保险34423万人，参加城乡居民基本医疗保险101678万人，全国参保率约96.4%，基本实现了"应保尽保"。我国对医疗卫生的投入不断增加，医疗卫生支出比重逐步上升。政府卫生支出从1978年的35.44亿元增长到2019年的18016.95亿元。自2001年以来，个人卫生支出占卫生总费用的比重持续下降，从2001年的60.0%下降至2019年的28.3%。

4.文化生活

70余年来，文化事业繁荣发展。文化基础设施建设蓬勃发展，文化产品获取渠道日益丰富，影视出版事业发展迅速，文化强国建设稳步推进。1978年至2020年底，我国文化馆数量由2748个发展至3327个，公共图书馆由1218个增加到3203个，博物馆由349家跃增至3510个。广播电视覆盖率持续提高，1978年，我国仅有100台广播电台、32座电视中心台，拥有农村有线广播喇叭的农户仅占总农户的66%。2020年，我国广播覆盖率达99.4%，有线电视用户达2.10亿户，电视节目综合人口覆盖率为99.6%，互联网也成为人们获取文化产品的重要渠道。影视方面，1978年，我国生产艺术影片数量仅为46部，40余年后实现跨越式发展，2020年，生产电视剧、故事影片数量分别为202部、531部。报刊图书方面，1978年，我国全年报纸的发行量仅为109.4亿，杂志出版量为7.6亿，图书出版量为42.6亿。出版事业持续健康发展，2020年数据显示，我国报纸的发行量已扩大至277亿，杂志期刊出版量为20亿册（张），图书出版量为101亿。文化产业兴盛，成为国民经济的重要产业。2020年，我国文化相关产业的企业实现营收合计98514亿元。

随着城乡居民物质生活水平的提高，人们更加重视精神文化生活，教育投资理念不断增强，娱乐方式更加丰富多样。2020年，城镇居民人均教育文化娱乐支出为2592元，比1985年增长71倍；占消费支出的比重为9.6%，比1985年降低了0.7

个百分点。2020年，农村居民人均教育文化娱乐支出为1309元，比1985年增长109倍；占消费支出的比重为9.5%，比1985年增加5.6个百分点。

（三）中国现代化的政治制度

政治制度是现代民主政治的重要实现形式，但现代化本身与政治制度无关，基于中国的国情以及现代化模式的差异，中国现代化进程中的政治制度有其特色。发展学认为，现代化作为社会的整体发展，它必须同时具备四个基本前提：一是独立的国家；二是有效的政权；三是现代的制度；四是合理的发展战略。从这四个基本前提来看，中国在现代化变迁进程中走了一条不同于源发型现代化国家的政治道路。中国的政治制度既是由中国历史传统和现实国情所决定的，也是历史和人民的选择；同时实践证明，中国特色社会主义道路是正确的，是能够实现人民共同富裕的。

1.中华民族近现代历史上关于政治制度的革命探索

在近代史上，中国政治体制经历了一个较长的探索时期，但最终也未能建立起能够代表先进生产力和最广大人民群众根本利益的政党制度。从洋务运动到维新运动，再到三民主义，在内忧外患的动荡中，中国近代政治体制的探索从未停止。1840年的鸦片战争迫使部分官僚开始思考中国现代化问题，当然，那个阶段的现代化思想首先产生于对西方先进技术的学习，认为只要学习西方的技术，尤其是军事技术，就能够改变清政府落后的局面。但这种思想很快被现实打破，1860年后兴起的洋务运动以"中学为体，西学为用"为宗旨，以"自强""求富"为口号，开启了近代中国政治制度的变革以及近代教育事业的发展。洋务运动失败以后，以康有为、梁启超为代表开始"戊戌变法"，他们提出"救亡图存"的口号，斗争矛头直指封建专制主义。维新运动时期，梁启超提出了"重君权、变官制，开民智、兴民权，开官智、兴绅权"的宪政主张，为中国近代的民主化进程提供了比较现实的选择,掀起了宣传资产阶级民主思想的新高潮。但维新运动的发动者们没有实权并且脱离群众,所以还是失败了。从1901年至1911年,清政府开始颁布"新政",开启了一条自上而下的改革之路:整顿吏治,创立商部、学部、督办政务部以及改总理衙门为外交部等;实行预备立宪制,开始政治体制改革。实施这些"新政"的目的是希望通过改革使中国走上民主化的道路,但"新政"依然以失败告终。1911年,孙中山先生领导的辛亥革命推翻了统治中国两千多年的君主专制制度,推动了中国社会的变革,开启了以民族资产阶级为代表的对民主共和制度的探索。民族、民权、民生三大主义是旧民主主义革命的指导思想。"以三民主义为代表的资产阶级革命思想,主张以革命的方式打倒君主专制,夺回人民的自由权利,实现民主共和",这是孙中山描叙的民主共和政体的基本路径。但是,以资产阶级旧式民主革命的抗争所取得的革命成果在孙中山先生逝世后,如昙花一现很快消失。

纵观近现代中华民族历史,在西方资本主义列强的野蛮入侵以及封建制度腐朽衰败的双重压迫和危机下,无数仁人志士开启了拯救中华民族的革命探索,但最终都没有改变中国人民的悲惨境遇,没有完成民族独立、人民解放的历史任务,也没有真正建立开启现代化进程的基本前提。

2.中国共产党百年农政奋斗征程

在中华民族内忧外患、社会危机空前深重的背景下,1921年,中国共产党应运而生。自诞生之日起,中国共产党就把为中国人民谋幸福、为中华民族谋复兴作为初心和使命,将马克思主义基本原理同中国具体实际相结合,团结一切可以团结的力量,组成广泛的统一战线,推动党和人民事业沿着正确方向胜利前进,取得了举世瞩目的辉煌成就。在百年奋斗历程中,中国共产党团结带领中国人民完成新民主主义革命,建立了中华人民共和国,彻底结束了旧中国半殖民地半封建社会的历史,实现了民族独立和人民解放;完成社会主义革命,确立社会主义基本制度,推进社会主义建设,实现了中华民族有史以来最为广泛而深刻的社会变革；进行改革开放新的伟大革命，开辟了中国特色社会主义道路，使人民生活显著改善，综合国力显著增强，国际地位显著提高；推动中国特色社会主义进入新时代，统筹推进"五位一体"的总体布局，协调推进"四个全面"的战略布局，党和国家事业取得历史性成就、发生历史性变革，中华民族迎来了从站起来、富起来到强起来的伟大飞跃，迎来了实现中华民族伟大复兴的光明前景。中国共产党的领导地位是在中国革命、建设、改革的实践中形成并不断巩固的，是历史的选择、人民的选择。

在长期的革命、建设、改革实践中，在为中国人民谋幸福、为中华民族谋复兴的伟大历史进程中，中国共产党历经重重考验，成为中国工人阶级的先锋队、中国人民和中华民族的先锋队，成为中国特色社会主义事业的领导核心。各民主党派逐步发展成为各自所联系的一部分社会主义劳动者、社会主义事业建设者和拥护社会主义爱国者的政治联盟，成为中国特色社会主义参政党。无党派人士成为中国政治生活中的重要力量。

2021年恰逢中国共产党建党一百周年，这百年历史是中国共产党带领全国各族人民奋勇救国、奋发兴国、奋发强国的探索奋斗史。这一百年，也是不断探索形成中国"三农"发展道路的一百年，是"三农"政策实践与时俱进的一百年，是中国农业农村发展不断取得新成就的一百年，是书写中华民族伟大复兴"三农"篇章的一百年。众所周知，中国是一个农业大国，庞大的农业人口决定了农民具有人口资源的数量优势，又具有影响国家现代化进程的特殊作用。因此，哪个政党能够深刻地了解农民，从农民的角度思考问题，真正代表农民利益，体现人民情怀，便能够领导农民、组织农民成就民族解放和民族复兴的伟业。在不同政党的比较中，中国共产党的农民情怀、人民情怀最为天然，最为真挚，对农民问题的处理最得民心，因此最能赢得农民，在夺取政权过程中最能获得农民力量的支持。

以毛泽东同志为主要代表的中国共产党人，浴血奋战，踏平坎坷，完成新民主主义革命，实现了民族独立、人民解放；完成社会主义革命，确立了社会主义基本制度，创立了毛泽东思想；艰辛探索在中国建设社会主义，积累了正反两方面的宝贵经验。我们党开辟了农村包围城市、武装夺取政权的革命道路，打土豪、分田地，实现了"耕者有其田"；实行土地制度改革，完成对农业的社会主义改造，实现了摧毁中国封建制度根基的社会大变革；确立了农业是国民经济基础的思想，通过"农业支持工业"，建立了独立的、门类齐全的完整工业体系和国民经济体系。

以邓小平同志为主要代表的中国共产党人，作出改革开放的战略决策，把党和国家的工作重心转移到经济建设上来，实现伟大历史转折，确立社会主义初级阶段的基本路线，创立了邓小平理论，成功开创了中国特色社会主义道路。我们党决定改革从农村突破，废除人民公社制度，确立家庭承包经营为基础、统分结合的双层经营体制，实现了农业改革发展的第一个飞跃；乡镇企业异军突起，大量农民转入非农行业；村民自治制度确立，广大农民直接行使民主权利，开启了农村基层治理法治化的新阶段。

以江泽民同志为主要代表的中国共产党人，确立了社会主义市场经济体制的改革目标和基本框架，制定与实施跨世纪发展战略，形成了"三个代表"重要思想，成功把中国特色社会主义推向21世纪。我们党稳定和完善土地承包关系，让农民吃上了长效"定心丸"；深化农村经济体制改革，推进农业和农村经济结构战略性调整；进一步放开粮油价格，加快农产品市场体系建设；推动农业集约化、产业化经营，稳步迈向农业改革发展的第二个飞跃。

以胡锦涛同志为主要代表的中国共产党人，明确了全面建设小康社会的重大任务，提出构建社会主义和谐社会、加快生态文明建设，形成了科学发展观，在新的历史起点上坚持和发展了中国特色社会主义。我们党统筹城乡经济社会发展，提出"两个趋向"的重要论断，确立了把解决好"三农"问题作为全党工作重中之重的战略思想，采取"多予少取放活"的农村工作方针，彻底废除了延续2600多年的皇粮国税，社会主义新农村建设飞速发展。

以习近平同志为主要代表的中国共产党人，紧紧围绕坚持和发展中国特色社会主义、实现"两个一百年"奋斗目标和中华民族伟大复兴的中国梦，提出一系列治国理政的新理念、新思想、新战略，创立了习近平新时代中国特色社会主义思想，引领中国特色社会主义进入新时代、开启新征程。我们党统筹推进"五位一体"总体布局，协调推进"四个全面"战略布局，准确把握新发展阶段、全面贯彻新发展理念、加快构建新发展格局，解决了许多长期想解决而没有解决的难题，办成了许多过去想办成而没有办成的大事。我们党坚持农业农村优先发展，目标指向"农业强、农村美、农民富"；作出实施乡村振兴战略、加快农业农村现代化的伟大决策，提出坚持走中国特色社会主义乡村振兴道路。

二、中国现代化的历史进程

如果以现代化建设的基本前提作为划分依据，那么中国现代化的历史进程可以分为两个阶段。一是1949年以前的近现代民主革命的实践探索阶段。这一阶段，尽管有不同阶级主体开启了现代化思想启蒙和实践探索，甚至是革命，但从根本上讲，没有建立起能够开启现代化建设的独立国家，也没有形成一个有效政权。二是1949年新中国成立后由中国共产党领导中国人民开启的社会主义现代化建设征程。整体而言，1840年以前的中国一直处于传统的农业社会。19世纪中叶以来，以英国为代表的西方列强入侵中国，并在中国开工厂、办银行、修铁路，兴建近代工业和交通运输业，在客观上加速了中国传统一元经济的分化和现代生产方式的发展。随着工业城市在东部沿海地区的兴起，中国城乡经济逐步分化，初步形成了以现代工业为标志的现代经济与以农业为主、城市手工业为辅的传统经济并存的二元经济格局。直到中国共产党领导革命成功，并建立社会主义制度，中国社会主义现代化征程才开始。

（一）近代中国现代化的探索（1919—1949年）

自鸦片战争以后，先进的中国人基于对中国贫弱状况的认识，开始探索使中国实现这一转变的方法、措施与道路等现代化的相关理论，从张之洞的"中学为体、西学为用"，到康有为的君主立宪制，再到孙中山的民主共和制，在理论上进行了广泛的探讨，宣传了当时世界上先进的政治理念、思想文化、科学技术，在实践上进行了洋务运动、康梁戊戌维新和共和革命，构成了早期中国现代化的主体框架，推动了这一转变的实现。尤其是孙中山领导的辛亥革命，推翻了清王朝的封建专制统治，使中国的现代化首先在政治上实现了一次突破。20世纪初期，帝国主义和封建主义是阻碍中国现代化的最主要障碍，政治的变革是实现现代化的前提条件。面对当时的国内外现状，孙中山将西方民主理念与当时中国的具体国情有机结合，将民主共和理念量化为"民族、民权、民生"的"三民主义"纲领。

近代中国的社会经济具有显著的二元结构特征："微弱的资本主义经济和严重的半封建经济同时存在，近代式的若干工商业都市和停滞着的广大农村同时存在，几百万产业工人和几万万旧制度统治下的农民和手工业工人同时存在……若干的铁路、航路、汽车路和普遍的独轮车路、只能用脚走的路和用脚还不好走的路同时存在。"近代中国的城市因集中了以新式技术为主的机器大工业而快速向前发展，加之国内外的金融业为之推波助澜，使得城市聚集了大量资本。尤其是沿海沿江的大城市空前膨胀起来，商品化程度急剧提高，并日益从自然经济的轨道中游离出来，各类大小工厂纷纷设立，居民的消费水平和生活方式发生着相应的变化，呈现出一派畸形的资本主义繁荣，成为广大农村的一种对立力量。而近代中国农村基本上仍然滞留在中世纪的古老与沉寂之中，到1949年，中国远未实现向资本主义工业社会的过渡，仍然是一个极端贫弱落后的农业国。近代工业产值在抗日战争前夕只占工农业总产值的10%左右，到1949年也仅占17%，居于主体地位的仍是以小农经济为核心的封建经济，其两翼是传统手工业与旧式商业。尽管农村的分化提供着大量的产业后备军，但他们并未完全割断同旧经济机体的联系，这就使近代产业工人队伍表现出极大的不稳定性。

为应对旧中国国家治理失序、经济衰退、文化陈旧等一系列问题，民国时期的知识精英从重建制度框架、推动乡村工业化以及文化复兴等不同层面去推动乡村建设运动，进而实现救国目的。中华民国成立后，一些仁人志士认为乡村掌握着中国的命脉，是重新构造民国社会组织架构的良方。1927年大革命失败后，中国的知识精英在乡村开展了包括乡治、村治、乡村教育等在内的社会实践运动。总体上可分为四种：一是以村民自治为核心的乡村治理模式；二是以经济建设为中心，强调以乡村工业化来实现乡村现代化的模式；三是以政治手段干预乡村全体系管理模式；四是以现代化乡村教育、文化改良的民族自救和再造模式等。以上模式在实践中都有实验，形成了如"翟城村村民自治实验""山西村治""北碚模式""辉县实验区""绥远乡建运动"以及"邹平模式""定县模式""晓庄学校"等诸多实验区。乡村建设运动持续十余年，覆盖中国中东部广大地区，以"政学合一"的形式对中国农村社会产生着深刻影响。虞和平曾在《民国时期乡村建设运动的农村改造模式》中提出，民国乡村建设运动是一种旨在全面改造传统农村的模式探索，其内容包括对农村政治、农业经济和农民素质的现代性改造，显示了一种比较系统的具有一定现代意义的农村建设模式。

民国时期的现代化过程比较曲折，但是相较于封建统治时期是时代的一种进步，为中国实现现代化的目标奠定了坚实基础，提供了重要启发，特别是民国时期所发生的对"中国现代化问题"的探讨。当时，1933年7月《申报月刊》就"中国现代化问题"向社会名家征文，应征者各抒己见，对当时中国进行现代化的困难与障碍、先决条件等问题展开讨论，其中论者对法治与工业化、人与现代化的关系，农业发展在现代化中的作用的认识与主张，对当前现代化建设仍然具有启发意义。

（二）中国共产党领导的社会主义革命和现代化建设（1949年至今）

1949年中华人民共和国成立以后，中国共产党领导中国人民先后开启了新中国社会主义革命和现代化建设的征程。尽管在这个过程中也有波折，但总体上是以人民利益为根本，适时设立现代化建设目标、战略，稳步推进社会主义革命和现代化建设。按照社会主义现代化建设进程的阶段特征,可将中国共产党领导的社会主义革命和现代化建设分为三个阶段:第一阶段是从1949年到1978年,这一阶段是新中国初步确立社会主义现代化目标并进行推进的阶段;第二阶段是从1979年到2012年,这一阶段是由改革开放所开启的社会主义现代化建设阶段;第三阶段是2012年党的十八大以来开创的中国特色社会主义新时代。

1.新中国社会主义现代化目标的初步确立与推进(1949—1978年)

中华人民共和国的成立意味着中国现代化进程进入了一个新的起点,它为中国现代化的发展奠定了良好的政治基础,是中国现代化发展的一个重要里程碑。早在中华人民共和国成立之前,毛泽东就深谋远虑地思考了中国革命与中国现代化的关系。他认为,在新民主主义革命胜利后,中国共产党应该带领群众在若干年内采取行之有效的措施建立起重工业和轻工业,使得中国从农业国向工业国转变。中华人民共和国成立以后,毛泽东从中国的国情出发,在探索中国现代化道路的过程中明确了中国现代化的战略部署和实现路径。

(1)战略目标:从"工业化"到"四个现代化"的拓展与延伸

新中国成立后,中国共产党人从当时的基本国情和落后的社会生产状况出发,决定把发展重点放在社会主义工业化上,经历了一个较为单一、强调工业化的时期。"工业国""工业化"等概念在这一阶段被频繁使用,是"四个现代化"的最初萌芽,也是党对实现现代化的早期探索。1954年9月,毛泽东在第一届全国人民代表大会开幕词中提出要将我国"建设成为一个工业化的具有高度现代文化程度的伟大的国家",在战略部署中也将工业放在核心位置,提出优先发展重工业的五年计划,将发展重工业作为推动我国现代化发展的重要举措。1954年颁布的《中华人民共和国宪法》序言明确规定了"国家在过渡时期的总任务是逐步实现国家的社会主义工业化",工业化成为这一时期现代化建设的首要任务。

在全国人民的共同努力下,我国提前完成了社会主义改造,重点发展重工业的"一五"计划也获得巨大成功,这为我国的现代化建设奠定了基础,但是也助长了急于求成的情绪,导致战略安排逐渐脱离实际,给国家发展造成了极大损失。这促使中国共产党人在新形势下吸取经验教训,进行新的研究部署,确立更加符合本国国情和发展实际的现代化发展路径。于是,单一追求"工业化"的目标逐步得到完善与扩展,"四个现代化"概念自此产生。1964年12月,周恩来在三届全国人大一次会议上所作的《政府工作报告》中提出了"四个现代化"的奋斗目标。他将"四个现代化"的具体内涵正式表述为现代农业、现代工业、现代国防和现代科学技术。这是"四个现代化"的奋斗目标首次被正式完整提出。从"工业化"到"四个现代化",国家现代化建设的目标和路径根据国家发展轨迹进行了及时纠正,为我国的发展奠定更雄厚的基础,为人民群众的生活提供更有力的保障。

(2)战略步骤:从高速度到"两步走"的规划设想

新中国成立后,针对我国综合国力薄弱和生产力落后的发展状况,毛泽东在社会主义现代化的战略步骤安排上提出了"两步走"的规划,即第一步通过"一化三改"建成社会主义;第二步实现社会主义工业化,建成现代化的社会主义强国。而随着社会主义改造任务的提前完成和五年计划的巨大成功,原本的"两步走"步骤不符合国家发展的轨迹,因此需要进行及时的动态纠正。并且随着"四个现代化"的社会主义现代化建设目标的提出,也急需党中央对新的战略目标的实现步骤进行调整。1964年12月,在毛泽东的提议下,周恩来在第三届全国人大一次会议上对"两步走"战略构想进行正式阐述:第一步,建立一个独立的比较完整的工业体系和国民经济体系;第二步,全面实现农业、工业、国防和科学技术的现代化,使我国经济走在世界的前列。1975年,周恩来在第四届全国人大一次会议上所作的《政府工作报告》中,再次重申了"两步走"设想,明确提出了"两步走"战略目标分别完成的时间:"第一步,用十五年时间即在一九八〇年以前,建成一个独立的比较完整的工业体系和国民经济体系;第二步,在本世纪内,全面实现农业、工业、国防和科学技术的现代化,使我国国民经济走在世界的前列。"

2.改革开放和社会主义现代化建设阶段（1979—2012年）

1978年党的十一届三中全会之后，中国现代化进程出现了新的发展机遇，中国现代化理论也在这一时期得到不断完善和创新，迸发出勃勃生机。邓小平果断将全党的工作重点转移到了现代化建设上来。在他看来，实现"四个现代化"是当前中国面临的最重大任务，是一场伟大的革命，是党和国家一切工作的中心。他提出，社会主义建设的发展必须以经济建设为中心，但与改革开放前不同的是，经济建设不是唯一任务，与此同时还应该促进政治、文化等各方面的发展。

（1）战略目标：从实现"四个现代化"到全面建设小康社会

改革开放以来，全党全国的工作重心转移到经济建设上来，助力于推进"四个现代化"目标的实现进程。1978年，邓小平在多次出访国外后意识到，我国的国情与发展水平与西方国家的现代化发展状况差距较大，"在本世纪末实现'四个现代化'的雄心壮志是不现实的"。因此，他对"四个现代化"进行了新的调整并指出："我们定的目标是在本世纪末实现'四个现代化'。我们的概念与西方不同，我姑且用个新说法，叫作中国式的'四个现代化'。"1979年12月，在会见日本首相大平正芳时，邓小平首次提出了"小康"的概念，阐述了中国式现代化的新内涵。自此，"小康"的概念频繁出现在党的报告中，在党的十二大到十五大报告中的频率分别为1、5、4、6次。党的十二大将实现"四个现代化"写入新修改的党章总纲中，同时又加入了文明与政治两方面的内容，对现代化的认识不再只强调经济层面，而是扩展到了政治、文化层面。党的十三大提出"三步走"战略，明确到21世纪中叶把中国建设成为"富强、民主、文明的社会主义现代化国家"。自此，内涵更为广泛的"社会主义现代化"逐渐代替"四个现代化"的提法。党的十四大报告中提到"加快改革开放和现代化建设步伐"，党的十五大将"建设有中国特色社会主义的经济、政治和文化"写入党的基本纲领，使现代化的目标和布局、口号和实践更为紧密地结合在一起。党的十六大、十七大进一步丰富了小康社会的理论，提出21世纪头20年"全面建设惠及十几亿人口的更高水平的小康社会"。

(2')战略步骤:"三步走"战略下中国特色社会主义现代化强国建设的巨大推进

党的十一届三中全会后,中国的现代化建设迎来了新的发展环境。邓小平在深刻分析国内外发展形势之后,指出我国与西方国家的现代化仍有很大差距,按照"两步走"战略在20世纪末实现"四个现代化"是不现实的。因此,邓小平对我国社会主义现代化的战略步骤进行了调整,重新提出了"三步走"发展战略的构想,简而言之,即分三步实现解决人民温饱问题、人民生活总体上达到小康水平、基本实现现代化三个战略目标,计划用70年的时间基本实现现代化。十四大、十五大对于"三步走"的战略步骤又进行了更新和完善,将"三步走"战略步骤的"第三步"创新为"大三步"中的"小三步"。1997年,我们党提出了新的"三步走"发展战略:"展望下世纪,我们的目标是,第一个十年实现国民生产总值比2000年翻一番,使人民的小康生活更加宽裕,形成比较完善的社会主义市场经济体制;再经过十年的努力,到建党一百年时,使国民经济更加发展,各项制度更加完善;到世纪中叶建国一百年时,基本实现现代化,建成富强民主文明的社会主义国家。"2010年底,新"三步走"战略步骤的第一步顺利实现,在此基础上,党的十八大进一步明确了"新三步走"战略步骤的第二步奋斗目标:"到二〇二〇年全面建成小康社会,实现国内生产总值和城乡居民人均收入比二〇一〇年翻一番。"

实践证明,在社会主义制度的基本保证下,改革推动了市场经济体制的建立,形成了公平竞争、统一开放的新格局,同时改革也在政治、经济、文化、社会保障等多方面取得了积极的成效,为现代化事业的全面进步奠定了重要基础。

3.开创中国特色社会主义新时代(2012年至今)

党的十八大对小康社会的实际建设进程进行了总结,为应对经济社会建设新形势的需要,完成了从"全面建设小康社会"到"全面建成小康社会"的提升。进入新时代以来,以习近平同志为核心的党中央在全面建成小康社会的进程中,不断进行符合国情的尝试和探索，不断充实和丰富社会主义现代化的理论和实践。

（1）战略目标：从全面建成小康社会到全面建成社会主义现代化强国

新时代以来，党的十九大综合分析我国社会主要矛盾的变化，将我国的社会主义现代化分为"基本实现现代化"和"社会主义现代化强国"两个阶段。在基本实现现代化目标方面，党的十九大从经济、政治、文化、民生、社会、生态等6个方面进行了谋划，十九大报告增加生态文明建设的"美丽"目标，由此变为"五位一体"总体布局。十九大报告中明确提到"人与自然是生命共同体"，并提出坚持环境友好。同时，对于现代化建设目标而言，十九大增设了"美丽"维度，坚决贯彻执行了生态文明建设理念。"五位一体"总体布局是一种综合发展战略，不仅符合综合现代化发展的理论逻辑，与中国现代化建设的实践逻辑也不谋而合。党的十八届三中全会提出"国家治理体系和治理能力现代化"的重大命题，对国家治理体系治理能力现代化进行了系统总结。"国家治理现代化"被称为继"四个现代化"之后的"第五个现代化"，对于全面建成小康社会、开启全面建设社会主义现代化国家新征程具有重要的现实意义和深远的历史意义。

（2）战略步骤：新时代"两个阶段"的战略安排

进入新时代，以习近平同志为核心的党的新一届领导集体在我国社会主义现代化建设"三步走"战略安排的基础上，提出了"两个百年"的奋斗目标。党的十九大到二十大正值"两个一百年"奋斗目标的历史交汇期。在党的十九大报告中，习近平总书记对决胜全面建成小康社会后的30年作出了"两个阶段"的战略安排："第一个阶段，从二〇二〇年到二〇三五年，在全面建成小康社会的基础上，再奋斗十五年，基本实现社会主义现代化"；"第二个阶段，从二〇三五年到本世纪中叶，在基本实现现代化的基础上，再奋斗十五年，把我国建成富强民主文明和谐美丽的社会主义现代化强国"。

从"三步走"战略到"两个阶段"的战略安排，是顺应新时代提出的新目标，是对现代化建设提出的更高要求。"两个阶段"的战略步骤安排，确立了社会主义现代化发展的新目标，丰富了社会主义现代化的内涵，加快了基本实现社会主义现代化的历史进程。自新中国成立以来，历代党的领导集体根据现代化发展的阶段性提出新的阶段性的现代化建设战略，从"工业化"到"四个现代化"，再到全面建成小康社会、建成社会主义现代化强国；从新中国成立初期的"两步走"安排到改革开放后"三步走"战略，再到新时代"两个阶段"的战略步骤安排，无不体现了党对现代化客观规律的深度把握。"一棒接着一棒跑"，是中国特色社会主义现代化强国建设取得成功的重要经验。

三、中国现代化过程的特殊性

如前所述，中国现代化变迁属于被动的、外源型的现代化。基于中国的历史传统和具体国情，中国的现代化征程有其特殊性。在这个过程中，如何改造乡村是实现现代化的突出问题。一方面，中国共产党依靠农民阶级通过暴力革命建立社会主义国家，获得有效政权，确立其政治权威地位；但另一方面，近现代历史上、城乡的分化以及新中国成立初期工业化战略的实施使得农村和农民逐渐被边缘化，成为现代化进程中的突出问题，扮演着落后者以及牺牲者的角色。因此，中国现代化进程中的土地、农民和农村问题有其产生的独特背景和国情因素，由此决定中国现代化进程中乡村改造有其特殊性。

（一）土地问题

土地问题是农业农村发展的核心议题，也是中国历次革命的核心。历史上的中国是一个传统的农业国家，劳动力相对过剩、土地资源相对劳动力的需求十分短缺，这是中国基本国情之一，也是中国历史发展的基本动力之一。这样的国情在历代王朝中造成了周期性的社会危机和农民起义。过去1000多年来，中国人口从5000万增加到13亿多，但耕地面积仅增加了至多4—5倍，人均耕地面积下降了4/5。人多地少的土地禀赋决定了中国不同阶段的土地制度以及土地制度所服务的政治制度。这些制度还和中国社会的不同发展阶段相契合，成为中国现代化进程中的核心叙事。从封建皇族统治到民国的建立，从中华人民共和国成立到改革开放，都有不同的制度演进发生。

明清时期的土地占有方式与历代封建王朝一样，分为官田与民田两种类型，官田属封建国家所有，民田属地主或自耕农所有。明清晚期，地方土地所有制得到急速发展，地主拥有的耕地面积占全国耕地的绝大部分，国有耕地面积仅占全国耕地1/10，自耕农所占有的土地被地主通过土地兼并的方式而吞噬，从而形成土地占有的高度集中。例如在明末，就形成了"有田者十一，为人佃作者十九"；在清康熙末年，则出现了"小民有恒产者十分之三四耳"的严重局面。土地占有高度不均以及农民备受剥削压迫、生活极度贫困的境况导致农民起义频发。在清朝后期爆发的太平天国运动中，起义者提出的核心诉求就是解决土地问题，要求废除私有制，土地和财物都不能私有，以家为单位按照人口多少重新分配土地，建立"共享太平"的理想社会。这与后来辛亥革命提出的"平均地权""耕者有其田"的改革纲领有相似之处。孙中山先生发起的旧民主主义革命虽然也秉承了平均地权思想，但是由于平均地权的实践遭到了旧民主主义革命阵营大地主阶层的抵制，导致旧民主主义革命走向失败。

中国共产党从其建立的那天起，就将改变中国的贫困落后状况作为其领导中国革命的核心使命。毛泽东将马克思主义的基本原理与中国革命实践相结合，准确把握了要改变中国贫困落后的局面需要聚焦农民问题和土地问题的实际。在他的领导下，新民主主义革命阶段，中国共产党一方面通过武装斗争争取新民主主义革命覆盖全国，另一方面在解放区实施以土地改革为核心的扶贫实践。1931年，中国共产党制定了"依靠贫农、雇农，联合中农，限制富农，保护中小工商业者，消灭地主阶级，变封建的土地所有制为农民的土地所有制"的土地革命路线。

在过去长达一百多年的历史中，众多以农业为主体、农民人口占主要成分的国家以及很多未能取得长足发展和脱贫的国家，基本上都属于在土地改革上失败的国家。实际上对这些国家而言，土地的分配格局在很大程度上决定了这个国家是否能够取得发展和摆脱贫困。20世纪70年代以来，以Keith Griffin为代表的一批学者对于土地分配与减贫关系做了大量的研究，他们从理论和实践上积极推动在发展中国家实施普遍的土地改革，从而实现有意义的减贫。由于中国长期处在一个以农业和农民为主体的经济结构中，土地是农民生计最为重要的生产资料，而1949年以前不公平的土地占有情况正是中国贫富差异的重要体现。陈翰笙等人在20世纪30年代所做的调查显示，中国30%-50%的土地集中在不到10%的地主和富农手中。土地改革的核心是实现"耕者有其田"，从而从制度上消除产生贫困的根本原因，因此在这种情况下，土地革命恰恰是根本性的制度性扶贫实践。与此同时，中国共产党在新民主主义革命阶段不仅从政治、经济、社会结构的角度探索消除不平等和贫困的机制，同时也在解放区内普遍实施"识字扫盲""男女平等""组织农民合作组织"等形式的经济社会变革。虽然中国共产党领导新民主主义革命的主要精力在于武装夺取全国政权，但是中国共产党并没有忽视管理国家事务的政治实践。在解放区实施的土地改革和相应的社会改造是中国共产党超越旧民主主义革命，改造中国现状的现代化政治实践的初步探索。这个实践的过程已经开始发育了以党的议程驱动国家现代化的治理雏形，中国共产党开始探索以突破结构与社会改良相结合的国家现代化模式，这个模式聚焦了中国政治、经济、社会的核心问题——不平等和贫困。所以从某种意义上讲，中国共产党的革命议程通过聚焦农民的土地权益和在农村实施现代化的社会运动，为中国其后的发展与减贫奠定了政治实践的基础。事实上，中华人民共和国建立后的一系列发展实践也始终围绕着这条主线。因此可以讲，中国共产党领导的新民主主义革命正是中国摆脱贫困的早期探索。

中华人民共和国成立以后，中国共产党开始以执政党的身份设置其治国理念的框架。新中国成立初期，政治、经济、社会议程的制定就是围绕着农民和土地问题。1950年，中央人民政府颁布《中华人民共和国土地改革法》，重新将大约占全国耕地面积43%的土地和地主、乡绅的牲畜以及他们大部分的生产、生活资料分配给了贫穷和无地的农民。到1952年为止，全国3亿农民分得7亿亩土地。土地改革极大地调动了广大农民的积极性。中国的粮食总产量从1949年的11318万吨增加到了1952年的16392万吨，粮食单产从1949年每公顷1029公斤增加到1957年的每公顷1460公斤，8年间粮食单产大约提高42%。土地改革所释放出的制度性外溢极大地缓解了中国的饥饿性贫困，并为改革开放后社会主义建设创造了比较有利的社会公平条件。

（二）乡村作为问题的产生

从历史的角度看，现代化过程中乡村的衰败几乎是不可避免的。源发型现代化国家在不同发展阶段也曾面临城乡结构失衡、农村贫困、农村空心化和老龄化等乡村衰落问题。然而，对于中国而言，城乡二元结构矛盾在现代化进程中表现得更为突出。中国的乡村危机早在20世纪30年代就已经呈现。当时所出现的乡村危机不仅仅表现为前面所述的土地问题，而是更广泛意义上的整体危机。一方面，农村经济呈现破产态势，具体表现为土地分配不均、地租增高、田赋及捐税加重、荒地增加、农民生活贫困、灾荒频发等；另一方面，彼时中国已开始步入工商业化时代，传统时代城乡一体化发展模式逐渐被瓦解，旧社会构造遭到破坏。因此，中国农村的衰落是整个的衰落，是整个的破产，包括物质、精神以及教育等方方面面。中华人民共和国成立以后，为在短期内实现社会主义现代化建设的工业化目标，采用了通过农业集体化来有效地转移农业的原始积累从而进行工业化，特别是通过优先发展重工业来实现工业化的路径，这对于中国这样一个一穷二白的发展中国家而言是极端重要的。中国几乎是那个阶段取得民族独立以后全世界发展中国家中唯一基本实现工业化的国家。但在这个过程中，农业、农村和农民为中国工业化完成原始积累进入产业扩张做出了巨大牺牲，以至于城乡二元结构问题成为中国现代化进程中的突出矛盾。中国的城乡二元，不仅指城乡二元经济结构，也包含城乡二元社会结构，同时也体现了城乡关系的二元性，农村依附于城市。

1.城乡要素交换不平等下的乡村问题产生

中华人民共和国成立之初,面对国内经济一穷二白、国际帝国主义势力虎视眈眈全面封锁的局势,中国选择了国家工业化战略以维护国家主权独立。而任何工业化都绕不开资本的原始积累,在资本极度稀缺又无法依赖外资情况下,中国只能采取内向型原始积累策略。在城市经济领域中,1956年完成了国家资本对私人资本的改造;同年推进的农村集体化运动其实是代表城市工业部门向中央提出的"农业现代化",核心是"集体化+机械化",目的是以乡为单位建立高级社,实行土地规模经营,以承载城市资本品下乡,完成"工农两大部类交换",提取农业剩余用于内向型原始积累。自此,在计划经济体制下中国城乡二元结构体制形成。从经济层面理解,城乡之间发展不平衡的矛盾主要在于城乡生产要素交换不平等。在中国长期城乡二元结构体制下,改革开放之前城乡生产要素交换不平等主要体现在工农产品价格"剪刀差"上,而现阶段则主要表现为土地、资本和劳动力等生产要素在城乡之间的交换不平等。

首先,在我国二元土地制度的框架之下,作为基本的生产要素——土地,由于产权属性的差异而不能够进行平等有效的交换。城市土地是国家所有,农村土地则属于集体。正是这种二元的土地所有制度的安排导致城乡土地权能上的差异,这种差异直接造成了农村集体土地所具有的权能显著低于国有土地,而且通过一级土地市场的政府垄断,加上政府对土地用途和规划的管制,使得这种权能上的不平等进一步放大。随着我国工业化和城镇化加速发展,政府对农村集体土地的征用越来越大。尽管征地的补偿费用在逐年提高,但是,农民所获得的征地补偿仅占政府土地出让金很少的比例,而且大大低于土地市场价格,土地净收益流入城市和工业,每年以万亿元计。

其次,资金要素流向不平等。长期奉行的城市偏向型发展战略的惯性,导致政府和社会资本的投资非农偏好依然突出。而以银行业为主的金融体系源源不断地以"金融存贷差"把农村资金抽取到收益率更高的城市工业部门。虽然近年不断加大对农业的财政和金融支持力度,但是农村资金持续流向城市的趋势仍旧没有得到根本改变。全国农户储蓄余额从2005年到2014年由24606.37亿元增加到116104.17亿元，增长了近3.72倍；但是农户储蓄余额和贷款余额之差逐步扩大，从2005年的16619.99亿元扩大到2014年62504.17亿元之巨。大量的农户储蓄通过银行系统流向城市部门，而没有留下来用于农村发展和农业生产，本已紧张的农村资本供给更加短缺，进一步推高农业的融资成本。

最后，进城务工劳动力报酬与福利上的不平等。劳动力市场的二元结构导致进入城市务工的农村劳动力与城市劳动力，无论是在直接的工资收入上，还是在社会保障、社会福利上都存在明显的差距。工资收入上，虽然2013年到2016年各行业进城务工的农村劳动力的工资收入均有所增加，但是仍然赶不上城镇单位在岗职工的平均工资水平，而且差距还在进一步扩大，从2013年平均相差20175元扩大到2016年的31693元。社会保障上，2016年全国农民工中养老保险、失业保险、医疗保险、工伤保险的参保率分别为21.1%、16.5%、17.1%、26.7%，而2016年年末全国城镇就业人员相应的数据分别为91.6%、43.7%、71.3%、52.8%。这表明和城镇职工社会保障程度相比，进城务工的农村劳动力得到的社会保障要低得多。

2.城乡公共服务供给不平衡下的乡村问题产生

城乡之间不仅在生产要素交换上存在不平等，公共服务的供给上也表现出较大的差距。城市和农村的发展都需要国家公共服务的供给，但是资源是有限的，分配给城市的多了，分配给农村的自然就少了。而我国长期以来的城市偏向战略，主要体现在基础教育、公共医疗卫生资源分配和社会保障体系偏向城市居民。

首先，城乡基础教育发展不均衡。随着城市化发展，资金、劳动力、技术等资源越来越集中于城市，同时也受国家政策的导向，学校、老师、教学设施等更多的优质教育资源流向城市，城乡之间教育不均衡状况凸显。以基础教育的经费支出为例，2007—2016年十年间，农村小学的生均公共财政预算内教育事业费支出从2084.28元增长到9246.00元，增长了近3.44倍；农村中学的生均公共财政预算内教育事业费支出从2433.28元增长到12477.35元，增长了近4.13倍。可见国家对农村地区基础教育上的经费支出显现出较快的增速，但是农村的生均教育经费支出一直低于城市的生均教育经费支出的状况并没有得到根本改变，直到2016年，城市小学与农村小学生均公共财政预算基本建设支出比仍为1.41，城市初中与农村初中生均教育事业费比仍为1.73。全国还有4000个左右的乡镇没有公办中心幼儿园，个别地方的学前三年毛入园率还在50%以下。

其次，城乡公共医疗卫生资源配置不均衡。以城乡人均卫生费用为例，从1995年到2014年的人均卫生费用变化情况看，城乡人均卫生费用之比，尤其是近几年加速减小，但是城市人均卫生费用仍然远远高于农村人均卫生费用。截至2014年年底，城市人均卫生费用达到3558.31元，而农村人均卫生费用为1412.21元，城乡人均卫生费用比约为2.52。从城乡卫生技术人员和医疗机构床位的数量上看，城市和农村的差别也很明显。每万人拥有卫生技术人员和执业（助理）医师的数量近年来城乡均有较大幅度的增加，但是城市基本上维持在农村的2-3倍；而每万人拥有的注册护士数则城市是农村的3倍以上；每万人拥有医疗机构床位数城市是农村的2倍以上。

最后，城市偏向的社会保障体系导致城乡不平衡。社会保障是国家依法对国民收入进行分配和再分配，以保障其社会成员的基本生活权利的一种安全保障制度，因而应是惠及全体公民的。但长期以来，我国社会保障制度的保障对象一直都将农民排除在外，直到21世纪初，我国构建社会主义新农村进程不断发展，农村社会保障体系的构建才逐渐提上日程。但与城市居民相比，农村居民社会保障收入和支出都明显要低。以养老保险为例，截至2016年年底，城镇职工基本养老保险基金总收入为35058亿元，总支出为31854亿元，而农村居民基本养老保险基金收入仅为2933亿元，支出为2150亿元。根据国家统计局的数据，1991-2008年间，我国城市人均社会保障支出占人均GDP的比例为15%，而农村只有0.18%，城市人均享有的社会保障费用支出是农村的80多倍。新型农村社会养老保险从2012年后与城镇居民社会养老保险合并为城乡居民社会养老保险，要求做到对农村地区全覆盖，但农村居民的养老保险还处于一个很低的水平。农村地区社会保障"安全网"的作用没有得到充分体现。

3.城乡基础设施投入不平等

尽管近些年来我国对农村基础设施建设的投资力度一直在加大，特别是脱贫攻坚期间用于农村基础设施建设的投入也很大，农村地区基础设施已经发生巨大变化，但是城乡基础设施不均等问题仍然很突出。自2001年以来，我国农村公路与城市公路里程持续增长，农村公路（县道、乡道、村庄道路）所占比重进一步提高。但是，与城市公路的路况相比，我国农村公路质量差、等级低，而且整修维护不及时的现象十分严重。除了道路交通之外，截至2016年，全国范围内只有68.7%的行政村有集中供水，仅有20%的行政村对生活污水进行了处理，只有65%的行政村对生活垃圾进行了处理。农村基础设施很多只是到了行政村，村以下到户还有很多卡点和堵点，短板、弱项主要是集中在村以下到户环节。在全社会固定资产投资方面，2016年，城镇投资额占全社会投资总额的98.3%，农村投资额只占到全社会投资总额的1.7%。虽然我国对农村基础设施的投资显著提高，但是各级政府对城市基础设施建设的投资明显高于对农村基础设施建设的投资。相对于面积广大的农村地区而言，有限的基础设施建设投资直接造成了农村基础设施建设落后，远不能满足农村居民日益增加的基本生活需求。据粗略估算，农村人居环境全面整治，完成农村厕所、垃圾、污水专项整治"三大革命"，需要数万亿级别的建设资金，需要公共财政把基础设施建设重点放在农村。

4.乡村生态环境代价大

乡村在支持与推进我国现代化的进程中虽然有所发展，但也因此承担了很多后果，特别是在卫生环境方面问题表现得十分突出，其原因在于伴随着城市化和工业化的发展，过分强调追求经济效益，而忽略了人类与自然的和谐关系，导致生态环境代价比较大。主要表现在两个方面：一是生态破坏，二是环境污染。

生态破坏来源于两个方面：一是部分村民建房"无序""混乱"造成的生态破坏，乱砍树、乱挖土、乱开沟等造成的植被破坏、水土流失；二是村庄"周边"建设，如修路、架桥、建厂、矿山开采等，给乡村周边生态环境造成破坏，最终殃及乡村生态系统。特别是水土流失的问题，早期过度的森林砍伐以及矿产资源开采等，对乡村的山体和森林都造成了极大的破坏，且大多乡村处于山地、丘陵地带，容易造成水土流失，从而导致生物多样性减少，给乡村居民的生活也带来了安全隐患。

环境污染主要包括三个方面，分别是大气污染、水污染和土壤污染。大气污染来自两个方面，一是生产导致的大气污染——乡村已不仅仅只是发展传统农业生产，在村庄周围也建起了许多工厂从事轻工业或者重工业，并排放大量未经处理的废气，另外，城市工业的废气排放后由于热岛效应也会流向乡村，从而直接影响乡村空气质量。二是生活导致的空气污染——乡村居民生活中，像平时烧柴煮饭、焚烧秸秆等行为会产生大量有害气体，以及生活垃圾和畜禽粪便等没有得到及时处理会产生难闻的气味，进而影响大气质量。

水污染同样来自生产和生活两个方面。农业生产中大量使用化肥和喷洒农药，会直接导致乡村地表水和地下水的污染，特别是目前我国农药、化肥的使用量还比较大。数据显示，2015年之后全国农用化肥施用量、农药和塑料薄膜的使用量都在减少，但绝对数量仍然比较大。2015年全国农用化肥施用量达到6022.6万吨，之后逐年下降，到2019年已经降至2010年的水平（见图1-7）。农药的使用量也在减少，2019年为139.17万吨（见图1-8）；农用塑料薄膜使用量减少最明显（见图1-9）。乡村居民生活排放的废水以及未经处理的人畜粪便会通过雨水渗入或者流入水体之中，从而导致水污染。

土壤污染同样是受乡村生产生活的影响所致。特别是化肥、农药的施用以及农膜广泛使用所形成的"白色污染"会对土壤产生极大危害。

全国农用化肥施用量（万吨）

年份	用量
2010	5561.7
2011	5704.2
2012	5838.8
2013	5911.9
2014	5995.9
2015	6022.6
2016	5984.4
2017	5859.4
2018	5653.4
2019	5403.6

图 1-7　全国农用化肥施用量

数据来源：国家统计局网站https://data.stats.gov.cn/

全国农药使用量（万吨）

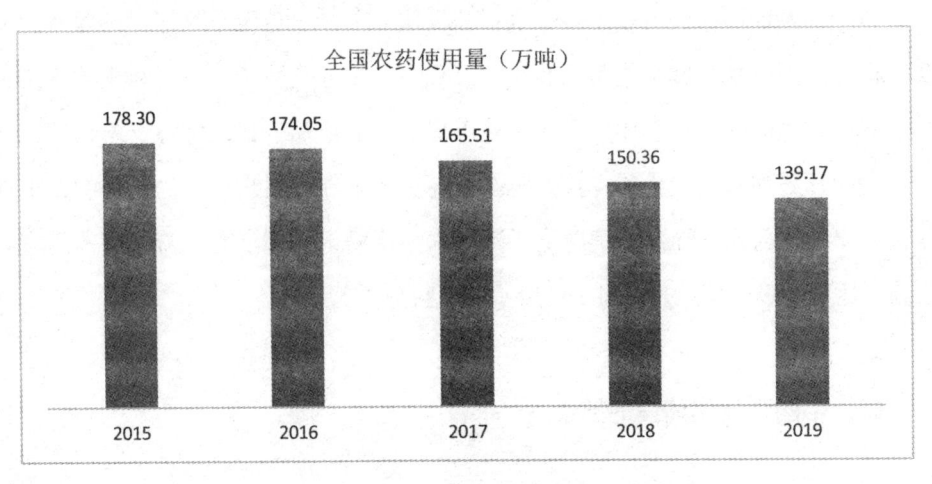

年份	用量
2015	178.30
2016	174.05
2017	165.51
2018	150.36
2019	139.17

图 1-8　全国农药使用量

数据来源：国家统计局网站https://data.stats.gov.cn/

全国农用塑料薄膜使用量（吨）

- 2015: 2603560.58
- 2016: 2602608.9
- 2017: 2528365.22
- 2018: 2466795.41
- 2019: 2407658

图1-9 全国农用塑料薄膜使用量

数据来源：国家统计局网站https://data.stats.gov.cn/

以上问题的产生很大程度在于乡村公共服务的缺失以及乡村居民环保意识淡薄。根本原因还是在城市化和工业化的过程中，农业支持工业、乡村支持城市，却没有得到相应的回报。比如乡村为城市提供了农产品、矿产资源、木材等，却由于过度开采和砍伐造成了乡村的生态破坏。另外在乡村现代化的过程中，土地硬化、化肥农药施用导致土壤质量下降和水体污染等，却没有完善且有效的应对措施，比如垃圾处理厂、乡村工厂废水废气排放监管等。

四、中国现代化建设的前景

2021年7月6日，在有来自160多个国家的500多个政党和政治组织的领导人参加的中国共产党与世界政党领导人峰会上，习近平总书记在主旨发言中指出，中国共产党将团结带领中国人民深入推进中国式现代化，为人类对现代化道路的探索作出新贡献。中国式现代化既有各国现代化的共同特征，更有基于中国国情的中国特色。在过去中华民族探索现代化道路的征程中，中国共产党最终成为能够带领中国人民实现民族独立并真正开启现代化建设的政党。历史证明，坚持和发展中国特色社会主义,推动物质文明、政治文明、精神文明、社会文明、生态文明协调发展,是中国式现代化的新道路。中国要实现的现代化,是人口规模巨大的现代化,是全体人民共同富裕的现代化,是物质文明和精神文明相协调的现代化,是人与自然和谐共生的现代化,是走和平发展道路的现代化。

(一)中国现代化建设奋斗目标重要年谱

中国的现代化是社会主义的现代化,应当也有条件以明确的目标和前瞻性的战略加以引导。中国共产党历代领导人都非常注重通过树立明确的目标并制定相应的战略来推动现代化。党的十九大明确,全面建设社会主义现代化国家从2021年到2050年共分为两个阶段,每个阶段15年。这样,改革开放以后我国社会主义现代化建设的时间表和路线图就非常清晰和完整了(见表1-5)。一共分为五个阶段:第一阶段,改革开放之初到1990年主要解决人民的温饱问题;第二阶段,1991年到2000年使人民生活达到总体小康水平;第三阶段,2001年到2020年全面建成小康社会;第四阶段,2021年到2035年基本实现社会主义现代化;第五阶段,2036年到2050年建成富强民主文明和谐美丽的社会主义现代化强国。"放眼世界,我们面对的是百年未有之大变局。"今天,中国已经彻底摆脱了停滞静止的状态,又一次站在繁荣富强的发展平台之上。前面的道路已经没有前车之鉴,需要我们自己去探寻。向内看,我国发展仍处于重要战略机遇期,经济发展已由高速增长阶段转向高质量发展阶段,但是发展不平衡不充分的问题仍然突出,重点领域关键环节改革任务仍然艰巨,全面实现社会主义现代化还有相当长的路要走;向外看,世界百年未有之大变局进入加速演变期,和平与发展仍然是时代主题,但是国际形势的不稳定性、不确定性明显增强,新冠肺炎疫情大流行影响广泛深远,单边主义、保护主义、霸权主义对世界和平与发展构成威胁,世界进入动荡变革期。在这个历史机遇期,开启建设社会主义现代化国家新征程必须全面贯彻落实习近平新时代中国特色社会主义思想,按照《中华人民共和国国民经济和社会发展第十四个五年规划和2035年远景目标纲要》（以下简称《纲要》）扎实推进新阶段现代化建设。

表1-5 中国现代化建设奋斗目标重要年谱

年份	重大事件
1921	中国共产党成立
1949	中华人民共和国成立
1978	改革开放
2017	党的十九大召开
2018	改革开放40年
2019	中华人民共和国成立70年
2020	全面建成小康社会
2021	中国共产党成立一百年，实现第一个百年奋斗目标
2022	党的二十大召开
2035	基本实现社会主义现代化
21世纪中叶	中华人民共和国成立一百年，实现第二个百年奋斗目标，建成富强民主文明和谐美丽的社会主义现代化强国，实现中华民族伟大复兴的中国梦

《纲要》指出，到2035年，我国将基本实现社会主义现代化。经济实力、科技实力、综合国力将大幅跃升，经济总量和城乡居民人均收入将再迈上新的大台阶，关键核心技术实现重大突破，进入创新型国家前列。基本实现新型工业化、信息化、城镇化、农业现代化，建成现代化经济体系。基本实现国家治理体系和治理能力现代化，人民平等参与、平等发展权利得到充分保障，基本建成法治国家、法治政府、法治社会。建成文化强国、教育强国、人才强国、体育强国、健康中国，国民素质和社会文明程度达到新高度，国家文化软实力显著增强。广泛形成绿色生产生活方式，碳排放达峰后稳中有降，生态环境根本好转，美丽中国建设目标基本实现。形成对外开放新格局，参与国际经济合作和竞争新优势明显

增强。人均国内生产总值达到中等发达国家水平，中等收入群体显著扩大，基本公共服务实现均等化，城乡区域发展差距和居民生活水平差距显著缩小。平安中国建设达到更高水平，基本实现国防和军队现代化。人民生活更加美好，人的全面发展、全体人民共同富裕取得更为明显的实质性进展。

（二）中国社会主义现代化建设的重点任务

《纲要》提出到2035年基本实现社会主义现代化所涉及的17个方面的战略任务和重大举措，强调着力解决经济社会发展中面临的大事难事，兼顾"国家大事"与"关键小事"，突出体现对新发展阶段、新发展理念、新发展格局的整体把握、系统贯彻和一体落实。未来社会主义现代化建设的重点任务有：

坚持创新驱动发展，加快发展现代产业体系。创新是引领发展的第一动力，在我国现代化建设全局中居于核心地位。《纲要》将创新驱动作为首要任务，强调要把科技自立自强作为国家发展的战略支撑，协同推进科技创新、产业发展和数字化转型。加快建设科技强国，强化国家战略科技力量，健全社会主义市场经济条件下新型举国体制，提升企业技术创新能力，激发人才创新活力，完善科技创新体制机制，全面塑造发展新优势。巩固壮大实体经济根基，深入实施制造强国战略，推进产业基础高级化、产业链现代化，保持制造业比重基本稳定，推动战略性新兴产业创新发展，扩大服务业有效供给，加快发展现代产业体系。大力推动数字化发展，加强关键数字技术创新应用，协同推动数字产业化和产业数字化转型，加快数字社会建设步伐，提高数字政府建设水平，建设数字中国。

形成强大国内市场，构建新发展格局。构建新发展格局是事关全局的系统性、深层次变革，是塑造我国国际经济合作和竞争新优势的战略抉择。随着国内外发展环境发生深刻变化，必须把发展立足点放在国内，更多依靠国内市场实现经济发展。《纲要》提出，要坚持扩大内需这个战略基点，把实施扩大内需战略同深化供给侧结构性改革有机结合起来。畅通国内大循环，顺应消费升级和产业升级需要，打造强大国内市场，贯通生产、分配、流通、消费各环节，持续扩大优质产品和服务供给，破除制约要素合理流动的堵点，有效破除地方保护、行业垄断和市场分割，形成需求牵引供给、供给创造需求的更高水平动态平衡。促进国内国际双循环，协同推进强大国内市场和贸易强国建设，推动进出口协同发展，完善内外贸一体化调控体系，促进进口来源多元化，优化出口商品质量和结构，提高国际双向投资水平，推进多双边投资合作机制建设，推动国内国际双循环相互促进，持续增强我国经济对全球要素资源的吸引力、在世界市场的竞争力。加快培育完整内需体系，深入实施扩大内需战略，加快完善合理引导消费、储蓄、投资的体制机制，提升传统消费，培育新型消费，发展服务消费，适当增加公共消费，增强消费对经济发展的基础性作用；加大投资补短板力度，推进既促消费惠民生又调结构增后劲的新型基础设施、新型城镇化、交通水利等重大工程建设，增强投资对优化供给结构的关键性作用。

全面推进乡村振兴，完善新型城镇化战略。农业农村是现代化进程中的最大短板，城镇化是最大的内需潜力所在。《纲要》提出，要全面实施乡村振兴战略，深入推进新型城镇化战略，推动形成工农互促、城乡互补、协调发展、共同繁荣的新型工农城乡关系。坚持农业农村优先发展，深化农业供给侧结构性改革，严守18亿亩耕地红线，实施黑土地保护工程，实施乡村建设行动，实现巩固拓展脱贫攻坚成果同乡村振兴有效衔接。加快推动农业转移人口全面融入城市，坚持存量优先、带动增量，统筹推进户籍制度改革和城镇基本公共服务常住人口全覆盖，放开放宽除个别超大城市外的落户限制，试行以经常居住地登记户口制度。完善城镇化空间布局，发展壮大城市群和都市圈，分类引导大中小城市发展方向和建设重点，促进超大特大城市"瘦身健体"，完善大中城市宜居宜业功能，推进以县城为重要载体的城镇化建设。全面提升城市品质，统筹城市规划建设管理，实施城市更新行动，推进城镇老旧小区改造，完善住房市场体系和住房保障体系。

优化区域经济布局，促进区域协调发展。缩小区域发展差距，是构建高质量发展国土空间布局的客观需要。《纲要》提出，要深入实施区域重大战略、区域协调发展战略、主体功能区战略，健全区域协调发展体制机制，构建高质量发展的区域经济布局和国土空间支撑体系。优化国土空间开发保护格局，立足资源环境承载能力，发挥各地区比较优势，完善和落实主体功能区制度，提升重要功能性区域的保障能力，积极拓展海洋经济发展空间。推动区域重大战略取得新的突破性进展，加快推动京津冀协同发展，全面推动长江经济带发展，积极稳妥推进粤港澳大湾区建设，提升长三角一体化发展水平，扎实推进黄河流域生态保护和高质量发展。深入实施区域协调发展战略，推进西部大开发形成新格局，推动东北振兴取得新突破，开创中部地区崛起新局面，鼓励东部地区加快推进现代化，支持特殊类型地区发展，在发展中促进相对平衡。

全面深化改革开放，持续增强发展动力和活力。改革开放是决定当代中国命运的关键一招。《纲要》提出，要坚持和完善社会主义基本经济制度，推动有效市场和有为政府更好结合，坚持实施更大范围、更宽领域、更深层次对外开放，开拓合作共赢新局面。构建高水平社会主义市场经济体制，坚持"两个毫不动摇"，加快国有经济布局优化和结构调整，促进民营企业高质量发展，激发各类市场主体活力；建设高标准市场体系，全面完善产权制度，推进要素市场化配置改革，健全社会信用体系，形成高效规范、公平竞争的国内统一市场；加快建立现代财政制度，健全现代金融体系；加快转变政府职能，创新和完善宏观调控，构建一流营商环境，提升政府经济治理能力。实行高水平对外开放，依托我国超大规模市场优势，建设更高水平开放型经济新体制，提升对外开放平台功能，优化区域开放布局，推进贸易和投资自由化便利化；推动共建"一带一路"高质量发展，加强发展战略和政策对接，深化务实合作，加强安全保障，促进共同发展；积极参与全球治理体系改革和建设，推动共建人类命运共同体。

推动绿色发展，促进人与自然和谐共生。生态文明建设是关系中华民族永续发展的千年大计。《纲要》提出，要坚持绿水青山就是金山银山理念，坚持尊重自然、顺应自然、保护自然，建设美丽中国，促进人与自然和谐共生。推动自然生态系统质量整体改善，坚持山水林田湖草系统治理，完善生态安全屏障体系，构建自然保护地体系，健全生态保护补偿机制，不断提升生态系统质量和稳定性。持续改善环境质量，深入打好污染防治攻坚战，全面提升环境基础设施水平，制定 2030 年前碳排放达峰行动方案，完善能源消费总量和强度双控制度，积极应对气候变化。加快发展方式绿色转型，坚持生态优先、绿色发展，协同推进经济高质量发展和生态环境高水平保护，坚决遏制高耗能、高排放项目盲目发展，全面提高资源利用效率。

持续增进民生福祉，扎实推进共同富裕。民生是人民幸福之基、社会和谐之本，是最大的政治。《纲要》着眼于人的全面发展和改善民生福祉，强调要坚持尽力而为、量力而行，加强普惠性、基础性、兜底性民生建设，让发展成果更多更公平惠及全体人民，不断增强人民群众获得感、幸福感、安全感。把提升国民素质放在突出重要位置，构建高质量的教育体系和全方位全周期的健康体系，推动义务教育优质均衡发展和城乡一体化；构建强大公共卫生体系，扩大医疗服务资源供给；实施积极应对人口老龄化国家战略，大力发展普惠型养老服务，拓展人口质量红利，提升人力资本水平和人的全面发展能力。提高公共服务质量和水平，加快补齐基本公共服务短板，着力增强非基本公共服务弱项；实施就业优先战略，扩大就业容量，提升就业质量；加快健全覆盖全民、统筹城乡、公平统一、可持续的多层次社会保障体系；提高劳动报酬在初次分配中的比重，持续提高低收入群体收入，扩大中等收入群体，更加积极有为地促进共同富裕。发展社会主义先进文化，推进社会主义文化强国建设，传承弘扬中华民族优秀传统文化；推进城乡公共文化服务体系一体建设，加强对外交流和多层次文明对话，提升中华文化影响力；扩大优质文化产品供给，推动文化和旅游融合发展，健全现代文化产业体系和市场体系。

统筹发展和安全，建设更高水平的平安中国。安全是发展的前提，发展是安全的保障。当前和今后一个时期是各类矛盾和风险易发期，必须强化底线思维，有效防范化解各类风险挑战。《纲要》首次设立安全发展专篇，强调要坚持总体国家安全观,实施国家安全战略,把安全发展贯穿国家发展各领域和全过程,加强国家安全体系和能力建设,筑牢国家安全屏障。强化国家经济安全保障,强化经济安全风险预警、防控机制和能力建设,实现重要产业、基础设施、战略资源、重大科技等关键领域安全可控;实施粮食安全战略,抓住土地和良种两个关键,深入实施藏粮于地、藏粮于技战略,开展种源"卡脖子"技术攻关,确保口粮绝对安全、谷物基本自给、重要农副产品供应充足;实施能源资源安全战略,坚持立足国内、补齐短板、多元保障、强化储备,完善产供储销体系,增强能源持续稳定供应和风险管控能力;实施金融安全战略,守住不发生系统性风险的底线。全面提高公共安全保障能力,坚持人民至上、生命至上,健全公共安全体制机制,保障人民生命安全;完善和落实安全生产责任制,加强食品药品全链条安全监管,建立健全生物安全风险防控和治理体系;优化国家应急管理能力体系建设,提高防灾减灾抗灾救灾能力。维护社会稳定和安全,正确处理新形势下人民内部矛盾,编织全方位、立体化、智能化社会安全网;坚持和发展新时代"枫桥经验",健全社会矛盾综合治理机制,推进社会治安防控体系现代化。

此外,《纲要》还包括国防军队建设、民主法治等方面内容,并部署了引领未来的重大攻关项目、基础设施领域的世界级标志性工程、重要民生保障项目等102项重大工程项目。《纲要》为到2035年实现社会主义现代化指明了方向和路径,为我们描绘了实现中国特色社会主义现代化的壮美蓝图。

第二章

中国农业农村现代化的基本路径

农业农村现代化是中国社会主义现代化的重要组成部分，如果说农业农村没有实现现代化，那也就很难讲国家实现了现代化。世界现代化进程表明，若要处理好工农关系、城乡关系，仅有城市现代化是不够的，需要统筹推进农业现代化和农村现代化。农业现代化和农村现代化是一个整体。农业现代化是农村现代化的基础，为农村现代化提供产业基础和物质保障；农村现代化是农业现代化的依托，乡村是实现农业现代化集聚人口、土地等要素的空间载体。因此，农业农村现代化是乡村振兴的目标，也是实现共同富裕的关键举措。正如习近平总书记曾指出的，"即便我国城镇化率达到70%，农村仍将有4亿多人口。如果在现代化进程中把农村4亿多人落下，到头来'一边是繁荣的城市、一边是凋敝的农村'，这不符合我们党的执政宗旨，也不符合社会主义的本质要求"。因此，农业农村现代化是对新时期我国社会发展面临的主要矛盾的回应，也是对实现共同富裕目标的回应。

中华人民共和国成立70年以来，中国农业农村现代化征程不断推进，特别是农业现代化已经达到一定水平。早在20世纪50年代，中国就提出了实现农业现代化的目标任务。在改革开放之前，农业现代化一直被狭义理解为农业的机械化、水利化、化学化、电气化和良种化等。改革开放初期，人们对农业现代化的理解开始突出科技化。20世纪90年代，随着社会主义市场经济体制的建立，农业现代化又被赋予商品化、市场化、产业化的内涵。2017年，党的十九大报告将农业现代化扩展到农业农村现代化。很明显，农业农村现代化具有更加丰富的内涵，它是包括农业现代化在内的农村产业现代化、农村生态现代化、农村文化现代化、乡村治理现代化和农民生活现代化的有机整体。据评估，我国农业现代化整体处于转型跨越初级阶段，东部沿海发达地区、大城市郊区、国有垦区和国家现代农业示范区等已基本实现农业现代化，其他地区仍处于向农业现代化迈进的阶段。相对而言，农村现代化明显滞后，农业现代化与农村现代化二者之间尚未建立起有效的连接、转换和相互支持，而这是摆在当前乡村振兴发展道路面前的关键难题。本章将从农业现代化、农村现代化和农民现代化三个维度阐述中国农业农村现代化的基本路径以及面临的主要问题和挑战，核心的观点是在国家现代化进程中，农业农村现代化是必然趋势，并且中国在农业现代化上已经取得比较突出的成就，但同时农业农村现代化又是现代化建设的突出短板，因此，农村（农业、农民）现代化依然是未来社会主义现代化建设的重要任务，也是乡村振兴战略的核心目标。

一、农业现代化

（一）农业现代化进程及发展差距

从狭义概念来看，中国的农业现代化已经达到了一定的水平。基于人多地少的基本国情，中国农业现代化方向基本上是按照替代土地发展的，物质投入不断增加，农业现代化水平逐步提高。在1954年第一届全国人民代表大会上，中央政府明确提出实现农业现代化为"四化"任务之一，并根据当时国情，提出了"先合作化后机械化"的农业现代化发展路径，自此开启了我国农业现代化的道路。1956年底，农业的社会主义改造基本完成，参加初级社和高级社的农户分别占总农户的96.3%和87.8%，实现了亿万农民合作互助，提高了农业生产能力，促进当时的粮食产量从1949年的11318万吨提高到1978年的30477万吨,增幅达169.3%,其中稻谷、小麦、玉米等农产品产量也有不同程度的增长,增幅分别达到181.5%、289.9%、350.5%。这样的成效还得益于该阶段农业机械化的发展——1959年农业机械部成立,直到20世纪70年代我国初步形成了门类齐全、自主研制的农机系统,机耕水平由50年代末的5.8%提高到70年代末的42.4%;另外,农田水利设施也得到极大发展,到70年代末全国农田水利建设累计投资760多亿元,建成8万多个大中小型水库和8.3万个乡村水电站,村办水电站装机容量达276.3万千瓦,全国有效灌溉面积达5300万公顷,水旱灾害的发生率由50年代的60%以上下降到70年代的30%—40%。为了进一步推动农业现代化,政府部门加强了对科技的投入,其中最重要的是对良种的引进和推广。1961年,杂交玉米引入中国。1976年,杂交水稻引入农业生产。20世纪50年代建立的农技站为良种的推广和产出增长作出了重要贡献。

十一届三中全会以来,我国农业现代化进入迅速发展阶段。1978年率先实行农村改革,推行家庭联产承包责任制,确立了农户的生产经营权,极大调动了其生产积极性。同时,随着化肥、农耕机械等现代农业技术的引入,农产品增产成效显著,比如:1978年全国粮食总产量达到3.04亿吨,1990年迅速达到了4.46亿吨,增长率高达46.7%,接着90年代到20世纪末也一直处于稳定增长的状态,到1996年甚至突破了5亿吨,而科学技术应用在其中发挥显著作用。改革开放促进了农业科技视野的发展、科学技术的进步,我国农业科技体制改革也不断深化,从育种到生物防治再到水利灌溉等各个农业领域,都产生了巨大的社会效益和经济效益。改革开放后中国种业走过了从无到有、从小到大的历程,经历了计划统一供种、产业化发展、现代化发展的历史阶段,逐步实现从种子到种业的历史性跨越。20世纪70年代末全国共育成品种2729个,主要农作物良种化目标基本实现;90年代科技进步在农业增产中的份额已达到35%以上。在20世纪50年代初期建成水利灌溉系统,之后中国将电机引入灌溉系统,大大提高了高产作物所必需的控水灌溉的效率。灌溉面积从1952年的199.59万公顷增加到1978年的449.65万公顷,再增加到2020年的6910.2万公顷，保持大幅增长的趋势。

此外，在改革开放实行后的二十多年里，农村工业化、农业产业化、农村城市化三者互动并举，形成了中国特色的农业现代化道路。随着1985年统购统销退出历史舞台，农产品市场体系开始逐步建立与完善，乡镇企业异军突起，成为我国农业农村经济发展的重要力量，农民已不再是单一农业生产经营主体。据统计，2000年乡镇企业增加值占GDP的30.4%，1978-2000年乡镇企业利润用于支农资金达1400多亿元，可见其促进了农业产业化——种养加、产供销、贸工农一体化经营，使得农业越来越多地与二、三产业融合发展。

21世纪以来，我国农业现代化进入完善与深化阶段，其发展水平得到进一步提高。多年来，政府部门制定各种政策以推进农业现代化的进程，在2004年开始实施种粮直接补贴制度试点，又在2006年全面取消了在我国已经延续千年之久的农业税，2016年出台了《全国农业现代化规划（2016—2020年）》，全面部署"十三五"期间我国农业现代化的目标、任务和措施等，并指出要把扎实推进农业供给侧结构性改革作为新形势下我国农业农村现代化发展的主线，要通过调整农业生产结构、产业结构和布局结构以解决农产品供需矛盾，培育农业农村发展新功能。21世纪以来，我国农业生产能力实现了新跨越。首先，我国粮食产量整体保持着增长趋势，特别是在2020年全国粮食总产量达13390亿斤（66949.2万吨），是2000年粮食总产量4.9亿吨的1.4倍，其他各类农产品也得到稳定增长，市场供应平衡，农产品质量也不断提升，农业生产中物质技术装备水平更是显著提高。其次，在信息化时代，我国实现了"互联网+现代农业"的结合，促进了产销对接和交易的便捷化，催生了数字农业、订单农业、大数据农业、智慧农业、精准农业等新产业新业态。在新型农产品物流和交易方式快速发展的背景之下，我国农村电商也发展迅速，实现了城乡农产品流通的优化重构，带动了农民增收致富，也为转变农业发展方式、促进农业新产业新模式蓬勃发展提供了新路径、新方法。2019年全国农村电商交易规模达到22898亿元。最后，科学技术的进步，对我国农业农村产生着极大的经济效益与社会效益。多年来，我国农业科技进步贡献率不断提高，自2015年以来年均增长0.8%，在2020年达到了60%（见图2-1）。

图 2-1　2015—2020 年中国农业科技进步贡献率

数据来源：国家统计局网站 https://data.stats.gov.cn/

农业技术的巨大进步促进中国粮食产量大幅增加，农业生产能力显著增强（见表2-1）。1952年中国粮食总产量仅有16392万吨，到1978年已经达到30477万吨，增加了86%，到2020年又增加到66949.2万吨。此外，农业结构不断优化，农业经营体系不断完善。从产值构成来看，1952年农业产值占农林牧渔产值的比重为85.9%，处于绝对主导地位。改革开放后，林、牧、渔业开始全面发展，四业结构日益协调合理。2019年农业产值占农林牧渔四业产值的比重为56.2%，比1952年下降29.7个百分点。同时，随着国家着力培育各类新型农业生产经营主体和服务主体，农民专业合作社、家庭农场、龙头企业等大量涌现。截至2019年年底，各类返乡下乡创新创业人员累计超过850万人，为农业生产引入现代科技、生产方式和经营理念，推动现代农业产业体系、生产体系、经营体系不断完善，为现代农业发展注入新要素。

表2-1 中国不同时期粮食产量和农业生产条件状况（1952—2020年）

年份	粮食总产量（万吨）	粮食单产（公斤/公顷）	灌溉面积（千公顷）	农业机械总动力（万千瓦）	化肥施用量（万吨）
1952	16392	1320	1995.9	18.375	7.8
1957	19505	1463	2733.9	121.275	37.3
1962	16000	1313	3054.5	804.825	63.0
1965	19453	1628	3305.5	1098	194.2
1978	30477	2528	4496.5	11795	884.0
1980	32056	2738	4488.8	14746	1269.4
2014	607026	5892	64539.5	108057	5995.9
2020	66949.2	5734	69102	105550	5251

资料来源：根据不同时期的中国统计年鉴整理

虽然中国农业生产面貌发生了翻天覆地的变化，农业现代化水平有了很大提升，但由于原有基础较差，加上中国的大国小农特征，在新型工业化、城镇化、信息化、农业现代化新"四化"同步中，农业现代化仍然是明显的短板。从农业增加值比重来看，中国第一产业增加值占比由1952年的50.5%下降至2019年的7.1%，但依然高于发达国家第一产业增加值占比（见图2-2）。预计2035年农业增加值占比可以下降至5%以下（中国社会科学院农村发展研究所课题组，2020）。近年来中国农业增加值比重已经降至中等收入国家水平之下，并在逐步接近中等偏上收入国家水平。

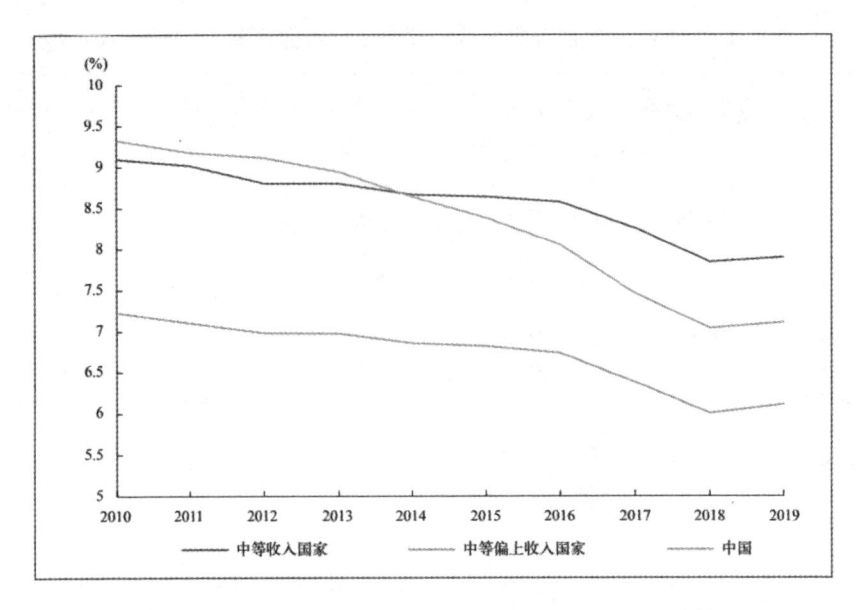

图 2-2　农业增加值占国内生产总值比重的国际比较

数据来源：国家统计局网站 https://data.stats.gov.cn/

从就业比重来看，从1952年到2019年，中国第一产业就业人员占比从83.5%下降至25.1%，年均下降幅度超过1个百分点（见图2-3）。未来农业劳动力向工业、服务业部门转移的总体趋势大体不变，农业劳动参与率将进一步降低。预计到2035年，中国农业劳动力占就业人员比重将下降至10%左右（中国社会科学院农村发展研究所课题组，2020），考虑到中国兼业农户占大多数，参与农业劳动的实际劳动力比例可能更低。

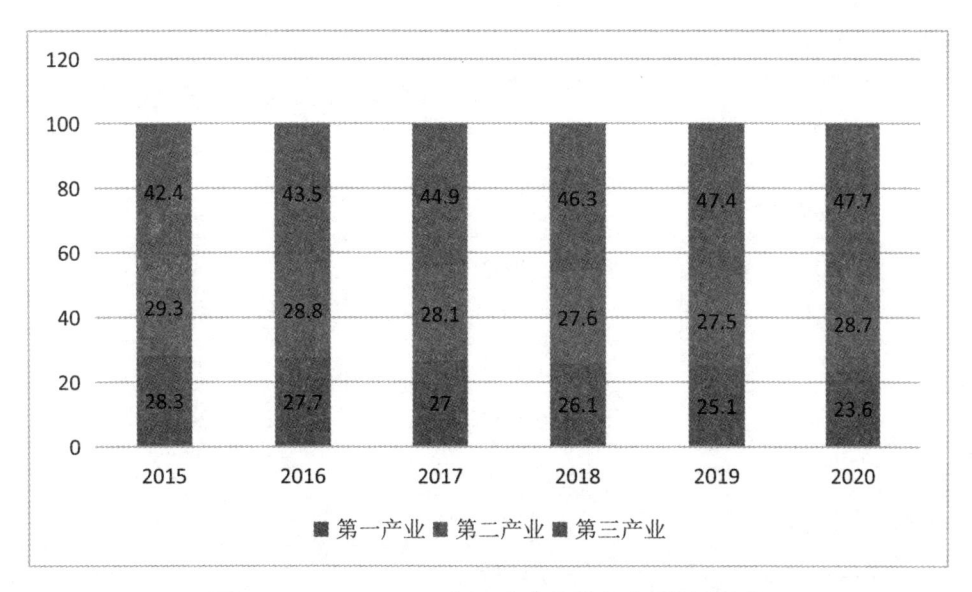

	2015	2016	2017	2018	2019	2020
第三产业	42.4	43.5	44.9	46.3	47.4	47.7
第二产业	29.3	28.8	28.1	27.6	27.5	28.7
第一产业	28.3	27.7	27	26.1	25.1	23.6

图 2-3　2015—2020 年三次产业就业人员所占比例

在农业现代化领域，中国最突出的短板是农业劳动生产率。按照世界银行世界发展指标，2018 年中国劳均农业增加值虽略高于世界平均水平，但比中等偏上收入国家低 22.2%，仅相当于高收入国家的 12.1%（见表 2-2）。很明显，中国农业劳动生产率较低是与其农业就业比重较高、农民普遍兼业以及小规模分散经营等因素紧密联系在一起的。根据世界银行统计数据，2019 年中国农业就业人员占就业总人数的比重为 25.1%，同年中等偏上收入国家为 21.6%，高收入国家仅为 3.1%。

表 2-2　中国与主要农业强国劳均农业增加值差距比较（单位：美元，2010 年当年价）

国家	劳均农业增加值	
	2000 年	2018 年
中国	1076	3830
美国	67151	79055★
加拿大	—	95687
澳大利亚	47767	82838
法国	39089	62855

续表

国家	劳均农业增加值	
	2000 年	2018 年
德国	25213	46326
荷兰	50662	80779
丹麦	38296	51470
以色列	49523	91547
日本	24937	24169
世界	1876	3192
中等偏上收入国家	1746	4926
高收入国家	25140	31541

资料来源：根据世界银行世界发展指标数据库整理

总体上看，中国的农业现代化进程符合世界农业现代化一般规律，即随着生产力和经济发展水平的提高，农业增加值占国内生产总值的比重逐渐减小，农业就业人员占就业人员比重逐渐降低，农村人口稳步向城镇转移，农业劳动生产率逐步提高，农民收入持续增加。但是与高收入国家相比，中国的农业劳动生产率仍然较低，农业就业比重较高，农业现代化进程还没有完成。因此，全面加快农业现代化进程，加快实现由农业大国向农业强国转变，将是未来中国建设社会主义现代化强国的核心任务之一。

（二）农业现代化面临的挑战

实现农业农村现代化，进一步推进城乡融合发展，促进城乡共同繁荣，是实现全体人民共同富裕的必由之路。目前，我国的农业农村现代化面临发展不平衡不充分的短板，不仅制约着农业自身可持续发展，而且影响乡村可持续发展。就农业现代化而言，面临的挑战体现在以下几个方面：

首先，高品质农产品需求以及生态需求与相对落后的市场意识产生了矛盾。在全面建成小康社会阶段，除口粮外，我国城乡居民人均主要食品消费量稳步提高，重要农产品供给比较丰富，已经基本告别农产品总量短缺的时代。但是，在农业高产出的背后，是农产品消费结构的升级。城乡居民不仅要求"吃得饱"，而且要求"吃得好""吃得巧"，同时对乡村的绿水青山还有需求。农业并不是单纯地种出来、养出来再卖出去，而是要满足个性化、多样化、多功能性的消费需求。然而，农业生产经营主体的市场意识仍然落后，导致其不能及时地回应城乡居民多元化的消费需求，反而比较多地依赖政府部门行政支持。总体而言，农业供给侧还没有转到满足市场需求升级上来。

其次，农业生产投入边际报酬进一步下降，农业小部门化的特征更加突出。从食品消费需求看，随着中国人均国内生产总值向中等发达国家水平靠拢，全国居民消费恩格尔系数将随收入水平提高而继续下降，这决定了对农产品的需求增长将慢于整体需求的增长。2019年我国居民消费恩格尔系数为28.2%，与中等发达国家相比还有较大的下降空间。从农业生产投入角度看，我国农业生产的物质消耗强度已经很高，加上农业劳动力成本、土地成本的上升，在没有重大技术突破的情况下，农业生产投入的边际报酬将进一步下降，农产品的国际竞争力仍然面临挑战。以玉米为例，2018年中国每吨玉米的生产成本为2125.99元，美国每吨玉米的生产成本仅为962.31元，中国玉米生产成本是美国的2.21倍。在两方面因素的作用下，未来我国农业增长速度将进一步下降，农业小部门化的特征将更加突出。

最后，资源环境承载力已达到或接近上限。农业污染占到我国大气和水体污染物排放的一半以上，不少土地资源已不适合粮食生产。全国有3亿亩耕地受到镉、镍、铜、砷、汞、铅等重金属污染。为了追求农业高产，化肥、农药、农膜大面积过量使用，导致地表和地下水污染严重，土地板结、沙化。近年来，虽然化肥、农药、农膜减量化不断推进，但是这需要一个过程。此外，水资源开发利用模式不可持续，许多地区尤其是华北和西北地区水资源过度开发问题较为突出。华北地区地下水超采累计亏空1800亿立方米左右，超采的面积达到18万平方公里，约占平原区面积的10%。未来通过优化经营规模提高氮肥利用效率仍有较大空间。

二、农村现代化

一般认为我国现代化的起始点是鸦片战争，现代化使社会范围内各个方面产生激烈的动荡，在科技力量变革的影响下，城乡结构、农村生产生活方式等都产生了相应变化。农村本身是中国社会的一个组成部分，因此可以说，中国农村的现代化也是以鸦片战争为起始点。但是，严格说来，真正开始探索中国农村现代化道路是在改革开放以后，经历家庭联产承包责任制、乡镇企业、小城镇等阶段，并最终实现城乡一体化。因此，虽然学术界对于农村现代化的研究已经持续了很长一段时间，但是"农村现代化"的概念则是近十几年来才提出的，且目前仍未形成一个学术界公认的定义。现有的观点大多是针对改革开放之后的情况提出的，对于长期以来中国乡村现代化的发展有不全面和遗漏之处。陆学艺认为中国农村现代化与中国现代化在一定意义上是一致的，但是二者仍有不同之处。袁金辉认为农村现代化作为社会现代化的重要组成部分，主要包括农村经济现代化、农村政治现代化、农村文化教育现代化以及农民现代化等内容。王淑贤、郝云宏则认为农村现代化并非单纯的农业现代化或农业工业化，而是农村社会经济生活的全面进步和现代化，包括农民、农业、经济、社会制度等方面的现代化。王立胜对于中国农村现代化的定义更为全面，他认为"中国农村现代化是中国农村在现代化带来的科技革新和思想观念转变的影响下由传统农业社会迈向现代工业社会的过程，它以经济的工业化、政治的民主化、文化的科学化、剩余劳动力的非农化、农村的城镇化、城乡的一体化、农民的职业化为主要内容，以改善乡村的生产、生活、生态环境，全面提高农村居民的物质和精神生活水平为主要目标，最终实现农村经济社会全面协调运作与发展"。

（一）农村现代化进程

新中国的农村现代化起始于中华人民共和国成立后的三大改造运动时期，工业化被写进了过渡时期总路线，现代化的步伐得以加快，但是由于片面追求工业化的速度，长期忽视农业和国民经济其他方面的发展，以致产生了一些负面问题，党和国家领导人在此基础上提出要追求农业、工业、国防和科学技术的现代化，而不仅仅是局限于工业方面。在此时期，农业现代化得到一定的发展，但是发展重点还是在经济和科学技术，还属于狭义的现代化观念。

从狭义上看，中国农村现代化的道路正式得以探索是在改革开放以后，这一阶段的农村现代化是农村、农民主动谋求农村发展道路的主动现代化的过程。这一时期，经过20多年的探索，沿着家庭联产承包责任制、乡镇企业、小城镇的发展轨迹，中国逐步摸索出一条具有中国特色的农村现代化道路。

进入新世纪以来，中国进入社会主义新农村建设时期，随着国家政策对农村现代化的不断推进，农村现代化的进程得以加快，进入城乡融合发展的新时期。党的十九大提出加快推进农业农村现代化，十九届五中全会又进一步强调"优先发展农业农村，全面推进乡村振兴""全面实施乡村振兴战略，强化以工补农、以城带乡，推动形成工农互促、城乡互补、协调发展、共同繁荣的新型工农城乡关系，加快农业农村现代化"，目标是解决现阶段城乡发展的不平衡不充分问题，最终实现全体人民的共同富裕。

从恩格尔系数、收入、非农就业角度基本可以判断中国农村现代化的进展。恩格尔系数反映居民的生活水平，农村居民人均可支配收入在一定程度上反映农村的经济发展水平，非农化在一定程度上是工业化、城镇化的体现。统计数据显示，2010—2019年恩格尔系数持续降低，农村经济发展水平和居民生活水平上升（见表2-3）；农村居民人均可支配收入在2010—2019年持续增长，农村经济社会发展充满活力。2014—2018年，农村居民人均可支配收入中，第一产业的经营收入占比持续降低，第二、第三产业的经营收入占比逐步提高，其中第三产业的增速最为明显，一定程度上说明农民收入结构的变化（见表2-4）。此外，2009—2018年，乡镇数量从34170减少到31550，行政村的数量从599078减少至542019，乡村数量呈现出明显的减少趋势（见表2-5）。与此同时，2010—2019年农村就业人员数从41418万人下降到30198万人，减少了11220万人，城镇就业人员数增加了10562万人。从就业情况来看，第一产业就业人口比重持续降低（见表2-6）。农村现代化的进程伴随着农村人口的减少和外流，第一产业就业人口转移到第二、第三产业，农民非农化的占比持续提高。

表2-3 全国人均消费支出年度变化情况

年份	城镇居民/元	农村居民/元	城镇居民家庭恩格尔系数/%	农村居民家庭恩格尔系数/%
2010	13821	4945	31.90	37.90
2011	15554	5892	32.30	37.10
2012	17107	6667	32.00	35.90
2013	18487.50	7485.20	30.10	34.10
2014	19968.10	8382.60	30.00	33.60
2015	21392.40	9222.60	29.70	33.00
2016	23078.90	10129.80	29.30	32.20
2017	24445.00	10954.50	28.60	31.20
2018	26112.30	12124.30	27.70	30.10
2019	28063.40	13327.70	27.60	30.00

注：从2013年起，国家统计局开展了城乡一体化住户收支与生活状况调查。

数据来源：国家统计局网站 https://data.stats.gov.cn/

表2-4 农村居民人均可支配收入及构成（单元：元）

指标	2014年	2015年	2016年	2017年	2018年
可支配收入	10488.9	11421.7	12363.4	13432.4	14617.0
一、工资性收入	4152.2	4600.3	5021.8	5498.4	5996.1

续表

指标	2014年	2015年	2016年	2017年	2018年
二、经营净收入	4237.4	4503.6	4741.3	5027.8	5358.4
（一）第一产业经营净收入	2998.6	3153.8	3269.6	3391.0	3489.5
1. 农业	2306.8	2412.2	2439.7	2523.6	2608.0
2. 林业	177.3	170.6	165.9	176.5	187.0
3. 牧业	443.0	488.7	573.7	585.8	574.5
4. 渔业	71.4	82.3	90.3	105.2	120.0
（二）第二产业经营净收入	259.1	276.1	287.9	318.9	378.4
（三）第三产业经营净收入	979.6	1073.7	1183.8	1318.0	1490.5

数据来源：国家统计局网站 https://data.stats.gov.cn/

表2-5 农村基层组织数量变化情况（单位：个）

年份	乡镇数	乡数	镇数	村民委员会
2009	34170	14848	19322	599078
2010	33981	14571	19410	594658
2011	33270	13587	19683	589874
2012	33162	13281	19881	588407
2013	32929	12812	20117	589067
2014	32683	12282	20401	585451
2015	31830	11315	20515	580575
2016	31755	10872	20883	559186
2017	31645	10529	21116	554218
2018	31550	10253	21297	542019

数据来源：国家统计局网站 https://data.stats.gov.cn/

表2-6 农村和城镇就业人员数及第一产业就业人口比重

年份	农村就业人员数（万人）	城镇就业人员数（万人）	第一产业就业人口比重（%）
2010	41418	34687	36.7
2011	40193	36003	34.8
2012	38967	37287	33.6
2013	37774	38527	31.4
2014	36646	39703	29.5
2015	35404	40916	28.3
2016	34194	42051	27.7
2017	32850	43208	26.98
2018	31490	44292	26.11
2019	30198	45249	25.1

数据来源：国家统计局网站 https://data.stats.gov.cn/

农村经济的繁荣，带来了小城镇的兴盛，其内在逻辑在于农业生产和农村各种加工服务业的发展，促进了农村集市贸易的繁荣和农村地区商品经济的发展，加快了农村人口的流动并日益向小城镇集中，使得农村地区小城镇迅速发展。截至2020年年末，我国常住人口城镇化率已经达到了63.89%（见图2-4）。随着农村产业结构的调整和优化，农村已经逐步摆脱单一的农业生产状况，形成种养加工与旅游业、服务业三产融合的新格局，推动着城乡区域协调发展新态势，极大程度上促进了农村社会精神文明的发展，加快了农村社会的进步，促进了农村社会现代化的步伐加速迈进。总之，从以上指标可以清晰地看出中国农村已经步入现代化的路径。

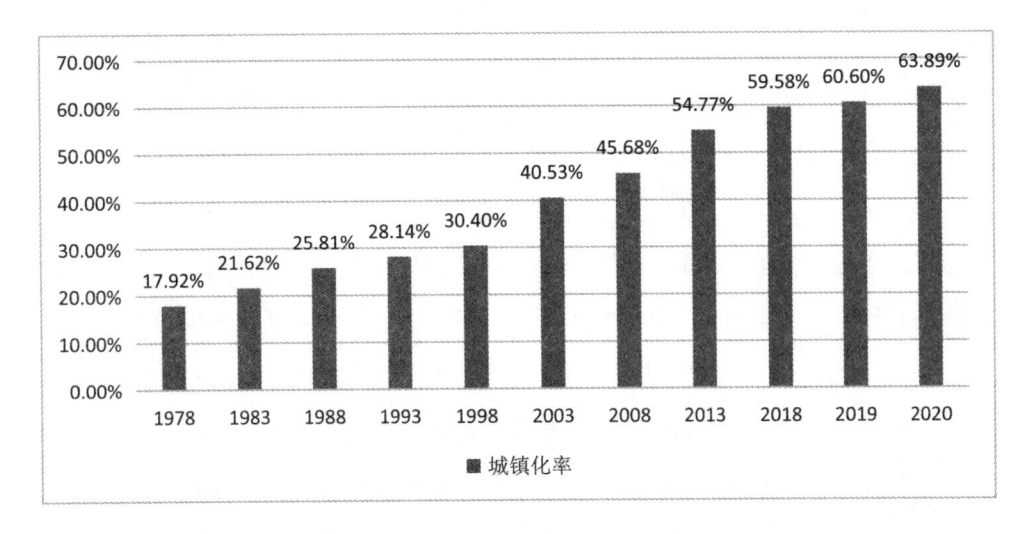

图 2-4　1978—2020 年中国城镇化率

数据来源：国家统计局网站 https://data.stats.gov.cn/

（二）农村现代化面临的问题

改革开放以来，我国农村现代化取得了一定进展，特别是脱贫攻坚以来，农村包括贫困地区的面貌发生了翻天覆地的变化，但是与农业现代化相比，农村现代化仍有较大差距，突出体现在以下几个方面：

1.基础设施建设仍有短板

农村基础设施是指为促进农村生产发展、保障农民生活需要而提供的各种公共服务设施的总称，主要包括农村生产性基础设施和农村生活性基础设施两类。改革开放以来，尤其是近年来，我国农村基础设施建设得到明显加强，使农业生产和农民生活保障得到长足发展，为农业现代化的发展奠定了基础。但是现阶段农村的基础设施仍然较为薄弱，基础设施建设水平难以满足农村生产生活的发展需要，这在一定程度上阻碍了农村经济可持续发展。

农村的基础设施建设主要存在投资不足、经营管理不善、规划编制滞后等问题。首先，我国农村基础设施建设的资金来源多为国家或地方财政的拨款、补助，资金来源单一，不能满足农村对基础设施建设投资的需要，并且随着农村现代化进程的推进，农村发展对基础设施的要求越来越高，对财政造成的压力更大。尽管国家对农村的基础设施建设非常重视并给予财政上的扶持，但是扶持的重点多在于道路整治、水利工程等方面，对于农民所需的教育、医疗等公共事业方面的基础设施的重视性不够，制约了农村的发展和农民生活水平的提高。就农民来说，因为基础设施是公共产品性质的，没有短期盈利性，因此农民对于基础设施建设的积极性不高，制约了基础设施的建设力度。其次，农村基础设施经营管理不善，这主要体现在两个方面。一是对基础设施自身的经营管理，二是对基础设施投资资金的经营管理。目前政府对于基础设施建设多存在管理弱化的问题，"重安装，轻维修"，设施安装后不重视后期的管护问题，导致许多基础设施年久失修、老化问题严重。在农村基础设施投入资金的管理方面，主要问题体现在融资难和资金使用监督难，行政管理体制不完善制约了政府的监督，农民缺乏监督的意识和积极性，也缺少监督的能力，这都导致了农村基础设施资金的管理混乱问题，严重制约了农村基础设施的投资建设。最后，农村规划编制滞后。从目前农村基础设施建设的规划来看，存在对规划认识不足、规划编制滞后、规划管理不完善等问题。目前农村基础设施的规划多是由市县负责，由专业人员进行编制，但是在这个过程中缺少农民的参与，不能很好地契合农民对基础设施的需要，同时规划实施的随意性大，规划不能得到有效的实施。此外，农村基础设施建设的前瞻性不足，存在无效建设、重复建设的现象，不仅造成了资金、资源的浪费，也难以适应经济社会发展的需要。

2.乡村产业发展面临挑战

产业振兴是乡村振兴的基础，推动产业发展是实施乡村振兴战略的基本任务。乡村现代化的实现离不开农村产业的发展，其中形成完整的现代农业产业体系与合理的农业产业结构尤为重要。目前，我国农村产业结构处于调整时期，第一产业的比重逐步下降，二、三产业比重持续上升，农村功能开始逐步转变，不再是只具备传统的农业生产功能，休闲观光的功能也逐步显现，乡村休闲旅游市场规模逐渐扩大。但是，我国目前乡村产业体系的构建尚不完善，农业产业链条向前向后的延伸不够，农产品加工品的附加值不够，同时农民的主体力量和政府的主导力量发挥不够，社会化服务提供不足，基础设施保障不够，导致现代化产业体系难以形成，产业结构调整在人才、资金、制度、信息流通、思想观念等多个方面存在障碍。例如人才方面，目前农村人口外流严重，许多地方出现农房无人住、农地无人耕的现象，由此导致农村产业结构调整无人响应，即使有愿意响应的农民存在，由于老一辈农民的文化素质水平整体不高，也难以适应产业结构调整对劳动力素质的要求。此外，受制于基础设施条件以及土地政策，我国大多数农村地区缺乏发展工业化和商业化的条件，农业现代化和农村现代化难以做到协调互动，互促共进。

3.乡村人口和社会结构发展存在问题

随着工业化、城镇化发展，我国农村在人口、劳动力结构层面面临比较突出的问题。2010—2019年，第一产业就业人口比重从36.7%下降到25.1%，这表明约有60%的农村人口转向非农行业就业，非农化程度持续提高。按农村人口居住地进行分析，2019年底，全国按户籍地统计的农村人口为77870万人，而按常住地统计的乡村人口为55162万人，这意味着全国约有22708万人离开农村户籍所在地，占农村户籍人口的29.2%。从农村乡镇数量来看，从2009—2018年，乡镇数量从34170减少到31550，乡镇数量减少，人才外流严重，这一现象导致许多农村成为以留守儿童、留守老人为主体的"空壳村"。从农村人口构成来看，农村60岁及以上人口所占比重从2010年的14.98%提高到2018年的20.46%，65岁及以上人口从10.06%上升到13.84%，这一现象表明农村的老龄化程度正在持续加重（见表2-7）。

农村人口外流的结果对农村有一定的积极意义。农村人口外流缓解了农村的人地矛盾，减少了农村的剩余劳动力，一定程度上提高了留下来的农民的劳动生产率。但同时也应该看到人口外流给现有农村也造成了很大的负面影响，比如，农村缺少建设主体，农村人口的性别、年龄结构失衡，剩下的人口多为老人、妇女、儿童，许多地方更是出现"空壳村"、土地撂荒的现象，这导致农村发展的活力和可持续性存在难题。此外，相较于城镇老龄化，农村老龄化的速度更快、程度更深，城乡人口老龄化程度呈现出不均衡的态势，即老龄化程度"城乡倒置"现象。农村人口的老龄化对农村发展带来的影响是显著的，对农村新技术的应用、民主政治的发展、文化素质的提高、农用机械的使用、农村经济的发展等都产生了消极影响，这也会加剧农村的养老负担，使城乡差距进一步扩大。

表2-7 全国城市、镇和乡村人口老龄化程度比较

年份	60岁及以上人口比重（%）			65岁及以上人口比重（%）		
	城市	镇	乡村	城市	镇	乡村
2010	11.47	12.01	14.98	7.68	7.98	10.06
2011	11.92	12.23	15.53	8	7.96	10.36
2012	12.38	13.19	16.15	8.14	8.61	10.6
2013	12.83	13.32	17.08	8.36	8.54	11.15
2014	13.8	13.99	17.61	8.91	8.88	11.52
2015	14.2	14.53	18.47	9.16	9.35	12.03
2016	14.87	14.88	19.15	9.59	9.61	12.53
2017	15.36	15.68	19.92	9.95	10.29	13.22
2018	15.8	16.61	20.46	10.36	11.07	13.84

数据来源：国家统计局网站 https://data.stats.gov.cn/

4.城乡居民收入差距仍然较大

城镇居民的可支配收入绝对值均高于农村居民，尽管农村居民可支配收入持

续增长并且增速快于城镇居民,但从城乡居民收入差距看,差距仍然较大。1978年城乡居民收入比为2.57,之后城乡收入比持续减小;到1990年,城乡收入比开始加大,之后呈现持续上升趋势。到2010年,城乡收入比已达到3.23。2010—2020年,农村居民可支配收入由5919.0元增加到17131.0元,增加了11212.0元,同时期城镇居民的可支配收入增加了24724.6元,这一时期城乡收入比有所减小,但是差距仍然较大。

表2-8 城乡居民收入比较

年份	城镇居民人均可支配收入（元）	农村居民人均可支配收入（元）	城乡居民收入比
1978	343.4	133.6	2.57
1980	477.6	191.3	2.5
1985	739.1	397.6	1.86
1990	1510.2	686.3	2.2
1995	4283.0	1577.7	2.71
2000	6280.0	2253.4	2.77
2005	10493.0	3254.9	3.22
2010	19109.4	5919.0	3.23
2015	31194.8	11421.7	2.73
2019	42358.8	16020.7	2.64
2020	43833.08	17131.5	2.56

数据来源：国家统计局网站 https://data.stats.gov.cn/

三、农民现代化

农村现代化也包含人的现代化。农民是农村现代化的主体力量,农村现代化的过程必然包含对人的改造,也就是农民素质提升及其思想观念、生活方式不断现代化的过程，同时也是更广泛意义上的社会变革。中国是一个人口大国，农民数量众多，并且发生在转型期间的人口乡城流动仍在继续，因此农民现代化的过程仍在发生并且也面临很多挑战。

（一）农业劳动力规模变化

中国农业劳动力的数量和质量依据我国经济结构的变化而变化，总体上看，农业劳动力数量呈现减少趋势，劳动力素质不断上升。中华人民共和国成立初期，我国工业基础相对薄弱，国家采取集中力量优先发展工业的战略并实行计划经济。在此阶段，为保障工业化目标的实现，采取了城乡二元体制以及限制人口自由流动的户籍制度。在严格的管控下，农村人口的流动十分困难。这一时期，我国农业劳动力的规模呈绝对增长态势，1952—1977年间农业劳动力的数量由17317万人增长至29340万人。除1958—1962年农业就业劳动力比重发生剧烈波动外，该阶段其余时期农业劳动力占就业劳动力的比重相对稳定，且呈缓慢减少的趋势。与此同时，该阶段国民受教育程度整体偏低，农业劳动力受教育水平也普遍较低。1964年第二次人口普查的数据显示，我国共有72307万人，在该阶段全国仅有0.4%的人具有大学文化水平，具备高中文化水平的人仅占1.26%，初中文化水平的人仅占4.47%，小学文化水平的人仅占27.08%，13岁以上不识字的人比重为32.26%。

党的十一届三中全会以后，确定了我国"以经济建设为中心，大力发展生产力"的发展路线。随着改革开放的不断深化，我国经济建设取得巨大成就，呈现出繁荣发展的景象。第二产业和第三产业的蓬勃发展，也使得城市中创造了大量的就业岗位，高效益高工资，吸引着大量的农民进城打工。乡镇企业的创办，也使得农业劳动力转移到第二产业以及第三产业之中。户籍制度的变革顺应了经济建设的要求，1984年出台《关于农民进入集镇落户问题的通知》，允许到集镇或乡镇工作的农民及家属落户；1985年颁布的《居民身份证条例》改变了长期以来仅以户口或介绍信证明个人身份的方式。随后一系列放宽小城镇落户政策的出台大大加快了我国劳动力的流动速度,给农业转移人口提供了便利条件。与此同时,家庭联产承包责任制的实施,极大地解放了农村生产力,调动了农民的生产积极性,大大提升了农业生产效率。在此阶段,我国农业劳动力的规模仍随人口总量的增加而增长,1978—1999年我国农业劳动力的数量由28318万人增长至35768万人。然而农业就业人员占全国就业人员的总比重持续下降,第二产业和第三产业的比重不断增长(见表2-9)。1978年我国农业就业人员占全国就业人数的70.53%,1999年该数据便降低至50.1%。22年间,农业劳动力的规模增加了7450万人,农业就业人员比重却下降了20.43%。在经济发展和义务教育的推动下,农业劳动力素质同改革开放前相比有了较大提升,文盲率大大降低,但农业劳动力的受教育水平仍旧集中于初中和小学,大多属于低文化素质的农业劳动力。截至2000年,未受过教育的农业劳动力占比为11.82%,具备小学文化水平的农业劳动力占比为43.12%,初中文化水平的农业劳动力所占比重为40.31%,而具备大学文化水平的农业劳动力仅占0.13%,农业生产仍旧缺乏高素质的劳动力。

新世纪以来,我国经济进入持续发展时期,与此同时,我国农业劳动力的发展进入新阶段。推动解决农业、农村、农民问题成为我党工作的"重中之重"。中央制定了一系列"三农"政策,从2002年《农村土地承包法》出台,到2004年《土地管理法》的修正,再到2006年全面取消农业税,再到2015年中共中央发布《关于加大改革创新力度加快农业现代化建设的若干意见》,2021年通过《乡村振兴促进法》,无不体现了党和政府对于"三农"问题的重视,我国农业发展也随之进入新阶段。国家统计局数据显示,我国粮食产量实现了"十七连丰",2020年我国粮食总产量为13390亿斤。但是农业收益率较低,这也使得农业劳动力的规模不断缩小。与此同时,随着城市化和工业化进程,城市户籍制度进行了较大改革,人口流动日趋频繁。国家主张通过户籍制度的变革推动农业转移人口的市民化。部分城市陆续取消了农业户口与非农业户口的划分,部分城市开始实行居住证制度。从表2-9中我们可以看出,2000年我国农业劳动力数量为36043万人，从事农业的就业人数占全国总就业人数的比例为50%，而到2020年，我国农业劳动力的总量减少至17715万人，农业就业人数的比重仅为23.6%。

表2-9　农业劳动力规模及占全国就业人员比重变化

年份	农业劳动力规模（万人）	占全国就业人员比重（%）
1952年	17317	83.54%
1964年	22801	82.21%
1977年	29340	74.51%
1978年	28318	70.53%
1980年	29122	68.75%
1985年	31130	62.42%
2000年	36043	50.00%
2005年	33442	44.80%
2010年	27931	36.70%
2015年	21418	28.06%
2020年	17715	23.60%

数据来源：国家统计局网站 https://data.stats.gov.cn/

这一时期，我国农业劳动力受教育水平逐年提升，农业劳动力素质有了较大的提升。《中国农村统计年鉴》数据显示，2013年农村家庭户主未上过学、小学程度、初中程度、高中程度、大学专科程度、大学本科及以上程度的比重分别为4.7%、32.3%、51%、10.7%、1.2%和0.2%，到2018年未受过教育的农村家庭户主占比为3.9%，具备小学文化程度的农村家庭户主占比为32.8%，初中文化程度的农村家庭户主所占比重为50.3%，高中文化程度的农村家庭户主所占比重为11.1%，而具备大学专科和本科及以上文化水平的农村家庭户主分别仅占1.6%和0.3%（见表2-10）。尽管农业劳动力文化水平有了较大提高，但高素质农业劳动力的培养仍任重道远。

表2-10　农村居民家庭户主文化程度（单位：%）

文化程度	2015	2016	2017	2018	2019
未上过学	3.8	3.3	3.2	3.9	3.6
小学程度	30.7	29.9	29.8	32.8	32.5
初中程度	53.1	54.6	54.7	50.3	50.8
高中程度	11.1	10.7	10.8	11.1	11.2
大学专科程度	1.2	1.2	1.3	1.6	1.7
大学本科及以上	0.2	0.2	0.2	0.3	0.3

数据来源：2020年《中国农村统计年鉴》

（二）农村劳动力流动与非农就业

自改革开放以来，中国开启了国家主导的快速工业化、城市化和现代化进程，劳动力随之开始由传统部门向现代部门流动，中国二元经济结构开始转变。在农村地区，随着家庭联产承包责任制的实施，农业生产由集体经营转向个体经营，极大地解放了农村劳动力。同时，国家逐渐放松对人口流动的严格控制，大规模的劳动力乡城流动和产业转移局面逐步形成。据统计，1978年开始，中国大约有2亿多的农村人口转移到城市，与此同时，仍有数亿的人口在农村和城市之间流动，乡城劳动力流动人数由1983年的200万人增加到2017年的17185万人（见图2-5）。

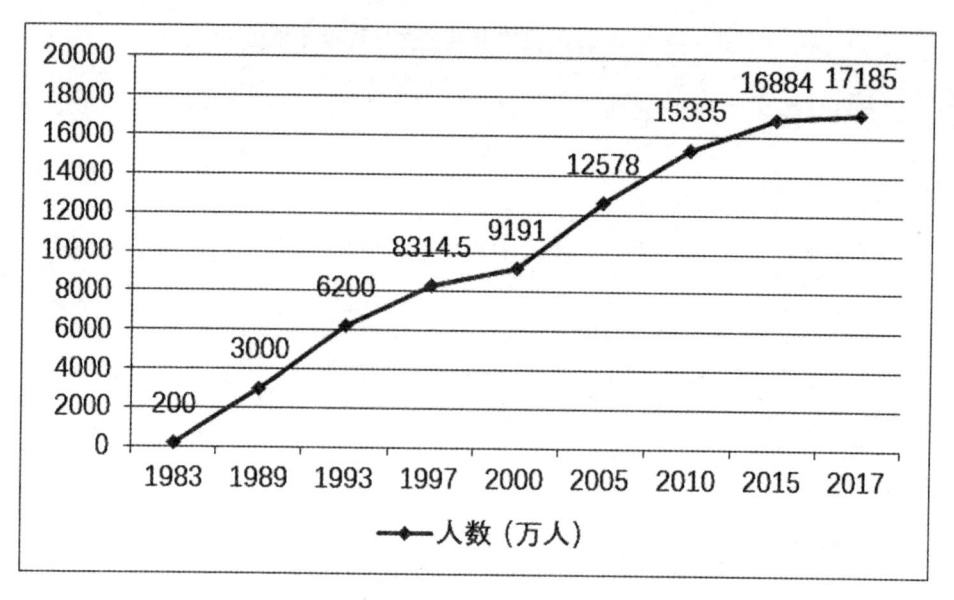

图 2-5 1983—2017 年中国农村劳动力流动人数

农村劳动力流动与非农就业息息相关。改革开放以来，中国农村劳动力非农就业状况整体呈现两个阶段：一是农村工业化基础上的"离土不离乡"非农就业模式；二是"离土又离乡"的进城务工模式。

1."离土不离乡"：在乡镇企业就业

改革开放以后，家庭联产承包责任制不仅调动了农民的生产积极性，提高了农业生产效率，还极大地解放了农村劳动力。改革开放初期，由于土地的平均分配，每户经营耕地面积极小、劳动力投入过密问题相当普遍。经济发展距离刘易斯拐点较远，农业劳动力剩余程度较高，劳动边际生产率趋于零。因此，这一时期的农村劳动力转移主要发生在经济较为发达、人口稠密的地区，通过经营家庭副业或进入当地乡镇企业的方式实现就地就近转移。在这一时期，劳动力市场尚未真正发育，计划经济条条框框还很多。受户籍制度的限制，农民很难流入城市。这一阶段，农业部门劳动力就业比重由1978年的70.53%小幅下降到1983年的67.1%，农业生产方式未发生显著变化。从1984年开始，国家准许农民在"自筹资金、自理口粮"的条件下进入城市务工经商。东南沿海地区"三来一补"出口加工产业的发展也产生了大量的劳动力需求，吸引了欠发达地区劳动力流向沿海地区。同时，乡镇企业异军突起，许多农村劳动力就地就近在乡镇企业就业。1978年，全国乡镇企业的总产值为493.07亿，相当于农业总产值的37%，其所拥有的职工人数2827万人，仅占农村劳动力的9%。1988年，乡镇企业的总产值已经高达6495.66亿，职工人数多达9545.46万人。

到了20世纪90年代，国家进行调控，相关政策收紧，加之金融危机的影响，乡镇企业的发展势头放缓。进入21世纪以后，随着市场化改革和对外开放的不断深化，乡镇企业得到恢复发展，不仅成为我国经济的重要支柱，还拓宽了农民的就业渠道，帮助农民就近就业，极大缓解了我国农民的就业问题。2017年，乡镇企业的总产值达85万亿，吸纳了1.64亿的农村劳动力，一定程度上促进了农民增收，在脱贫攻坚和乡村振兴中也发挥着重要作用。不仅如此，乡镇企业具有人口集聚效应，推动了我国小城镇建设和城市化进程。乡镇企业在农业科技创新中同样发挥着重要作用，推进了我国农业现代化。然而，乡镇的基础设施不完善、乡镇企业的资金不足、缺乏高素质的劳动力等问题都制约着我国乡镇企业的发展，政府需要出台相应的政策，为乡镇企业的发展提供良好的外部环境。

2. "离土又离乡"：进城务工

随着中国城镇化和工业化进程的加快，农村劳动力乡城流动成为趋势。1992年党的十四大召开，把改革的目标确定为建立社会主义市场经济体制，于是，市场化进程加快，迅速成长的非国有经济创造了大量的就业机会。1994年，劳动部颁布《农村劳动力跨省流动就业管理暂行规定》，促进了农村劳动力大规模向东部沿海地区转移。据调查，1993年全国农民工达到6200多万人，比1989年增加了3200多万人。其中跨省流动的约为2200万人，比1989年翻了一番多。中国乡城劳动力转移呈现出"离土又离乡"的新特点。如托达罗模型所表明的，在多重二元结构的背景下，这些流入城市的农民工较难在正规部门就业，多流向制造业、建筑业和低端服务业，且农村劳动力和城市劳动力的报酬存在系统性差异并持续扩大。这一时期，农业劳动力就业比重由1984年的64.05%较大幅度地下降到1997年的49.9%。1997年，国务院批转了公安部《小城镇户籍管理制度改革试点方案》和《关于完善农村户籍管理制度的意见》，规定从农村到小城镇务工或者兴办第二、三产业的人员等3类农村户口人员可以办理城镇常住户口。这意味着严格控制人口流动的户籍制度有了较大的松动，进一步促进农村劳动力向非农部门转移。外出务工6个月以上的农民工人数从2000年的7849万迅速增加到2008年的1.4亿。正是在这一时期，第二产业吸纳就业的比重开始下降，第三产业逐渐成为农村劳动力转移的主要领域。2002—2008年，全国外出就业农业转移人口数量年均增长595万人，年均增长5%左右，大大低于20世纪90年代15%的平均增速。多地出现的"民工荒"现象表明农村劳动力供求关系正从长期"供过于求"转向"总量过剩、结构短缺"，刘易斯拐点临近。自2011年以来，农村劳动力转移总量增速持续回落。农村劳动力通过转移所获得的非农工资性收入逐渐成为其家庭收入的主要来源。据统计，2018年我国农民工总量达28836万人，其中外出农民工17266万人，本地农民工11570万人，农民工的月收入达3721元。

打工经济作为一把"双刃剑"影响着农业、农村的发展。一方面，外出务工存在好处。对于个人而言，农民工通过外出务工增加收入，拓宽收入来源，从而有助于家庭摆脱贫困、提升生活水平；对于乡村而言，农民工积累资金、技术后有利于回乡创业、反哺农村，从而促进城乡差距缩小。另一方面，外出务工也有弊端。对于个人而言，农民工外出打工往往是非正规就业并且流动性强，社会保险参保和转移接续存在困难，背井离乡还面临着城市融入的问题；对于乡村而言，农村大量高素质的青壮年离开家乡，使得农业劳动力流失，农业劳动力呈老龄化、妇女化、低文化素质的趋势，加剧了乡村衰落。此外，农民外出打工也使得农村呈空心化趋势，"留守儿童"的教育和"空巢老人"的养老成为难题。

（三）农民职业化

农业现代化是时代发展的需要，是实现城乡共同富裕的必然要求。农业现代化的关键是解决"谁来种地"以及"如何种地"的问题。党的十九大报告指出要"实现小农户和现代农业发展有机衔接"，这一目标的实现需要构建新型农业经营体系，特别是培育新型农业经营主体。培育新型农业经营主体一直是近年来我国政府农业现代化政策的重点方向。2012年党的十八大报告中提出"构建集约化、专业化、组织化、社会化相结合的新型农业经营体系"。2016年中央"一号文件"再次指出"积极培育家庭农场、专业大户、农民合作社、农业产业化龙头企业等新型农业经营主体"。2020年出台的《新型农业经营主体和服务主体高质量发展规划（2020—2022年）》中强调，培育新型农业经营主体是建设现代农业的前进方向和必由之路，其对推进农业现代化、实现乡村全面振兴具有重大意义。

1.农民专业合作社

新型农业经营主体之一是农民合作社。2006年我国便颁布了《农民专业合作社法》，为农民合作社的发展奠定法律基础。专业的农民合作社在生产、加工、销售等多环节为农户提供技术、资源等方面的服务，纵向延伸了农业产业链，提高了农业生产效率，增强了农户的盈利能力。

在多项政策的支持引导之下，我国的农民合作社不断发展壮大，为广大农户提供服务。截至2020年，我国共有各类农民专业合作社19.25万个，其中，农产品类农民专业合作社的占比为85.81%，综合服务类农民专业合作社所占比重为3.53%，农业生产资料类农民专业合作社占比3.29%，其他种类专业合作社占比7.37%。已有1515.7万农民参加专业合作社。

农民专业合作社迅速发展的同时仍存在一些问题，制约着合作社的持续健康发展。第一，农民专业合作社规模较小，综合经营能力不强，抗风险能力弱。第二,内部管理规范性不足,缺乏完备的规章制度。第三,筹资渠道较少。除了社员的资金投入外,政府的补贴成为其主要的筹资来源,缺乏可持续性。第四,品牌培育力度不足,需要进一步提升产品的知名度。第五,人才不足,尤其是缺乏专业的技术和农产品销售人才。我国的农民专业合作社发展仍处于初级阶段,未来还有很长的路要走。

2.家庭农场

家庭农场是指以家庭成员为主要劳动力,从事农业规模化、集约化、商品化生产经营,并以农业收入为家庭主要收入来源的新型农业经营主体。规模化经营是发展现代农业的要求,但并不适用于所有地区。农户家庭一直是农业生产经营的重要主体,我国以往的家庭联产承包责任制属于小规模分散经营,家庭农场在适度规模化经营上更具有优势。

家庭农场具备以下优点:首先,家庭农场具备一定土地规模,家庭成员为主要劳动力,可以适度进行规模化生产,能够有效配置土地资源。其次,农业经营是经营家庭农场农户的主要收入来源,因此,家庭农场生产目的更加市场化,组织化程度更高,具备较为先进的经营管理理念和农业科学技术。再次,家庭农场有利于培养职业农民。家庭农场的经营者需要较高的文化素质,具备市场经营和农场管理能力。最后,家庭农场利润相对更高,家庭农场采取多样化生产经营方式,有利于提高农户收入。

当前我国家庭农场的发展具备良好的政策环境,国家从财政补贴、税收优惠、土地保障、保险政策、金融服务等方面为家庭农场提供扶持。家庭农场的发展能够吸引外流的农村劳动力返回乡村进行农业生产,有利于乡村振兴目标的实现。截至2018年底,我国家庭农场名录中共有60万家,经营土地达1.6亿亩。

然而,目前我国家庭农场的发展仍处于起步阶段,存在诸多问题:第一,人才缺乏。我国农业劳动力的文化素质普遍较低,而家庭农场迫切需要职业农民,人才是发展家庭农场的基石。第二,土地流转成本高,农户间自发土地流转容易产生租金攀比，高租金导致高生产成本，降低了家庭农场规模化生产的利润。第三，融资渠道较窄。家庭农场需要较多的资金投入，仅靠家庭投资和政府补贴难以支撑，需要进一步拓宽融资渠道。家庭农场具有旺盛的信贷需求，然而由于自身实力原因难以满足银行信用评级要求。第四，农业保险保额较低，影响了家庭农场防范风险的能力。

四、农业农村现代化的前景

农业农村现代化对我国全面建成社会主义现代化强国至关重要，只有补齐农业农村现代化短板，才能解决农民日益增长的美好生活需要和不平衡不充分发展的矛盾，进而推动我国现代化向更高质量的方向发展。中华人民共和国成立以来，随着经济高速发展，中国的农业农村也经历了翻天覆地的变化。与此相适应，国家也在逐步调整对农村社会经济关系的政策，确保不同阶段对农业农村现代化有着清晰的战略导向。根据现有研究成果，可以把农业农村现代化战略大致分为五个阶段，分别是"老四化""多化并举""三化协调""四化同步"以及农业农村现代化一体阶段。

中华人民共和国成立后，农业现代化被纳入党和政府的工作日程，并首次提出农业现代化发展目标。1954年第一届全国人大会议首次提出建设"四个现代化"（工业、农业、交通运输业、国防）、实现"农业现代化"的目标。1961年周恩来又明确将农业的机械化、水利化、化肥化、电气化作为农业现代化的内涵。一直到改革开放之前，"老四化"一直是农业现代化的内涵特征。

十一届三中全会之后，党和国家加快了对农业发展的部署，之后通过中共十一届四中全会《中共中央关于加快农业发展若干问题的决定》以及多个中央"一号文件"的发布，使农业现代化的内容得到完善（见表2-11）。这一时期农业现代化的内涵是指实现农业的科学化、商品化、机械化、园林化、标准化、集约化、社会化、专业化、产业化、规模化、企业化、多功能化、生态化、信息化、市场化和国际化等。不同于"老四化",农业现代化的发展更加注重国情,并逐步探索一条中国特色的农业现代化道路。

2008年中央发布的《关于推进农村改革发展若干重大问题的决定》以及这一时期的"一号文件"不仅强调农业现代化的发展,而且强调农业现代化、城市化、工业化的协调发展,强调统筹城乡经济社会发展。2012年党的十八大在"新三化"(工业化、城镇化、农业现代化)的基础之上又提出"信息化"的内容,对农业现代化的认识深化到"四化同步"的阶段。

2017年党的十九大作出"中国特色社会主义进入新时代"的重大判断,并首次提出乡村振兴战略,明确把农业农村发展置于优先地位,要按照产业兴旺、生态宜居、乡风文明、治理有效、生活富裕的总要求,加快推进农业农村现代化。党的十九届五中全会审议通过的《中共中央关于制定国民经济和社会发展第十四个五年规划和二〇三五年远景目标的建议》,对新发展阶段优先发展农业农村、全面推进乡村振兴作出总体部署,为做好当前和今后一个时期"三农"工作指明了方向。2021年中央"一号文件"《中共中央国务院关于全面推进乡村振兴 加快农业农村现代化的意见》发布,这是21世纪以来第18份指导"三农"工作的中央"一号文件"。文件指出,把全面推进乡村振兴作为实现中华民族伟大复兴的一项重大任务,举全党全社会之力加快农业农村现代化,让广大农民过上更加美好的生活。这些发展战略和政策的出台是在新发展阶段国家对乡村发展问题的回应,"民族要复兴,乡村必振兴"显示了中国共产党振兴乡村的决心以及乡村对于中国现代化的战略意义。

表2-11 2004—2021年的18份"一号文件"

年份	文件名	聚焦内容
2004	《关于促进农民增加收入若干政策的意见》	以解决农民增收的重难点、增收途径、增收环境为重点
2005	《关于进一步加强农村工作提高农业综合生产能力若干政策的意见》	注重政策的长期性和可持续性,侧重于农业综合生产能力建设,重点强化对农业的支持力度
2006	《关于推进社会主义新农村建设的若干意见》	新农村建设的重点内容和基本原则
2007	《关于积极发展现代农业扎实推进社会主义新农村建设的若干意见》	多方面促进现代农业的发展
2008	《关于切实加强农业基础建设进一步促进农业发展农民增收的若干意见》	以基础设施建设为重点,强调保障农民的经济政治民主权利
2009	《关于2009年促进农业稳定发展农民持续增收的若干意见》	各方面下功夫促进农民持续增收
2010	《关于加大统筹城乡发展力度进一步夯实农业农村发展基础的若干意见》	以城乡统筹为切入点,在城镇化动态进程中研究解决中国农村问题
2011	《关于加快水利改革发展的决定》	着重解决水利建设投资分配与结构、资金来源与渠道等重点问题
2012	《关于加快推进农业科技创新持续增强农产品供给保障能力的若干意见》	明确科技在农业中的定位、定性和定向,强调农业科技创新要发挥政府主导作用
2013	《关于加快发展现代农业进一步增强农村发展活力的若干意见》	增加投入、减负、深化改革,增强农村发展活力
2014	《关于全面深化农村改革加快推进农业现代化的若干意见》	加快推进农业现代化,注重粮食安全、可持续发展长效机制的建立
2015	《关于加大改革创新力度加快农业现代化建设的若干意见》	围绕农村改革和农业现代化建设进行创新,发展现代农业
2016	《关于落实发展新理念加快农业现代化实现全面小康目标的若干意见》	首次提出"发展新理念"和农业供给侧结构性改革

续表

年份	文件名	聚焦内容
2017	《关于深入推进农业供给侧结构性改革加快培育农业农村发展新动能的若干意见》	牢牢把握农业供给侧结构性改革这条主线
2018	《关于实施乡村振兴战略的意见》	实施乡村振兴战略切实可循的基本纲领
2019	《关于坚持农业农村优先发展做好"三农"工作的若干意见》	打赢脱贫攻坚战，补齐农业基础设施和公共服务短板
2020	《关于抓好"三农"领域重点工作确保如期实现全面小康的意见》	打赢脱贫攻坚战和补齐全面小康下"三农"领域突出短板
2021	《关于全面推进乡村振兴加快农业农村现代化的意见》	全面推进乡村振兴，加快农业农村现代化

从历年中央"一号文件"的政策内容上看，在农业经济改革初期，党和国家将关注重点置于农产品产量、农业经济和农民温饱问题上；2004年到2012年的"一号文件"聚焦统筹城乡发展，重在增加农民收入，加强农业基础建设和改善农业生产条件的政策精神一以贯之并不断增强；2013年到2020年的"一号文件"注重从全局高度把握农村发展方向，各方面都在向着"现代化"协同迈进。"加快农业发展"贯穿于20世纪80年代的5个"一号文件"；促进农民增收在2004年至2012年的"一号文件"中被放在重要位置；2013年至2020年，实现农业农村现代化成为贯穿农村发展的主线，区别于以往"农业现代化"的提法，实现农业农村现代化更加注重整体发展，并逐步成为乡村建设的总目标。2015年国务院《关于加大改革创新力度加快农业现代化建设的若干意见》中强调："中国要美，农村必须美。繁荣农村，必须坚持不懈推进社会主义新农村建设。要强化规划引领作用，加快提升农村基础设施水平，推进城乡基本公共服务均等化，让农村成为农民安居乐业的美丽家园。"《美丽乡村建设指南》中对于美丽乡村的描绘则更为具体，"美丽乡村指经济、政治、文化、社会和生态文明协调发展，规划科

学、生产发展、生活宽裕、乡风文明、村容整洁、管理民主,宜居、宜业的可持续发展乡村(包括建制村和自然村)"。从特征上来看,新阶段的战略重点具有创新性。20世纪80年代五个"一号文件"呈单一性、单项性;2004-2012年的"一号文件"呈多元性、综合性;2013-2021年的"一号文件"呈全面性特征。纵观多年探索历程可以看出,农业、农村和农民问题一直是党和国家关注的问题,也是关乎民生的重大问题,农业农村现代化一直是社会主义现代化的重要组成部分,也是重要的推动力。

农业农村现代化进程伴随中国现代化进程而展开。中国仍是一个农业大国,农村依然居住和生活着大量人口,农村社会与文化历史源远流长。中国的农业农村有着自己的特色,农业农村必须尊重这些特色,现代化的推进才会达到预期的效果。也就是说,在新时代乡村振兴中,加快推进农业农村现代化仍要选择走中国特色的现代化道路。党的十九大提出中国现代化进程分为两个阶段:到2035年基本实现社会主义现代化,到2050年建成社会主义现代化强国。依据这个时间维度,中央将乡村振兴战略实施分为三步:到2020年,乡村振兴取得重要进展,制度框架和政策体系基本形成;到2035年,乡村振兴取得决定性进展,农业农村现代化基本实现;到2050年,乡村全面振兴,农业强、农村美、农民富全面实现。因此,乡村振兴是农业农村现代化的手段,未来农业农村现代化将在工业化、城镇化背景下持续推进,城镇化和乡村振兴两大战略将并存不悖。

农业农村现代化既是中国特色社会主义现代化的基本构成,也是其重要的推动力。尽管现代化是当今世界发展的一个共同特征和趋势,但历史和现实则反映出,现代化有各式各样的道路。

首先,深入推进新型城镇化战略。新型城镇化的本质在于社会整体生活质量的提高和区域的可持续发展,其最终目标是实现城乡一体化,消除城乡二元结构,真正实现人的城镇化。新型城镇化战略与乡村振兴战略的协同推进是加快农业农村发展的内在要求,也是实现城乡融合发展的基本路径。因此,要突出以城带乡、以工促农,健全城乡融合发展体制机制,促进城乡生产要素双向自由流动和公共资源合理配置，走城乡融合的新型城镇化道路。

其次，推动绿色发展，打造高颜值的生态空间。在过去相当长时期的工业化、城镇化进程中，乡村的主要功能集中在提供食品和工业原料农产品、工业品销售市场、工业化资金积累、低成本劳动力、出口创汇。工业化对乡村的过度攫取，不仅导致农民生活水平提高缓慢，而且导致乡村生态系统破坏、环境污染加剧。未来农业农村现代化进程中，绿色发展方式将成为主流。一方面，城乡居民对绿水青山的需求更为迫切，另一方面，政府对乡村地区的生态环境保护投入及监管强度也会加大。因此，应通过市场和政府"两只手"的作用，推动绿水青山向金山银山转变，从而打造乡村优美的生态和环境。

最后，显著缩小城乡差距，迈向共同富裕。农业农村现代化的落脚点是实现共同富裕，这也是社会主义现代化建设的本质要求。在2035年前，城乡发展差距如要实现"显著缩小"的目标，那么乡村各方面的发展速度就都要明显快于城市。这样的发展不仅意味着乡村居民收入增长要快于城镇居民，还包括乡村在基础设施、公共服务、民生事业以及其他生活条件的改善上均要快于城镇。因此，相对于农业现代化，农村现代化需要补齐的短板更多，所需要的时间更长，更需要汇聚多方力量，全面实施乡村振兴，推进共同富裕。

第三章

现代化视角下的乡村振兴战略

乡村振兴是中国实现现代化的重要内容之一。作为后发赶超型现代化国家，思想上的启蒙运动是中国现代化探索的第一步，以林则徐和魏源等为代表的"先行者"认识到，西方列强"坚船利炮"不仅在军事装备等"器物层面"具有优势，而且在"制度层面"也具有优越性。尤其是由官方所主导的"求强""求富"的"洋务运动"失败后，从追求"中学为体，西学为用"的"器物层面"，借鉴西方国家先进的军事工业技术，引进和推广现代大机器生产的工业化探索，转向制度上的创新。"五四"新文化运动真正掀起了思想文化领域的革命。"民主""科学"口号的提出及其传播，反映了当时人们对于中西文化关系问题以及是否需要将"现代性"引进并植入中国本土社会的争论、矛盾与困惑。尽管这些尝试最终都未能如期实现目标，但总体反映了传统封建的农业社会在外力的压迫下，对西方不断扩张的现代化潮流的一种回应。这也是后来中国真正启动现代化的重要历史背景。

随后，对这一目标的实现路径逐渐转化为国家内部的改造和运动过程，其中包含的一个方面便是从改造乡村入手，重构城市与乡村的关系。1905年，孙中山先生等人在日本东京成立了中国同盟会，确定了"驱除鞑虏，恢复中华，创立民国，平均地权"的政治纲领，即"民族、民权、民生"三民主义，其中"民生"便是在中国开展"平均地权"的社会运动。1915年开始的新文化运动更是对通过学习西方的思想文化来解决中国的发展问题寄予了厚望，试图运用民主和科学这两位"德先生"和"赛先生"来解决民国时期的问题。然而,在西方资本主义日渐渗透到中国乡村的趋势下,各种努力和尝试都无法改变乡村日渐衰败、农民在生产生活各方面的悲惨状态。相反,以都市文明为载体的西方文化破坏了中国传统的风俗习惯和道德规范,扰乱了乡村自有的相对稳定的社会秩序,乡村财富日渐被城市掠夺,农民的生活穷困潦倒、入不敷出。以"西化"为目标的现代化给农村带来的只有苦难,农村和农民为此付出了沉重代价。

20世纪二三十年代,中国开始出现第一批试图救国存亡、拯救乡村的仁人志士。他们以民间地方士绅和知识分子为代表,自发地进行地方自治和乡村自救。鉴于当时混乱的国内环境以及萧瑟的农村经济,他们用自己所理解的方式为实现乡村的发展而奔波,其中的代表人物包括梁漱溟、晏阳初、黄炎培等。他们或注重农业技术传播,或致力于地方自治和政权建设,或着力于农民文化教育,或强调经济、政治、道德三者并举,形成了不同的学派,包括理论派、学院派、以梁漱溟为代表的"乡建派"等。但殊途同归,都旨在为当时破败的中国乡村寻一条出路,史称"乡村建设运动"。然而,从晚清到民国时期,这些志士仁人终究没有找到一条适合中国现代化的可行道路,千疮百孔的农村和农民的问题却日益凸显。

正是由于中国社会自鸦片战争以来一直处于内忧外患的状态,所以中国共产党成立的初衷就是推动国家发展、解放劳苦大众,这实质上也是中国共产党执政的重要根基。有学者认为,中国正式启动现代化的时间节点应该从中华人民共和国成立算起。新民主主义理论的提出为中国发展指明了方向,其中工业化被确定为经济现代化的重要标志。中华人民共和国成立初期,快速实现工业化也成了全国努力的方向和目标。政府开始着手恢复被战争破坏的国民经济,有计划地进行社会主义建设,推进工业化进程。最初全国各地分批进行土地改革,土地所有制由地主阶级封建剥削转变为农民所有,从而使农业生产得到迅速恢复和发展,为国家的工业化建设准备了条件,然而大批农户因贫困和缺少生产资料而影响农业生产的现实问题仍然存在。因而,为了满足国家工业化建设的需要,"三大改造"中将农业改造作为重要内容在全国开展。即通过农业合作化运动,将农民组织起来参与农业生产合作社(1953—1957年从农业互助组到初级社,再到高级社),这也是土地私有制转为社会主义公有制的重要转折点。可见,中华人民共和国成立初期,如何处理农民和土地的关系、农民和农业的关系是政府所关心的重要议题,因为这是中国从落后的农业国变为先进的工业国的主要矛盾和枷锁。但1958—1978年间的人民公社体制严重挫伤了农民的生产积极性,农业生产发展缓慢。

20世纪50年代,中国提出了建设社会主义新农村的设想,即以"楼上楼下,电灯电话,耕地不用牛,点灯不用油,饭前葡萄酒,饭后水果糖"作为发展的目标,实际上就是有意识地推进农村现代化工作,是将现代性的东西介绍到农村去的一种体现。当时,全国大部分地区都结合兴修水利和救灾活动建设新农村,通过爱国卫生运动等改善村庄环境,通过农业合作化、学大寨运动促进了乡村综合整治与建设。这是与西方诸如英国等原发性国家不同的现代化进程。基于当时的社会环境,政府选择了优先发展重工业战略,并在农村建立起一套与之相适应的计划配置和管理办法,包括设置工农业产品价格剪刀差、实行主要农产品统购统销制度以及农业集体经营体制,在实现快速发展的同时,也造成了城乡二元结构,城乡发展被人为割裂。此后很多年间,虽有政策调整与倾斜,但城乡二元结构导致的诸如"城乡差别""乡村衰落"等问题仍然存在。

那么,在现代化背景下乡村问题的实质到底是什么?我们应该如何定义现代化背景下的乡村振兴?乡村振兴的内容涉及哪些?未来又会面临哪些挑战?本章即围绕这些问题展开阐述。

一、现代化背景下乡村问题的实质

如前所述,作为赶超型的现代化国家,1949年以后中国政府发展的目标是非常明确的,"赶英超美"以及"楼上楼下,电灯电话"等对于现代化生活的追求和设想成为全国上上下下的梦想。其后，国家所颁布和实施的户籍制度、工农产品剪刀差的价格管控和改革开放等发展战略及政策全都是为了服务于国家快速工业化、城镇化和经济发展的目标。然而，在此过程中却出现了一种背离现象，一方面是城市的快速发展和扩张所带来的发展繁荣，另一方面则是资源和人才不断外流所引发的乡村衰败的景象。无论政府还是学界，都看到乡村在过去几十年里不断出现各种社会问题，包括农产品边际收益低下、农业对GDP贡献水平低、人才流失、妇女儿童老人留守、乡村社会经济功能低下、生态环境恶化等。究其根本原因，我们认为，这是由于中国在过去几十年里，由国家主导和干预下的追赶现代化过程本身所带来的城乡差距不断扩大以及表现为乡村问题的问题。农民利益受损，乡村社会、经济和生态功能的低下等这些问题的存在与中国共产党的"以人民为中心""全面建成小康社会""让人民过上好日子"和"共同富裕"等执政理念与执政目标都是相悖的。

但同时，我们也应该看到，乡村问题实质上还是一个价值判断问题。随着工业化、城镇化进程的不断推进，追求工业增加值增长，推动经济发展成为当时对于"发展"的重要价值定义，而相对于城镇的经济高速发展而言，乡村却成了"落后"的代名词，现代化的本质是一个"去农化"的过程。换言之，是对农民的一种剥夺，乡村问题的实质是我们带着现代化价值取向去判断乡村的价值，在此过程中我们忽略了乡村价值本身的内涵。此时，我们必须明确乡村价值的内涵是什么。学界对乡村价值的内涵进行了一定的讨论。有学者认为乡村具有重要的生产价值、生活价值、生态功能，乡村根本的价值是中国文化之根基，是中华民族优秀传统文化生生不息的土壤和千年传承的载体。也有学者直接将乡村价值概括为生产、生活、生态、社会、文化以及教化等一系列价值和功能。因此，我们在判断乡村问题是不是一个真问题的时候，需要基于乡村价值内涵本身进行判断，具体包括生产价值、生活价值、生态价值、社会价值、文化价值等几个方面。

一直以来，中国社会都处于西方列强的裹挟中，被迫进入现代化，被迫进入西方主导的现代世界体系。如果用现代性的价值去评判乡村发展，那么世界多数国家的乡村都面临着没落的问题。如英国、德国进入城市化快速发展后，同样面临农村人口涌向城市，农村出现"空心化"的状态，乡村景观、生态环境等受到工业化、城市化的破坏等问题。但诸多国家在工业化进程到达一定阶段后，均选择了促进农村发展，如日本如今推行的农村工业化、英国在工业化后期对农业结构的调整、德国通过产业"逆城市化"增加就业机会等做法，均带动了农村的发展。中国农村在中国现代化进程中发挥了重要作用。与西方工业化通过殖民、战争实现原始积累不同，中国农村通过集体经济的形式为国家实现工业化提供了大量原材料、资金和劳动力供给，建立了大量的社队企业为城市工业化提供支持力量。据统计，截至1978年，我国社队企业数量达到152.4万个，这是农业哺育工业的过程，这一过程使得乡村逐步被"去价值化"。

现阶段，我国工业体系逐步完善，已经具备反哺农业、带动农业发展的能力。2017年，党的十九大报告提出了乡村振兴战略。2021年，中共中央、国务院出台《关于全面推进乡村振兴加快农业农村现代化的意见》，进一步将农村发展带入了全面建设社会主义现代化国家的历史进程中，解决现代化进程中的乡村发展不均衡、不充分的问题，推动城乡协调发展，将乡村的价值重新赋予现代化的意义。推进乡村振兴实际上就是在现代化背景下乡村实现"再价值化"的过程，包括全面实现乡村的生产价值、生活价值、生态价值、社会价值、文化价值。

（一）现代化背景下乡村地位的式微与乡村结构的消解

根据传统现代化理论的观点，社会发展的路径是从传统到现代的过程，而且二者之间存在一个明显不可逾越的沟壑。因此，在追求现代化的道路上，在资本扩张的一般规律下，金融、人才、生产资料等资源都向城市聚集，大量的资本也都同时向城市靠拢。这种从传统向现代转型的过程中，必然出现"城市—乡村"

关系的重新建构，即城乡二元结构。乡村地位的式微和乡村结构的消解是世界范围内多数国家在现代化进程中需要面临的问题。

伴随着德国工商业的发展及东德和西德的统一，大量农村人口向城市流动，造成了农村"空心化"，农村逐渐衰落。英国随着工业化的不断推进，19世纪70年代中期农村地区爆发了两次农业萧条，部分农业劳动力向工业转移，到19世纪末期，英国农业劳动力不足10%，农业收入占国民收入比例降至6.7%。日本在较短的时间迅速实现了工业化、城镇化，步入发达国家之列，在这一过程中，受到城乡收入差距的影响，农村人才、资金要素加速流失，农村人口缩减且老龄化特征严重，农业经济社会出现不同程度的衰落。

我国在改革开放后，大量劳动力的持续供给推动了城市工业部门的快速发展，但城市的经济活力并未扩展到农村。在快速实现城市化和工业化的过程中，乡村所扮演的角色更多的是剩余劳动力的"蓄水池"。此时，乡村已经高度嵌入城市的经济体系中。但是，城市和乡村的不平等则日益凸出，这主要表现在土地权利、要素交换、金融制度和公共资源配置等方面在体制层面的不平等。因此，乡村在改革开放以来的经济快速发展过程当中更多的是处于边缘和依附性地位，并且这种依附性随着城市的迅速发展而被不断强化。乡村地位的式微也使得乡村成为"失语者"并潜移默化地被视为"落后者"。现代化的发展必然会带来对传统乡村结构的冲击，甚至是破坏或解体。改革开放以后，乡村进一步被整合进了市场体系当中。农村在这个过程中为城市提供了大量的廉价劳动力并逐步"空心化"。随着城市经济的快速发展以及20世纪80年代国家对人口流动限制的放宽，大量农村劳动力进入城镇，农民工的数量在20世纪80年代以后快速增长，到2018年已经达到了2.88亿人。并且，由于城市劳动力市场的选择性，农村人口的老龄化现象日益严重。1982年，中国农村和城市的老年人口比例分别为7.8%和7.4%。这一数字在2010年则分别为14.98%和11.68%，人口老龄化程度出现了明显的城乡差异，而出现这种现象的主要原因是农村年轻劳动力大规模向城市迁移。"空心化"和老龄化使得农村在现代化的过程中丧失了持续发展的原动力，逐渐走向衰退。

(二)现代化背景下农业产业的转型与发展

根据现代化理论的观点，现代化实质上就是工业化，是经济落后国家实现工业化的进程。这种观点是从经济上着眼，注重发展现代工业，认为工业现代化就是国家的现代化。而工业化很难彻底改造农业领域。"农业是人类通过社会生产劳动，利用自然环境提供的条件，促进和控制生物体（包括植物、动物和微生物）的生命活动过程来取得人类社会所需要的产品的生产部门。"从定义可以看出，农业生产受两个规律的制约，一是自然环境变化和分布规律，二是生物的生命规律，即农业活动由于生命的不可逆性所内含的极强时间性或生命节律，使农业经营主体必须根据生物需要的指令来做出有效反应。这两个规律也决定了农业生产具有四个特性：地域性、不稳定性、季节性与周期性。同时，在农业生产过程中，土地是非常特殊的一种要素，它决定了农业天然的不适应资金密集型、技术密集型乃至劳动密集型的生产方式和经营方式。当然，农业并非在任何时候、任何条件下都不能采取现代技术和加大资金投入，这里只是强调农业受制于土地等生产要素。因此，这也决定了农业始终是一个效益比较低下，产出非常有限的产业，其不像工业等其他产业那样产出可以无限扩大。农业技术改造风险高、收益小，一场自然灾害或市场波动都可能让资金、技术等投入血本无归，因此农业技术的推广往往要比工业技术慢得多。农民作为农业产业的劳动者，其收入低于其他产业的从业人员也便不足为奇了。

在现代化进程中，工业化、城镇化进一步推动农业产业的转型与发展。德国、英国、日本等发达国家在经历过快速工业化、城镇化后，都推出了一系列振兴农业产业的政策措施。德国以产业的"逆城市化"增加乡村就业机会，推动小规模农户退出后的土地流转集中，发展农业规模经营，推动完善乡村基础设施，提高乡村生活水平。英国将现代信息技术与规模化农业生产相结合，重点发展精准农业生产，以人工智能为基础的智能农业在许多大型农场中开展生产工作，同时英国政府增加对乡村第三产业的投入，促进农业与观光旅游业融合发展，提升农民的生活水平。在现代化进程中，日本通过农业规模化生产（1947—1985）、基础设施提升（1985—1998）、有机农业为主体的乡村可持续发展（1999至今）等实现现代农业的转型与发展。

中国农业的现代化转型与发展也经历了不同的历史阶段。直到2009年，第一产业增加值占国内生产总值首次降至10%以下，这标志着农业发展方式不再是简单地解决人民温饱问题，而是转向提升农业生产价值，提高农业生产效率、土地产出效率为主。经过多年的发展，中国农业科技水平已经取得了诸多成果。2017年，我国农业科技进步贡献率达到57.5%，主要农作物耕种收割的综合机械化率达到67%，良种覆盖率超过96%，现代设施装备、先进科学技术支撑农业发展的格局初步形成，主要体现在农业生产数字化进展显著，新一代信息技术与种植业、畜牧业、渔业、种业、农机装备、农垦全面深度融合应用。种植业方面，农情监测体系数字化建设不断完善，实现了统一的全国农情信息调度平台对种植业全程精准管控；种植技术数字化指导成效显著，各地农业农村部门积极探索利用现代化信息技术为农村提供科学施肥信息服务的有效模式；行政管理平台数字化建设逐步强化，依托物联网、3S技术、移动互联、大数据、云计算等现代信息技术，通过加强种植全程肥料、农药精准管控力度，实现农业投入品的安全追溯。畜牧业方面，养殖场直联直报系统不断完善，截至2020年上半年，平台登记规模养殖场已达80余万家，涉及信息约1200万条；养殖技术线上指导服务广泛开展，充分发挥了网络直播受众广、无接触、突破时间和空间的优势，加快推广普及科学合理的养殖技术。渔业方面，渔船渔港管理系统信息化建设成效显著，截至2019年年底，沿海11省和大连、青岛、宁波、厦门4个计划单列市完成海洋渔船通导与安全装备升级改造120428台（套），建设数字渔业岸台基站179座；渔业资源环境动态监测体系不断健全，利用遥感技术开展渔业资源评估和养殖水域空间监测，不断推动渔业生产大数据平台建设。种业方面，国内首个作物育种云平台（金种子云平台）建设完成，种业大数据管理基础和大数据服务能力显著增强。农机装备方面，截至2020年9月底，支持1.2万农户购置农业用北斗终端1.5万台，支持20个省份开展植保无人飞机规范应用试点，支持0.5万农户购置近1万台植保无人飞机。全国已有45家农机企业将北斗终端作为标准配置。农机作业数字化服务深入推进，农机管理数字化水平显著提升。农垦方面，截至2019年年底，28个垦区2.16亿亩土地完成建库上图数字化处理，入库宗地21.36万宗，入库权证8.38万个，初步形成农垦土地资源大数据。

（三）现代化背景下农民身份的转换与社会生活的变迁

随着工业化水平的不断提高，农民的身份也发生着变化，现代化技术正在不断嵌入农民的日常生活。德国于1976年将"村庄更新"写入《土地整理法》，将乡村的文化价值、生态价值提升至与经济价值同等重要的地位。德国从专业培训、高等教育、社会地位等多方面赋予农民新的身份，人们对于传统农民的身份认同也发生了较大的变化。现代化技术的嵌入让农民的社会生活既获得了现代功能性需求，又实现了历史文化的传统功能性需求。

在中国发展的历史进程中，农民的身份在政治、经济和文化等三个维度上曾发生过三次变化。中华人民共和国成立初期，农民的身份是一种政治性身份，即农民通过一系列政治化活动，如农业学大寨、工农兵哲学等形成了集体身份认同。改革开放后，农民经济人属性的特征逐步显现，一方面，家庭联产承包责任制确定了农户生产单位，发展了个体生产力，另一方面，农民不再是仅仅从事农业生产的主体，大批农民逐步向城市流动，开始出现"农民工"的现象。农民工群体的大量涌现，体现了农民群体正处于追求性的文化身份认同过程中，然而，此时农民的政治性和经济性身份并未消失。此外，在不同时期农民身份的不断转换中，其社会生活也相应地处于不断变迁的状态。改革开放以后，中国加速工业化和城镇化进程，经过农村改革后，家庭联产承包责任制激活了农民的内生动力，生产积极性被广泛调动。随着全国改革重心由农村转向城市，仅参与农业生产的农民身份不断被弱化，农民群体的身份从同质性向异质性转变，不断出现农业兼业农民、完全脱离农业生产的外出务工型农民。可以说，农民从事生产的方式发生了前所未有的重大变化。随着农民工逐步融入城市工业化发展，农民工的生活方式也在不断被现代化所改变。

随着乡村振兴战略的实施，以农业为职业、具有相应的专业技能、收入主要来自农业生产经营并达到相当水平的现代农业从业者进入农村，成为农业生产的主要力量。大量回乡创业的农民被现代化赋予新的生产价值，实现了农业生产的"再价值化"。截至2017年，我国新型职业农民已超过1500万人。同时，随着互联网等现代技术的普及，农民在农业产业链中不仅仅从事生产工作，在加工、运输、销售等产业链后端也均有涉及。电子商务不仅仅改变并提升了农民在农业生产价值链上获取的收益，同时也改变了农民在农村的社会生活。

二、乡村振兴的内涵

乡村振兴战略是十九大后中国"三农"问题研究最重要的学术用语之一，但"乡村振兴"这一学术命题在我国早已有之，如上节提到的各种尝试都可以被视为"乡村振兴"的实践活动。因此，尽管2017年十九大报告中，"乡村振兴战略"这一论述首次在中央的文件中正式被提出，但"乡村振兴"的任务并非临时的，其政策脉络并非孤立的，相对应的实践活动也并非与过去相割裂，而是与之前推进中国农业农村现代化的部署、实践一脉相承。所以说，乡村振兴是对长期历史任务在面对新时期的农村问题时的再诠释，是过去提出的一系列农村政策的系统总结和升华，是在中国共产党领导下对历史上工业与农业、城市与乡村发展关系的协调。那么应如何理解乡村振兴？为什么要谈乡村振兴？振兴什么？如何振兴？对于这些问题的回答是理解乡村振兴科学内涵的关键。

(一)"乡村振兴"的定义

乡村振兴本质上是中国共产党按照中国特色现代化的路径来把握中国的命运和发展方向,实质上是个国家现代化的问题。从词义来看,乡村振兴即提高乡村物质生活水平,推动乡村实现较大发展,使其兴旺繁荣,实现现代化。所谓兴旺繁荣,实现乡村现代化,绝非要回归农耕时代,过男耕女织、日出而作日落而息的传统乡村生活,这既不符合农民对美好生活的期待,也不符合当前新发展观的要求。乡村振兴的背后,实际上是一个落后的农业国向现代化工业国转变的问题,对于中国来说,仍然是一个继续追求和实现现代化的过程。这意味着,从发展范式上看,乡村能否振兴很大程度上还将取决于工业化和城市化的水平,取决于城乡协力和城乡之间要素的充分流动,尤其是从城市不断给乡村赋能的过程。

乡村振兴在概念上是明确的,在路径上将主要通过工业化、城市化和农业现代化的过程,来推动国家的现代化进程,这是乡村振兴的前提。从当前中央发布的关于乡村振兴的文件内容可以看出,中国的乡村振兴并非某单一领域的强化,而是既包括农村产业的兴盛,又包括农民富裕以及农村的整体繁荣等全方位的内容。党的十九大报告用"产业兴旺、生态宜居、乡风文明、治理有效、生活富裕"概括了乡村振兴的总要求,每项要求都是针对当前我国农村及世界各国现代化过程中曾出现或正在面临的困难和挑战而提出的。中国当前的乡村振兴战略不仅是对农业、农村、农民、农地各子系统做细致的布局安排,同时也是对纠正城市偏向发展战略以及促进城乡融合发展提出的切实要求。

(二)为什么要谈乡村振兴?

为何要在当前阶段讨论乡村振兴?乡村出现了什么问题?从全球范围来看,在国家现代化进程中,乡村地区呈现"空心化"乃至衰退和消亡是一个普遍现象,发达国家过去上百年抑或是近50年的发展历程均生动地诠释了这一过程。诸如，日本所面临的乡村"过疏化"不仅导致乡村人口减少和收入下降，更使得乡村社会活力逐渐丧失，出现人口老龄化、村庄公共性衰退等现象；英国的过度城市化引发了公共卫生、就业、住房、交通等"城市病"问题，以及乡村生态破坏、城乡收入差距等困境。"农民的终结""村落的终结"等声音始终萦绕在全世界各国耳畔。

面对上述社会问题，日本、韩国、英国等都转向实行综合性的乡村发展政策，实施乡村振兴计划促进农业发展、农民增收和农村繁荣，并且取得了较为显著的效果。而拉美、南亚一些国家没有能力或没有政治意愿实施乡村振兴，大量没有就业的农村人口涌向大城市，导致较严重的社会问题，这是其落入"中等收入陷阱"的重要原因之一。中国在现代化进程中同样面对乡村衰败、农民衰落等问题，虽然我们难以将农村衰败问题的出现划归为国家现代化进程中的一个规律，但肯定的是，作为农业大国的中国无论如何是不能让农村衰败的，这是国家发展的根本要求，也是中国共产党以人民为中心的发展思想的体现。在当前阶段来谈乡村振兴，既是历史交汇点上的必然要求，同样也是对我国过去城镇化、工业化过程中产生的问题的反思和总结。此外，还包含了对其他国家经验的借鉴和教训的反思。总之，当前谈乡村振兴的原因，具体而言包含以下几个方面：

第一，从本质主义的角度讲，乡村的生活是人类政治社会生活不可缺少的部分，尤其对于中国这样一个小农经济占统治地位、具有悠久农耕文明的农业社会而言更是如此。中国作为一个农业大国，农业始终是国民经济的基础，国家的政治、经济、文化和意识形态都是围绕农业和农村构建的。大国小农是中国的一个基本国情。然而，在工业化和城市化的推动下，乡村的价值正在流失，城市成为"显贵"，农村渐被遗忘，成为"回不去的乡愁"和众多学者"返乡笔记"中的一抹担忧，所以希望能够复兴我们的乡村价值。但是需要强调的是，这并不意味着我们要复古或者回到过去传统小农社会的时代，而是要重新界定、关注和认识乡村在社会发展中的作用。

第二，从功能主义的角度讲，经过政府长期乡村政策的影响，乡村的功能正在发生变化。传统意义上农业生产和农民居住的"农村"正在向产业活动多元、经济结构宽化、就业人口及居住人口多样化的"乡村"转变。乡村已不再是过去"逃离"的地方，实际上很多人希望回到乡村生活、生产、就业。而相对于这种变化，乡村的基础设施、社会公共服务远远落后于城市，互联网、清洁水、交通道路等都与城市有着很大的差距。实际上，想要到乡村生活仍不方便，养老、医疗等公共服务可获得性很低，难以满足当前需要，更难以吸引高素质的人来就业。所以，从功能主义角度讲，乡村需要振兴，从而让乡村和城市协调起来而成为中国现代化进程中的有机组成部分。

第三，从公平正义的角度讲，中华人民共和国成立初期，为了快速实现由落后的农业国向发达的工业国的转变，政府选择了优先发展重工业战略，为了集中农业剩余支持重工业优先发展，政府在农村建立起一套与之相适应的计划配置和管理办法，包括设置工农业产品价格剪刀差、实行主要农产品统购统销制度以及农业集体经营体制。其结果是，在实现快速发展的同时，也造成了城乡二元结构。经过长期的虹吸效应，城市与工业得到了长远的发展，但乡村却在不断衰落，大量劳动力、资本外流至城市，乡村经济衰退、社会失序，甚至一度成为知识、资本的荒漠。就城乡对比而言，农村、农民、农业在现代化进程中奉献良多，却没能获得足够的"回报"。但当前，国家的经济发展水平达到了一个有可能补偿农村、农业和农民的条件，如仍不优先发展农业、农村、农民，不以高报酬部门的不断增长为低报酬部门提供补偿，未来的城市和乡村都将出现新的社会问题，尤其是乡村会彻底地衰败。

第四，全球化产生的不确定性需要我们重新思考乡村的价值。自改革开放以来，尤其是加入WTO以来，中国人对未来的感受似乎非常确定，特别是城市中产阶级群体。但2020年以来全球爆发的新冠疫情以及世界上许多国家蔓延的逆全球化趋势，让人们对未来产生了极大的不确定性。这时候我们需要考虑：一个国家整体的社会安全点在哪里？于是乡村作为"压舱石"的概念就出来了，乡村的意义在于安定国民。因此，乡村振兴可能还会有这样一种并未表述的社会考量。

从当前发展情况来看，我国正处于工业化中后期、信息化快速发展期、城镇化中期、农业现代化全面推进期。随着中央关于农业农村改革和发展的一系列重大政策举措加速落地，农村居民人均可支配收入有了大幅增长，绝对贫困已经消除，农村生产力有了显著提高，可为全面推进农业农村现代化提供基础支撑，实施乡村振兴战略的发展条件已然具备。此外，当前正是我国重新反思处理工农关系、城乡关系的新的历史关口，因此，实施乡村振兴战略也是历史发展的必然选择。所有这些不同的方面，影响了新时期乡村振兴话语体系的形成，这个话语体系的背后有政治、经济、社会、文化等多方面的含义，并不是简单的一个策略，而是一个综合的政治社会景观的呈现。

（三）农民是乡村振兴实践主体

中国百年的现代化并非内生性的，而是被迫现代化的，即被裹挟着进入西方主导的现代世界体系，在政治、经济、文化方面做出朝向现代化方向的调整。在这一过程中，面对西方的价值体系，农民是不具有"改造"乡村社会的能力的。自民国时期开始，国家和知识分子便在现代化过程中发挥了重要作用，梁漱溟、晏阳初等一批知识分子更是民国时期乡村建设运动中最为活跃的力量。但由于缺乏对民众需求和蕴含力量的正确认知，民众的主体性并没有得到发挥。相反，在民国时期，民众被认为是愚昧、自私的，农民一直作为被改革和教育的对象而存在。

"二战"后，世界范围内的新农村建设运动从社会的自发运动逐渐转变成为由政府主导或计划下的行动。中华人民共和国成立后，政府作为现代化进程中的统筹引领角色，从政策层面指导农民进行乡村振兴实践，在基础建设、教育、医疗、农业技术推广等方面发挥重要的作用。但是从这一时期开始，城乡关系开始"失重"，在新中国建设初期很长一段时间内，国家的建设重心是城市与工业。政府对于乡村建设的重心在于领导农民开展互助合作运动，农业集体化是农村工作中的主要建设任务。此时乡村被国家高度动员起来，基层社会与民众被纳入国家监控的有效范围之内。而就实践主体而言，政府是主导者，农民虽对新中国的创立和建设，对推动中国的工业化、城镇化做出了巨大贡献，但更多的是"被改造者"和参与者，同样也是现代化进程中的"牺牲者"。这份牺牲和贡献一方面表现在，农民提供农产品，通过工农产品价格"剪刀差"的"暗税"方式为工业发展贡献了大量农业剩余。另一方面，农民是国家建设的廉价劳动力。此外，农民还对国家建设有着土地贡献。农民在现代化进程中的主体性没有得到充分的体现，在经济、社会、政治、文化等诸多方面都缺乏足够的主导权、参与权、表达权、受益权以及消费权等。

十八大以后，农民在现代化进程中的主体作用逐渐得以发挥。尽管在精准扶贫过程中，强大的国家导向与政治权力的推动为贫困问题的解决提供了关键动力，但农民本身也在其中发挥了无可替代的作用。因此，农民本身被认为是推动乡村振兴的内生性因素。在推进乡村振兴的过程中，只有推动农民个体的自我发展、基层干部的主动作为、基层组织的积极引领等因素形成合力，才能共同激发乡村经济社会发展的潜能和活力。农民作为主体参与乡村振兴，首先要培养其主体意识，其次要将农民纳入乡村振兴的设计、活动实施和评价等体系当中，充分重视农民自身对于所在农村社区和地方的建设需求、发展需求等。另外，在乡村振兴过程中，农民所创造的地方传统文化和乡土文化也需要得到充分的尊重和重视，乡风文明、和谐，才能更好地促进产业和生态等其他方面的振兴。而政府、企业以及社会组织等社会力量也在国家现代化进程中发挥了重要力量，可以在产业、技术、资金、人才等方面，通过外部助力激发乡村活力。

（四）乡村振兴的内容

现代化的理论认为，一个国家、地区或社会的现代化的根本内容在于产业上的工业化、组织上的科层化、政治上的世俗化以及人的现代化等。就乡村社会而言，乡村现代化的内容也是与一个国家的现代化目标高度契合的，如乡村人口在观念上的现代化，更加相信科学而不是经验；乡村治理的基础是在中国共产党领导下的基层组织治理的现代化，而不再是家族、宗族或者是宗教的乡土社会的治理方式；乡村产业的现代化不仅仅是第一产业农业的现代化和发展，而且也包括第二产业和第三产业的发展；等等。过去一个世纪以来，我国乡村社会的变迁是一种"规划的社会变迁"，这种规划出自国家对乡村社会的有目的有意识的改造，改造的目标和主要手段是国家政权建设。乡村振兴战略也不例外，其目的是要把乡村从过去被动提供劳动力、资本、原材料的状态，转变为主动地成为社会经济有机组成部分，变成一个能动的力量。2017年十九大首次正式提出乡村振兴战略以来，诸多中央重要文件对乡村振兴相关内容的论述都是围绕上述这些方面展开的。

2018年中央"一号文件"《中共中央 国务院关于实施乡村振兴战略的意见》中对乡村振兴战略的实施目标进行了近期和长期规划，即乡村振兴分三步走：至2020年，乡村振兴的制度框架和政策体系基本形成；至2035年，乡村振兴取得决定性进展并基本实现农业农村的现代化；至2050年，乡村全面振兴，最终实现"农业强、农村美、农民富"。根据十九大报告以及《乡村振兴战略规划（2018—2022年）》等文件内容不难看出，乡村振兴内容全面，其中"五句二十字"的总要求分别对应了乡村产业、生态环境、村容村貌、社会治理以及农民生活生计等。

一是产业振兴。农业在社会发展中的作用毋庸置疑，但在历史演变进程中，随着生产力的发展，城市、工业从农村、农业中汲取力量，农业与工业的隶属关系发生了转换，农业不断地被"剥削"而没落。乡村振兴战略中提出"产业兴旺"的目标，并非仅限于农业产业的振兴，而是乡村多元经济相互渗透、融合、发展的一种状态，产业构成具有多样性，内容具有综合性，产业要素具有整体性。乡村产业振兴主要针对农业产业而言。这里所讲的产业既包括事关粮食安全的粮食作物及重要农产品，如种植业、畜牧业等，又包括其他与乡村发生密切关系的产业，如运输、农产品加工、乡村旅游等。内容包括夯实农业生产能力基础、实施质量兴农战略、构建农村一二三产业融合发展体系、构建农业对外开放新格局以及促进小农户和现代农业发展有机衔接等。

二是人才振兴。乡村振兴关键在于人。没有能够谋事、担事、办事的人，无论其余方面如何发展，政策如何优厚，乡村仍难发展。故而，人才是强农兴农的根本。乡村人才的振兴主要包括"内培"与"外引"两种方式。"内培"即注重在农村内部培育，如培养爱农业、懂技术、善经营的新型职业农民、农业技能人才、乡村"CEO"等。"外引"则是注重城乡间人才要素的流动，如推动农业科研人才、农技推广人才、高水平创新团队等服务乡村发展。此外，人才振兴还包括培养造就一支懂农业、爱农村、爱农民的"三农"工作队伍。主要涵盖高素质农民培育计划及学历提升、农村实用人才培养、农业企业家与农村创业创新人才培育、返乡入乡创业以及留住乡村人才吸引外来人才落户等。

三是文化振兴。随着近代以来传统文化在乡村的衰落，乡村文化已成为乡村经济发展中的短板，统筹城乡文化发展愈加成为统筹城乡发展重点强调的内容。乡村文化振兴的基本内涵是对中国乡土社会、乡土文化的弘扬，并以社会主义核心价值观为引领，构建中国特色社会主义乡村文化体系，为世界文化多元性提供中国样本。主要涵盖：乡村优秀传统文化保护与弘扬，包括传统村落和民居、农业文化遗产保护、优秀文艺作品创作等；思想道德建设与农村公共文化建设，具体包括优良家风、文明乡风和新乡贤文化培育等。

四是生态振兴。"生态环境是关系党的使命宗旨的重大政治问题，也是关系民生的重大社会问题"，生态振兴政策是对当前农村突出环境问题如生态破坏、资源浪费、环境污染、疾病增多、村庄衰减的正向干预。从已发布的乡村振兴政策文本分析，主要涵盖：生态规划及法律法规制定，如《农村人居环境整治三年行动方案》《中共中央 国务院关于全面加强生态环境保护 坚决打好污染防治攻坚战的意见》等；生态保护、生态治理及生态建设，如山水林田湖草系统治理、农村突出环境问题综合治理、市场化多元化生态补偿机制；探索生态与产业的协调发展，如发展生态产业等。

五是组织振兴。坚强的领导核心和组织是协调城市与乡村发展，实现全面振兴的保障。一般来讲，乡村组织振兴主体主要包括四个类别：农村基层党组织、农村专业合作经济组织、社会组织和村民自治组织。从已发布的乡村振兴政策文本分析，主要涵盖农村基层党组织建设，村民自治实践，农村专业合作经济组织培育以及鼓励引导民营企业、行业协会、基金会、各类志愿组织等参与乡村振兴。

三、乡村振兴的战略和政策

2017年党的十九大报告首次提出乡村振兴战略，2018年公布了《中共中央国务院关于实施乡村振兴战略的意见》，同年9月，中共中央、国务院印发了《乡村振兴战略规划（2018—2022年）》，要求各地区各部门结合实际认真贯彻落实。各部门也积极探索出台相应文件，如《财政部贯彻落实实施乡村振兴战略的意见》《农业农村部办公厅 教育部办公厅关于推介乡村振兴人才培养优质校的通知》等，对乡村振兴进行了政策补充。2020年底，党的十九届五中全会审议通过的《中共中央关于制定国民经济和社会发展第十四个五年规划和二〇三五年远景目标的建议》，对新发展阶段优先发展农业农村，全面推进乡村振兴作出总体部署，而2021年《中共中央 国务院关于全面推进乡村振兴加快农业农村现代化的意见》则对乡村振兴的具体内容进一步进行强调，"要坚持把解决好'三农'问题作为全党工作重中之重，把全面推进乡村振兴作为实现中华民族伟大复兴的一项重大任务，举全党全社会之力加快农业农村现代化，让广大农民过上更加美好的生活"。乡村振兴战略并不是突然出现的，它既是对以往乡村建设实践的延续，也是对当前农业、农村、农民问题以及国家整体发展战略的一项前所未有的重大决策部署。2021年6月1日开始实施的《中华人民共和国乡村振兴促进法》从法律层面进一步切实保障乡村振兴战略的有效贯彻实施。由此，党中央关于乡村振兴的重大决策部署,包括乡村振兴的任务、目标、要求和原则等转化为法律规范而确保其在各地"不松懈、不变调、不走样"地真正得到落实。

(一)乡村振兴的历史脉络

中华人民共和国成立初期,为了快速实现由落后的农业国向发达的工业国的转变,政府选择了重工业优先发展战略,在特定的历史时期,"我们国家的发展,首先要求工业必须有迅速的发展,特别是要发展和建立我国的重工业",而以工业为主导方向的国家建设,其落脚点是以城市为中心的建设,而非城乡建设。也就是说,工业建设进程的启动,就是工业城市化和城市工业化进程的启动。在这样的背景下,集体化时期的乡村建设主要是让农业、农村、农民尽快适应国家工业化的发展需求,从而尽快完成由农业国向工业国的历史转变,也就是说这一时期的乡村建设是以农业建设为重点,以服务于工业建设和城市建设战略为根本方向,其实现途径是"通过以农支农,人为地扩大了工农业产品价格的'剪刀差',以牺牲农业的代价实现了工业初步积累的快速完成"。在此过程中,城市和工业发展处于优先地位,农村和农业发展则处于次要地位,城乡市场相互隔离,城市发展产生了虹吸效应,吸引了大量政府资源、社会资源,而农村发展则因大量资源不断外流而造成发展资源不足,滞后于城市发展。城乡关系处于一种失衡的状态。在集体化时期之后,城乡之间的关系不断发生转变,与之相伴随的是农业、农村、农民的功能也发生了变化,国家、社会、农民的关系呈现出聚合、分野、进一步分化远离的趋势。

1.供给型城乡关系与乡村发展

在很长时间里,中国的农业始终是"粮食农业",强调农业的功能在于解决主粮和饥饿问题。社会主义建设在"大跃进"、人民公社化等群众运动的方式中渐次展开,但是由于体制机制以及自然灾害的影响,农民农业生产自主权严重削弱，农民的农业生产积极性降低。农业生产总量不升，反而持续减产，1961年的粮食产量比1957年减少500亿公斤，粮食供应告急。在经验教训的基础上，1962年八届十中全会将"农业为基础，工业为主导"作为国民经济建设的总方针。乡村保障粮食安全的功能被重视。

为此，国家出台了一系列支持农业发展的政策，如1978年十一届三中全会后，中国粮食流通高度集中的计划管制开始逐渐松动，不仅逐步取消了粮食统购制度，而且提高了粮食购销价格。1982年确立了家庭联产承包责任制，充分调动了农民的种粮积极性。这一时期中国粮食产量由1978年的3.04亿吨增加到1984年的4.07亿吨，年平均增长率达4.9%。农业是当时农民的主要生计来源，粮食产量及价格的提高，让农民获得了较高的农业收入。同时，在"农工商建运服"发展道路背景下，国家对乡镇企业给予了大力支持。乡镇企业的兴起保障了农民的非农收入，农民收入的名义值从1978年的133.57元增加到1984年的355.33元，年平均实际增长率达到了14.06%。这个阶段，"国家从农业增长中获得工业化的资本，农民从农业增长中获得收入，而社会则从农业发展中获得廉价的食物供给"。农业的发展不仅为国家工业化进程提供基础，还供养着大量的农村人口。农业的经济功能是粮食供给，解决城乡人口的饥饿问题，其社会功能是维持乡村社会稳定，其政治功能是满足"乡村供给城市"的国家建设需求。

2.城乡对立与乡村发展

1984年，中共十二届三中全会通过《关于经济体制改革的决定》，指出"农村改革的成功经验，农村经济发展对城市的要求，为以城市为重点的整个经济体制的改革提供了极为有利的条件"，再次确认以城市为重点的整个经济体制改革的步伐，发展的城市偏向再次让农村陷入被动位置，城乡差距急剧拉大。国家对农业的投资减少，但是农业税费负担却不断增加。除农业税外，乡统筹、村提留的税费负担让农民生活压力持续加大。虽然国家在1985—1996年发布了多达25项关于税费负担的相关规定和通知，但基层政府征收农业税的成本过高，农民税费负担依然沉重。加上1998年粮食流通体制改革造成农民卖粮难的问题，打击了农民的种粮积极性，农民流向城市务工、土地抛荒等现象开始出现。与此同时，由于受到亚洲金融风暴影响，乡镇企业发展面临的市场环境和制度环境发生根本变化，许多有利于乡镇企业发展的条件不复存在，乡镇企业开始急剧衰落，就业、产值都大幅度回落。农民的非农收入亦陷入困境。工业化和城镇化发展战略的快速推进，导致农业竞争力降低，粮食安全形势日益严峻，农民收入和农村经济增长乏力，城乡区域经济差距和工农差距持续扩大。1998—2003年，中国城乡居民收入差距从2.47倍扩大到3.23倍，城乡之间的冲突愈发明显。

这一时期，围绕着农民负担重、农业比较利益低、农民收入下降和农业生产积极性低等问题形成了中国转型发展中的"三农"话语，从而催生了"三农"的学术研究和舆论的极大关切。"三农"成为"问题"。农业的比较效益下降，无法满足农民的生产生活需求，同时也不再是国家工业化唯一的资源供给渠道，而作为弱势群体的农民在这一阶段大规模流向城市，乡村的经济社会稳定功能不再，乡村成为国家现代化进程中的问题。

3.城乡融合发展与乡村振兴

中国的乡村振兴在总体上看还是一个城乡融合发展、城乡一体化发展、城乡综合发展的战略性问题。城乡差距的不断扩大阻碍了我国的现代化进程。为此，2002年，十六大报告提出"统筹城乡经济社会发展，建设现代农业，发展农村经济，增加农民收入，是全面建设小康社会的重大任务"。2007年，十七大报告提出"建立以工促农、以城带乡长效机制，形成城乡经济社会发展一体化新格局"。2012年，十八大报告提出要推动城乡发展一体化，"解决好农业农村农民问题是全党工作重中之重，城乡发展一体化是解决'三农'问题的根本途径。要加大统筹城乡发展力度，增强农村发展活力，逐步缩小城乡差距，促进城乡共同繁荣"，"形成以工促农、以城带乡、工农互惠、城乡一体的新型工农、城乡关系"。2017年，十九大报告提出"城乡融合"，要实施乡村振兴战略，"要坚持农业农村优先发展，按照产业兴旺、生态宜居、乡风文明、治理有效、生活富裕的总要求，建立健全城乡融合发展体制机制和政策体系，加快推进农业农村现代化"。2018年中央"一号文件"明确提出，要坚持城乡融合发展，"推动城乡要素自由流动、平等交换，推动新型工业化、信息化、城镇化、农业现代化同步发展，加快形成工农互促、城乡互补、全面融合、共同繁荣的新型工农城乡关系"。2019年中央"一号文件"提出要"优先满足'三农'发展要素配置，坚决破除妨碍城乡要素自由流动、平等交换的体制机制壁垒，改变农村要素单向流出格局，推动资源要素向农村流动"，从各个方面入手对实现城乡融合给予更明确的指导。2020、2021年中央"一号文件"对脱贫攻坚与乡村振兴的有效衔接提出了明确且具体的指示。城乡融合与城乡统筹、城乡一体化本是一脉相承的。但是，城乡关系在之前的发展过程中依然遗留了诸多问题，包括户籍制度改革亟待深化，城乡二元经济结构相当尖锐，城乡要素合理流动的机制尚未建立，城乡基本公共服务差距依然较大，以及乡村衰退日益加剧等。而乡村振兴战略的提出，实际上是将乡村发展进行了重新定位，也对城乡关系的构建提出了新的要求。

在这一阶段，乡村重新回到人们的视野，城乡之间的地理界限开始模糊。农业已经开始从过去功能定位单一的粮食农业拓展到健康农业、特色农业、生态农业、休闲农业等强调农业多功能性、复合型发展的模式。这种变化本质上是城乡互动加深的结果。伴随着国家对农业农村投入力度的加大，以及对农民福利保障的不断完善，农民身份也逐渐摆脱被污名化和符号化的标签，作为农民的身份不再如以前那样完全弱势。在新的历史发展阶段，乡村成为一个除了农业之外还有其他经济增长点的空间，也就是说乡村不再是作为发展资源，而是成为国家新的经济增长点。

（二）现代化视角下的乡村振兴体系

乡村振兴战略强调公平正义，要求破除城乡二元体制的体制机制壁垒，全面提升乡村作为现代化建设重点区域的发展能力，全方位推动乡村政治、经济、文化、社会和生态建设，从产业兴旺、生态宜居、乡风文明、治理有效、生活富裕几方面布局乡村发展路径，最终实现全体人民共同富裕的中国式现代化。乡村振兴战略的宗旨在于关注并帮扶农业、农民、农村。

在农业方面，首先，提出"巩固和完善农村基本经营制度，深化农村土地制度改革，完善承包地'三权'分置制度"，保证农业生产的稳定以及提高粮食和重要农产品的供给保障能力。自中华人民共和国成立以来，土地改革就一直在进行。尤其是十一届三中全会后改革开放的进程也是从农村的土地改革开始的。土地是传统社会中农民重要的生计来源和保障，即便在21世纪的今天，由于土地承包权流转而进城务工的农民，仍然可以在城市创业失败或者城市工作不稳定抑或是在遭遇疾病或失业等风险时退守乡村，获得最基本的生活保障。因此，如何确保农民的土地权一直都是政府和学界关注的重点课题。"保持土地承包关系稳定并长久不变，第二轮土地承包到期后再延长三十年"的土地制度和颁发土地确权证的相关政策的实施，给农民吃了一颗定心丸。其次，提出"深化农村集体产权制度改革，保障农民财产权益，壮大集体经济"，以推动农村经济社会发展进步、农民增加收入，实质上是对市场经济条件下各类资源要素的联合盘活，以促进产业兴旺。最后，提出"构建现代农业产业体系、生产体系、经营体系，完善农业支持保护制度，发展多种形式适度规模经营"。"手中有粮，心中不慌。"确保国家粮食安全，把中国人的饭碗牢牢端在自己手中，是国家的政治、经济、社会等领域稳定有序运行的基础。而在大量农村青壮年劳动力转移到非农生产领域，农村人口数量减少的情况下，如何实现粮食生产数量的持续增长、质量的不断提升，是我们必须思考的问题。换句话说，构建现代农业产业体系、生产和经营体系，完善农业支持保护制度，发展多种形式适度规模经营，培育新型农业经营主体，健全农业社会化服务体系，并实现小农户和现代农业发展的有机衔接，是新时代保障农业生产、构建现代化农业生产体系的必然路径。

在农村方面，提出"加强农村基层基础工作，健全自治、法治、德治相结合的乡村治理体系"。其中包括加强农村生态环境建设、文化事业建设、治理能力建设，将全国广大农村建成生态宜居、乡风文明、治理有效的社会主义现代化新农村。社会治理的基础在基层，基层组织是治理乡村社会的重要机构。实施乡村振兴战略，加强农村基层基础工作、健全乡村治理体系至关重要。加强农村基层基础工作，具体包括：发挥基层党组织的领导与带头作用以及党员的先锋作用，如向贫困村、软弱涣散村和集体经济薄弱村党组织派出第一书记，建立长效机制等；健全自治、法治、德治相结合的乡村治理体系，培养造就一支懂农业、爱农村、爱农民的"三农"工作队伍；夯实基层政权，构建简约高效的基层管理体制，健全农村基层服务体系，夯实乡村治理基础等。由此可见，乡村振兴战略中的农村建设已经超出了传统的单一维度，从"村容""村风""村纪"三个维度强调农村的全面发展。乡村振兴，生态宜居是关键。乡村是生态文明建设的重要场域，缺少乡村的生态文明并不完整。近年来各类乡村振兴政策文本中都不乏对于生态宜居以及美丽乡村的论述。2015年4月，《关于加快推进生态文明建设的意见》中强调"坚持绿水青山就是金山银山"，该理论深刻阐述了自然资源和生态环境生产力的属性，这一属性使其成为具有多种功能的战略资源和生态要素。乡村振兴离不开这一属性，无论是从乡村产业的发展还是美丽乡村建设，抑或是从人民幸福感的角度而言，都是如此。乡村振兴中对于生态发展的相关政策突出强调了对生态资源的保护与开发是可持续发展、人与自然和谐发展的可行路径。

在农民方面，一是对本土人才的培养，培育挖掘乡土文化本土人才，支持乡村文化能人。加强基层文化队伍培训，培养一支懂文艺、爱农村、爱农民，专兼职相结合的农村文化工作队伍。二是对涉农人才的培养，提出培育新型职业农民和"三农"领域实用人才，"全面建立职业农民制度，培养新一代爱农业、懂技术、善经营的新型职业农民，优化农业从业者结构。实施新型职业农民培育工程，支持新型职业农民通过弹性学制参加中高等农业职业教育"。"三农"领域实用专业人才培育方面，要加强农技推广人才队伍建设，加强涉农院校和学科专业建设，大力培育农业科技、科普人才，提高农村专业人才服务保障能力。同时，以乡情乡愁为纽带，引导和支持企业家、党政干部、专家学者、医生教师、规划师、建筑师、律师、技能人才等社会人才投身乡村建设，从而"培养造就一支懂农业、爱农村、爱农民的'三农'工作队伍"。三是保障和改善民生，通过拓宽转移就业渠道、强化乡村就业服务、完善制度保障体系等拓宽农民就业空间，"支持和鼓励农民就业创业，拓宽增收渠道"。再者，通过发展现代农业增加农业经营性收入，通过深化农村集体产权改革提高财产性收入，通过消除农民工市民化、就业歧视增加工资性收入，多渠道增加农民收入，改善农民家庭收入结构，增加总收入，使农民家庭生活富裕。

（三）乡村振兴战略的时代意义

乡村振兴并不仅仅是促进乡村经济发展的问题，还涉及乡村社会基础性结构关系的建构，即政治、经济、社会和文化等多个领域系统性关系的改变。仔细考察乡村振兴的目标和内容，不难发现其内涵包括对乡村的政治、经济、社会、生态、文化等维度进行裁剪和再造的过程，这些方面在国家现代化进程中具有极其特殊的历史性和政治性意义。

对于乡村政治而言，乡村振兴是一个复杂的系统工程，从整体上看是在乡村建设中实现国家治理体系和治理能力现代化的优势治理过程。乡村振兴既振兴"人"也振兴"事"，乡村振兴需要通过激发农民的主体性，培育"一懂两爱"的"三农"工作队伍，在保障农民权益的同时提升基层组织能力与农村公共治理能力，并进而通过健全自治、法治、德治相结合的乡村治理体系，实现组织振兴。

对于乡村经济而言，当前乡村经济处于整个经济发展的末端，人、财、物等要素依然高度集中于大城市和中心城市，农村转型升级面临基础设施、金融环境、人才支撑等现实制约。乡村振兴意在从根本上解决新时代社会主要矛盾，解决城乡差别、乡村发展不平衡和不充分的问题，实现工业化、城镇化、农业产业化、信息化同步发展，实现城乡融合和可持续发展，进而实现中国共产党的执政宗旨和社会主义的本质要求。

对于乡村社会而言，乡村振兴力图解决在快速工业化、城镇化阶段因"促进农业劳动力就业转移"而出现的农村劳动力外流后的农村"空心化"、老龄化等农村衰落问题。乡村振兴战略的实施通过对国民经济分配格局做出重大调整，可以在一定程度上补齐发展过程中因资源分配不均而造成的农村基础设施和公共服务的"欠账"与短板，使亿万农民在国家现代化进程中有更多获得感、幸福感与安全感，对于化解新时代中国主要矛盾、决胜全面建成小康社会、实现两个百年奋斗目标有重要意义。

对于生态环境而言，十九大报告中提出"建设生态文明是中华民族永续发展的千年大计"。生态振兴的意义，一方面在于能够给农民一个干净整洁的生活环境与发展环境，是群众看得见、摸得着、能受益的成果，也是追求美好生活的应有之义；另一方面，乡村是城市经济社会可持续发展的绿色空间与生态支撑，乡村振兴强调生态的重要性，践行"绿水青山就是金山银山"理念、推进产业绿色化和绿色产业化正是推进国家现代化的长远之道。

对于乡村文化而言，中国的乡村文化是中华优秀传统文化的根，是中国经历了几千年的农业社会，在长期的农业生产生活实践中形成的带有地域性、乡土性的物质文明和精神文明的总称。然而，随着城市化推进，农村劳动力大规模流出，乡村文化的主体和生态面临挑战，亟需重塑。推进乡村文化振兴，一方面有助于解决城乡之间文化地位不均等、文化公共服务供给不平衡，农村文化产业发展不充分等问题，弥补城乡文化发展之间的差距；另一方面是对乡村传统美德的继承、弘扬和振兴。通过推动乡村文化振兴，加强农村思想道德建设和公共文化建设，深入挖掘优秀传统农耕文化蕴含的思想观念、人文精神、道德规范，培育挖掘乡土文化人才，弘扬主旋律和社会正气，培育文明乡风、良好家风、淳朴民风，改善农民精神风貌，提高乡村社会文明程度，焕发农村社会主义文明新气象,让中华文化精髓在现代乡村得以延续传承。

此外,乡村振兴战略的实施不仅对于我国意义重大,而且对于整个世界来说,也是意义非凡。它能够为世界农业的发展树立中国样板,为世界农业发展问题的解决提供中国方案。

四、乡村振兴的运行机制

如前所述,十九大报告中明确指出,决胜全面建成小康社会,从2020年到2035年,在全面建成小康社会的基础上,再奋斗十五年,基本实现社会主义现代化;从2035年到本世纪中叶,在基本实现现代化的基础上,再奋斗十五年,把我国建成富强民主文明和谐美丽的社会主义现代化强国。推进国家现代化进程,乡村现代化是关键。"十三五"时期脱贫攻坚任务如期完成,现行标准下农村贫困人口全部脱贫,粮食产量持续稳定,农民人均收入不断提高,农村的人居环境得到了明显改善等,这些都为乡村振兴和乡村现代化奠定了良好基础。与此同时,脱贫攻坚时期的许多经验也为乡村振兴战略的实施提供了重要元素,这也是巩固拓展脱贫攻坚成果与乡村振兴有效衔接的重要内容。

(一)中国共产党领导的体制机制

中国在2020年底实现脱贫,提前十年实现了联合国2030年可持续发展议程中的减贫目标,将中国全面建成小康社会,这不仅是中国社会发展历史上的一个辉煌篇章,也是人类历史上的一个伟大创举。对此,世界许多国家的政府和学者都在追问,为什么中国在短期内可以取得如此成就?我们认为,这一切成果的实现都离不开中国共产党的领导。

中国共产党的领导是中国特色社会主义最本质的特征,也是中国特色社会主义制度的最大优势。习近平总书记曾指出:"党政军民学,东西南北中,党是领导一切的,是最高的政治领导力量。"党中央对脱贫攻坚的集中统一领导,把脱贫攻坚纳入"五位一体"总体布局、"四个全面"战略布局,统筹谋划,强力推进。在中国共产党领导下的脱贫攻坚战的历史实践,充分证明了党的领导是做好党和国家各项工作的根本保证,是战胜一切困难和风险的"定海神针",这也是中国能够取得脱贫攻坚胜利、让将近1亿的贫困群众实现"两不愁、三保障"的法宝和密码。

正是在中国共产党的领导下,中国才能够审时度势,对不同历史发展时期的社会矛盾进行正确的判断,并制定适时的战略方针。并且,只有在中国共产党的领导下,才能够充分动员全党全国全社会的力量集中办好一件又一件服务于民生福祉的大事。据不完全统计,在中央和地方政府主导下,参与脱贫攻坚的民营企业数量就达到12万余家,其他参与脱贫攻坚的社会组织和个人等社会力量一同成为国家开展脱贫攻坚战的重要有机组成部分,无论从人力还是财力资源上,都成为政府脱贫攻坚这场战争的有力补充。纵观世界各国的历史,没有哪一个国家能够像中国一样,将全党全国全社会的力量动员起来。

2021年中央"一号文件"提出,要实现巩固拓展脱贫攻坚成果同乡村振兴的有效衔接,并设立五年过渡期,接续推进贫困地区的乡村振兴。由此,作为脱贫攻坚的升级版,乡村振兴将从根本上缓解农村的相对贫困,并在政治、经济、社会、文化、生态等领域全方位地提升农村地区的水平,缩小城乡之间在这些方面的差距,从而实现农民富、农村美、农业强的农业现代化目标。所有这一切目标的实现,将继续在中国共产党的领导下完成,尤其是在中国特色社会主义新时代、在世界百年未有之大变局的国际国内环境下,完成国家现代化、农业农村农民现代化的目标必须要靠党的领导。

(二)"五级书记"挂帅落实机制

2020年底,中国完成832个贫困县全部摘帽、9899万农村贫困人口全部脱贫的新时代脱贫攻坚任务,除了离不开中国共产党的统一领导外,还有一个通过实践探索出来的宝贵经验,就是"五级书记"挂帅的落实机制。脱贫攻坚以来,中央出台脱贫攻坚责任制实施办法,强化"中央统筹、省负总责、市县抓落实"的扶贫管理体制,构建起责任清晰、各负其责、合力攻坚的责任体系,将精准脱贫任务作为系统工程逐步分解,确保脱贫攻坚工作顺利完成。各级政府实行党政一把手负责制,特别是县级层次责任落实分解更为具体。可以说,"五级书记抓扶贫"及"驻村第一书记""驻村工作队"等领导和落实扶贫政策的机制为精准扶贫实现"六个精准"保驾护航,为各省和地方的脱贫攻坚大格局的形成和具体"五个一批"脱贫扶贫政策的落实提供了保障。在乡村振兴工作中采用"五级书记"挂帅、"驻村第一书记"、"驻村工作队"三位一体的乡村振兴人员的配置方法,能够更好地从中央到地方实现乡村振兴专业队伍的建设和管理,从而更加有效地推进乡村振兴的具体工作。

对此,中共中央总书记、国家主席习近平曾多次在推进乡村振兴工作的重要会议上强调,把实施乡村振兴战略摆在优先位置,坚持五级书记抓乡村振兴,让乡村振兴成为全党全社会的共同行动。2021年的中央"一号文件"则突出强调,要完善党的农村工作领导体制机制,明确指出乡村振兴战略在实施过程中,谁来领导、谁来负责、谁来落实的问题。具体来说,从省到村的五级中,省市要抓统筹、抓规划、抓政策引领,县、乡、村三级则抓乡村振兴工作的具体落实,明确任务、层层落实,避免出现各级人员"说起来重要、干起来次要、忙起来不要"的现象。

(三)乡村振兴专门机构设置

2021年2月,在全国脱贫攻坚总结表彰大会上,习近平总书记庄严地向全世界宣告,经过全党全国各族人民共同努力,在迎来中国共产党成立一百周年的重要时刻,我国脱贫攻坚战取得了全面胜利,完成了消除绝对贫困的艰巨任务。2020年后,乡村振兴成为实现中华民族伟大复兴的一项重要任务。全面实施乡村振兴战略的深度、广度、难度都不亚于脱贫攻坚。我们要完善政策体系、工作体系、制度体系，以更有力的举措汇聚更强大的力量，加快农业农村现代化步伐，促进农业高质高效、乡村宜居宜业、农民富裕富足。

此后，为了落实乡村振兴战略，国务院扶贫开发领导小组办公室在2021年1月改组为国家乡村振兴局，并于同年2月25日正式挂牌。国家乡村振兴局是国务院负责乡村振兴工作的国务院部委管理的国家局，由农业农村部进行管理，从中央层面总体负责国家乡村振兴的议事协调工作。国家乡村振兴局设有信息中心、开发指导司、考核评估司、综合司、政策法规司、规划财务司等机构，其人员编制、行政关系等基本与国务院扶贫办一致。

国家乡村振兴局的主要任务包括两个方面：一方面是在2021–2025年五年过渡期内为防止已经脱贫地区的人口返贫建立长效机制，并通过建立长效稳固的提升机制保证脱贫成效持续稳定发展，从而实现巩固脱贫攻坚成果与乡村振兴的有效衔接；另一方面，则是在中央层面协调推进全国各地坚持将解决好"三农"问题作为全党工作重中之重，坚持农业农村优先发展，走中国特色的社会主义乡村振兴道路，持续缩小城乡区域发展差距，在产业、人才、生态、组织、治理等多方面促进乡村全面振兴。

国家乡村振兴局的正式亮相，既是中国脱贫攻坚战取得全面胜利的一个重要标志，也是中国全面实施乡村振兴战略、向第二个百年奋斗目标前进的新起点。截至2021年8月底，全国各省、市、县也相应全部完成了各级"乡村振兴局"部门和机构的改组工作。从而，从中央到地方，为了全面实施乡村振兴战略，促进农业全面升级、农村全面进步、农民全面发展，加快实现农业农村现代化的目标和任务的专门机构设置完成，这也是推进和落实乡村振兴战略的重要机制。

（四）乡村振兴监督考核评价机制

监督考核机制是我国脱贫攻坚时期通过实践检验的重要成果之一，同时也是确保脱贫攻坚顺利完成的重要保障机制。在脱贫攻坚战时期，围绕贫困县全面脱贫、贫困村全面脱贫和贫困户脱贫，从中央到地方均以各种形式建立了相应的考核机制，包括第三方评估、交叉考评以及自评等。这些监督考核机制对地方提升脱贫攻坚的成效起到了监督和推动作用。此外，在考核的基础上建立激励机制，是脱贫攻坚时期在机制方面的另一个经验，即将脱贫攻坚的成果与干部选拔、调动和专项资金的支持等相结合。实践证明，这些激励机制配合监督考核机制，可以促进地方脱贫攻坚的政府部门和专业队伍更好地落实中央的脱贫攻坚政策。

乡村振兴战略实施期间，除了将上述脱贫攻坚时期的监督考核评价和激励的机制与乡村振兴工作要求有效衔接外，还可以将乡村振兴战略规划与2030年可持续发展议程中的其他目标和具体指标相对应来进行评价，从而让中国乡村振兴战略的实施更好地契合联合国所提出的可持续发展的各项标准。这一方面将为中国乡村振兴、乡村发展和乡村现代化提供参考，另一方面也将为中国向世界贡献具有包容性的可持续发展经验和讲述中国发展故事提供借鉴。

五、乡村振兴面临的挑战

2018年出台的《国家乡村振兴战略规划（2018—2022年）》中提到，"当前我国农业农村基础差、底子薄、发展滞后的状况尚未根本改变，经济社会发展中最明显的短板仍然在'三农'，现代化建设中最薄弱的环节仍然是农业农村"。这体现在以下多个方面："农产品阶段性供过于求和供给不足并存，农村一二三产业融合发展深度不够，农业供给质量和效益亟待提高；农民适应生产力发展和市场竞争的能力不足，农村人才匮乏；农村基础设施建设仍然滞后，农村环境和生态问题比较突出，乡村发展整体水平亟待提升；农村民生领域欠账较多，城乡基本公共服务和收入水平差距仍然较大，脱贫攻坚任务依然艰巨；国家支农体系相对薄弱，农村金融改革任务繁重，城乡之间要素合理流动机制亟待健全；农村基层基础工作存在薄弱环节，乡村治理体系和治理能力亟待强化。"等等。

中国的基本国情决定了城乡之间只有形成功能互补才能健康推进整个国家的现代化进程。乡村不能衰败，实现乡村振兴是中国国情的必然要求。以乡村振兴战略统领现代化进程中的农业农村发展，是解决发展不平衡不充分问题的需要，是满足人民日益增长的美好生活需要的必然要求。国际上其他发达国家的发展历史经验表明，中国要实现乡村振兴，绝不能脱离农业的现代化和成功转型。而农业成功转型的重要指标在于两个方面：一是农业劳动生产力水平不断提高，二是农业就业人口的收入持续增加。具体体现在：一是农业产值占国内生产总值比例逐渐下降，二是农业就业人口数量逐年下降，三是农业劳动生产力至少保持30年持续提高，四是农民收入保持20至30年持续提高。随着国际国内经济环境发展形势的不断变化，农业农村现代化要实现这几个方面的指标，面临着来自消费、技术、业态、成本、要素、制度、供需、基建、生态、民生等多个方面的问题，乡村振兴也依然面临着诸多挑战。

（一）国际国内环境形势复杂

首先，中美贸易摩擦升级，农产品贸易受阻。近年来，中美贸易摩擦问题、欧美等部分国家反全球化等因素导致国际政治经济环境比以往更加复杂，加之2020年以来全球持续爆发的新冠肺炎疫情，对世界经济带来巨大冲击的同时，也对中国经济持续发展带来了不稳定性和不确定性。其具体表现为国际农产品贸易受阻、中国农产品国际竞争力不足等。为积极应对内外部环境变化、掌握发展的主动权，要加快形成以国内大循环为主体、国内国际双循环相互促进的新发展格局，通过需求结构升级和供给能力提升，推动总供给与总需求，实现更高水平、更高层次的动态平衡。即充分利用两个市场，制定农业发展的国内国际发展战略。为应对国际国内环境变化，在全球气候变化的形势下，立足于粮食安全，畅通国内大循环，将饭碗牢牢地端在自己手中将成为政府面临的头等大事。就农业生产而言，随着城镇化、工业化进程的加快，守住18亿亩耕地红线，推动"藏粮于地""藏粮于技"落实落地,确保粮食播种面积稳定在16.5亿亩,是确保粮食生产产量的基本面。

其次,高质量农产品供给相对匮乏。当前,中国特色社会主义进入新时代,无论是城市还是乡村,居民总体上消费需求都呈现出高端化、多元化和个体化趋势,然而农产品的质量尚未能充分满足这一需求的转型。如何做到既能符合农村农民实际,又能提高农产品质量满足城乡需求,将是未来中国农业发展面临的一大问题。农业生产与农村发展不可分割,在保障粮食安全的基础上,如何发展农村产业,提高乡村工业化、现代化水平,有序引导人才回流,为乡村振兴提供支持,丰富乡村振兴内涵仍然是需要思考的问题。如农村特色产业的打造和创新以及农村一二三产业的融合,都是在实践中不断摸索的问题。尽管近年来各地倡导因地制宜发展多样性特色农业,倡导"一村一品"、"一县一业",然而在实践过程中,仍然存在产业发展雷同、不考虑当地实际"照搬照抄"而导致的乡村产业发展夭折、浪费人力物力财力等问题。

最后,国内农业生产成本不断提升,农业基础竞争力不足。现阶段,中国正在由传统农业向现代农业转型,但与世界主要农产品出口国相比,我国单位生产成本要远高于机械化水平较高的其他国家。同时,我国硬件配套设施无法匹配新型农业经营主体的快速发展,在农机设施、税收财政补贴等方面均相对落后,依然无法充分调动新型农业经营主体的积极性,在全球视野中农业基础竞争力不足。

(二)城乡融合发展面临新的挑战

乡村振兴的关键是城乡融合,将乡村和城市融合,拓宽乡村产业结构,发展乡村新业态,将乡村打造成为一个综合性的就业空间。党的十七大提出形成城乡经济社会发展一体化新格局,具体从城乡规划一体化、产业发展一体化、基础设施建设一体化、公共服务一体化、就业市场一体化、社会管理一体化等六个方面实现城乡融合发展。经过多年发展,城乡在经济、社会等多方面的差距不断缩小,但目前城乡之间发展不均衡问题仍然凸显,对实现整个城乡经济社会全面、协调、可持续发展,全面实现乡村振兴带来一定挑战。具体体现为:

首先,人口向城镇转移趋势未变,农民转移人口市民化的压力增大。2019年农民工总量达到29077万人,年末在城镇居住的进城农民工13500万人。2020年受到新冠肺炎疫情的影响,我国农民工总量有所减少,但仍然有28560万人,年末在城镇居住的进城农民工数量为13101万人。同时,伴随着城镇化的不断推进,截至2019年年末,我国城镇人口比重为60.60%,较2011年的51.27%明显提升,由此带来的农村人口向城镇转移市民化的压力不断增大。制度层面,虽然我国居民基本养老保险和基本医疗保险已经实现了城乡一体化,但农民工与城镇职工在福利待遇等其他社会保障制度方面仍然存在差异,同时农业人口在城镇仍然要面临教育权益、健康权益、住房保障等公共服务均等化不足问题。农业转移人口自身方面,因农业转移人口知识、信息技能等因素的制约,造成从农业生产向非农业生产转化的人力资本存量不足的困境。这样的困境仍然体现在社会资本方面,农业转移人口仍无法与所转入城镇的市民形成交集,无论是正式网络强度或是非正式网络强度,均处于弱化状态。在城镇化进程中保护农业转移人口的基本权益,实现农业转移人口自身发展能力的提升,是进一步推进城镇化进程、实现城乡融合发展的重要抓手。

其次,农村青壮年劳动力长期大量外流,农村衰落问题凸显。乡村振兴关键在于人才振兴,农村劳动力要素外流,尤其是青壮年劳动力和优秀人才大量流向城市,使得乡村振兴和农业现代化面临人力资源结构不合理的困境。2016—2020年,农村青壮年劳动力进城务工数量占农民工总数的比例维持高位,40岁以下劳动力占农民工总数的比例年均达50.20%,50岁以下劳动力占农民工总数的比例年均达76.18%。青壮年劳动力向非农产业聚集,一方面不利于现代农业产业的发展,降低了农业生产效率,农村65岁以上老年人口占农村总人口的比例由2016年的10.8%上升到2019年的12.6%。青壮年劳动力转移,留守在农村地区的老年人群知识、文化水平有限，将进一步加大农业科学技术推广和农业产业化形成的难度。另一方面，青壮年劳动力的大量外流进一步弱化了对农村发展的关注程度，这不利于农村基础设施建设、文化资源开发以及农村基础教育的发展等，加剧了乡村的进一步衰落。因此，如何吸引青壮年劳动力回流，吸引人才进入乡村发展是实现乡村发展、城乡融合及乡村振兴的关键考量和挑战。

最后，城乡统筹协调发展任务艰巨，制度层面仍有较大挑战。经过社会主义新农村建设、脱贫攻坚阶段，农村地区获得了长足的发展，尤其在居民医疗、养老保障以及义务教育方面实现了全覆盖。但城乡之间，无论是居民医疗、养老保障或是义务教育的资源配置，仍然有差距，甚至差距有所扩大。农村地区基础薄弱，经济发展、基础设施建设、生态环境以及乡村治理水平等方面仍然与城镇存在较大差距。乡村振兴需要城乡之间要素实现自由流动，把乡村从被动提供劳动力、资本、原材料的状态，转变为社会经济有机组成部分，变成一个能动的力量。现阶段，农村居民向城市流动的门槛依然居高不下，城市住房、子女教育等进入门槛依然是阻碍流动的主要因素，农村民间资金源源不断地向城市涌入，农村资金外流严重。而土地制度依然不完善，农村土地市场的活力依然没有被完全激活，如农村土地"三权分置"的推行缺乏完善法律体系的支撑，目前《农村土地承包法》《土地管理法》等均未涉及农村土地的所有权、承包权和经营权的具体界定，而"三权分置"中"三权"的界定仅仅停留在地方性法规、规章及政策文件的层面。由此，在制度层面实则还有诸多因素不利于城乡统筹协调发展，实现城乡融合发展依然任重而道远。

（三）农业现代化水平有待提高

产业振兴是实现乡村振兴的重要基础，发展农业产业是实现农村发展不可或缺的一环。实施乡村振兴战略，要全面提升农业现代化水平，加快构建现代农业生产体系，依托现代技术实现农业生产手段现代化、农业生产技术科学化、农业经营方式产业化、农业基础设施现代化、农业劳动者现代化等，提高农业生产集约化、专业化、组织化、社会化水平，不断促进农业产业又好又快发展。但就目前而言，实现农业现代化仍有诸多制约因素，主要体现在以下几个方面：

一是农业生产技术、信息化技术创新能力有待提高，农业生产效率仍有提升空间。长期以来，我国农业仍然是以外延式的扩大再生产方式进行粗放经营，农业生产投入集中于土地和劳动力要素的投入，农业生产边际效率逐步降低。而内生增长理论认为内生的技术进步是保证经济持续增长的决定因素，因此，要推进先进科学技术应用于农业生产，推进机械化生产设备在农业生产各环节的运用，提升技术要素在农业生产中的投入，实现内涵式扩大再生产成为提升农业生产效率的重要发力点。随着我国"互联网+"行动计划和乡村振兴战略的推进，农村基础设施建设明显改善，截至2020年11月，工业和信息化部联合财政部组织实施了6批电信普遍服务试点，支持13万个行政村通光纤和5万个4G基站建设，其中约有1/3部署在贫困村，全国贫困村光纤通达率从"十三五"初期的不足70%提升至98%，全国行政村通光纤和通4G比例双双超过98%，农村宽带接入用户数达到1.39亿户，比2019年末净增488万户。我国互联网城乡差距近年来在逐步缩小，但差距依然存在。2016年我国农村互联网普及率仅为33.1%，2020年年底农村互联网普及率达到55.9%，但仍然明显低于城镇当年79.8%的普及率。新一代信息技术在种植业、畜牧业、渔业、种业、农机装备、农垦等方面的融合程度和覆盖面均有待加强。

二是农业产业链较为薄弱，产业融合发展水平有待提高。受益于我国电商的不断发展，"互联网+"拓宽了农业产品的销售渠道，但销售产品依然是以未经过加工或仅经过初级加工的初级农产品为主，农业的功能性价值未被充分挖掘，农业产业链呈现短且窄的特征。农业农村部印发的《全国乡村产业发展规划（2020-2025年）》数据显示，我国农产品加工业与农业总产值比达到2.3∶1，远低于发达国家3.5∶1的水平。农业是三产融合发展的基础，囿于农业产业链发展水平，我国不同产业之间的关联性不足，融合层次较低，农业产业与第二、第三产业通过相互渗透、交叉等方式形成的新业态、新模式依然有待提高,由此衍生出的农业产业链的延长链发展受到制约。与此同时,三产融合各方主体利益联结机制尚未完善,农村三产融合的配套基础设施建设相对滞后,也是三产融合水平提升、实现农业现代化的制约因素。

三是农业污染治理水平较低,农业可持续发展受到制约。农业污染是指农业生产过程中不合理使用而流失的农药、化肥,残留在农田中的农用薄膜和处置不当的农业畜禽粪便、恶臭气体以及不科学的水产养殖等产生的水体污染物。我国农药使用量虽然逐年递减,从2012年的180.61万吨下降至2019年的139.17万吨,但使用总量规模依然较大。同时,我国化肥使用整体呈现总量大、强度高、利用率低的特征,2020年我国农用化肥施用折纯量达5250.65万吨,化肥的大量使用造成地表水富营养化,对地下水产生硝酸盐污染等农业水污染,并对生态系统的稳定性带来严重威胁。另一个农业污染的主要来源则是养殖污染,病死动物无害化处理不科学、动物排泄物收集处理能力有限等因素导致畜禽养殖污染防治成为农业污染治理的挑战。为此,政府在农业污染治理方面投入了一定规模的资金,2018-2020年我国累计安排土壤污染防治专项资金125亿元,2021年土壤污染防治专项资金预算规模达28亿元。但目前农村环境治理依然面临政府单一化治理的困境,政府治理手段教条、单一。2017年,国家环保部门提升对生猪养殖业的规模、环保要求,为应对环保督察,全国多地生猪养殖户被关停,这种"一刀切"的治理手段促使国内猪肉价格迅速上涨,同时对于原本的生猪养殖户的生计来源也带来了挑战。由此可见,建立和完善多元化、社会化治理体系,引入第三方监督,提升农业污染治理水平,促进农业可持续发展是实现农业现代化的保障,是全面推进乡村振兴面临的重要挑战。

(四)"大国小农"仍是我国的基本国情

"大国小农"是我国的基本国情、农情,小农户占农业生产经营主体的98%

以上，小农户经营耕地面积占总耕地面积的70%，小农户从业人员占农业从业人员的90%。而这些小农户是实现乡村振兴的主体，实现乡村振兴离不开小农户的广泛参与。2019年2月，中共中央办公厅、国务院办公厅印发《关于促进小农户和现代农业发展有机衔接的意见》，明确指出要使小农户家庭经营与多种形式适度规模经营相协调，为服务小农户、提高小农户、富裕小农户创新了政策体系，有利于更好地发挥小农户作为乡村振兴主体的作用。目前，进一步促进小农户在乡村振兴中的主体地位仍面临一定制约因素，具体体现在：

首先，农业生产经营社会化服务机制有待完善。现阶段，不同农户类型对社会化服务的需求日趋多样化，但目前农业生产经营社会化服务机制仍未完善，小农户难以获得必要的生产经营服务。对于留守在农村年龄较大的农户，替代劳动的服务需求较多；对于外出务工的兼业型农户，对农地耕种、收割等农业技术、管理服务的需求明显；而对于新型职业农民或是家庭农场，他们对于农业产业链条上的生产、加工、运输、仓储、销售等环节的需求尤为明显。面对这些需求，我国农业社会化服务仍存在不足之处，一方面，政府主导下的农业服务体系有待完善，农业基础设施建设、农业技术推广均难以满足现阶段农业生产的需要，不同地区之间在农基建设、农技推广方面存在较大差距；另一方面，由涉农企业、新业态主导下的农业社会化服务体系虽然能够提供多样化、复合型的服务，但现阶段尚未形成有效的市场监管，不同主体提供的社会化服务质量参差不齐，整体处于较低水平。

其次，规模化经营水平较低，农业合作组织化程度有待加强。长期以来，"大国小农"的基本国情使得我国普遍采用的是一家一户小规模精耕细作的传统农业模式，耕地细碎化程度较高，难以实现规模化经营。小农户参与农业组织过程中需要投入包括资金、土地、农业机械等生产要素，而农业组织化成本收益周期过长，导致小农户无法灵活处理自身投入的生产要素。同时，农业合作组织难以大幅提高农业产量，由此带来的收入效应并不显著，小农户参与意愿不高。随着现代性逐步融入乡村社会，原本的"熟人社会"正在不断消解，组织信任成本不断提升。由于小农户数量众多，合作组织的监督管理成本、利益协调成本也处于不断上升的境况。现阶段，多数农业产业形成了"龙头企业+合作社+农户"的组织化模式，但多数龙头企业科技水平低，高附加值产品不多，局限于初级农业产品，带动效应微弱。在合作社中，利益联结机制不完善，农业产业链条连接紧密性较弱，企业、农户并未成为真正意义上的风险共担的利益共同体。

最后，小农户与现代农业有机衔接问题仍然具有长期性、复杂性。从经营主体层面来看，从事农业生产的小农户综合素质普遍偏低，中国社科院农村发展研究所"2020年乡村振兴国情调研"的数据显示，从事"全职务农"的劳动力平均年龄超过50岁，受教育年限小学及以下的比例为44.32%，高出非农就业劳动力同比例的3倍以上；高中及以上文化的比例仅为10%，不及非农就业劳动力同比例的两成。从农村硬件设施来看，截至2020年9月，全国累计完成新改建农村公路138.8万公里，全国农村公路总里程已经达到420万公里，占全国公路总里程的83.8%，但农村公路等级低、路网不完善的情况依然限制农业产业发展。2016年末，耕地灌溉面积仅45.86%，使用地表水的农户和农业生产单位占69.5%。从政策上来看，推动小农户与现代农业有机衔接仍然存在农业专业化服务体系不完善、农业合作社组织化程度低等具体障碍。需要在经营主体、农村硬件设施以及政策三个方面保持充分的耐心，以应对小农户与现代农业有机衔接问题的长期性与复杂性。

第四章

现代化视角下的乡村振兴实践

乡村振兴是一个连续的历史过程，是中国现代化的组成部分。无论是20世纪20年代末和30年代初兴起的乡村建设运动，还是21世纪的社会主义新农村建设、全面建成小康社会和乡村振兴战略，始终围绕着一个核心问题，那就是如何推进农村社会的现代化。因此，乡村振兴的实践贯穿在中国谋求实现现代化的不同历史时期，即使不同时期针对乡村问题的实践并不都称作"乡村振兴"。

中国的现代化起始于清末的乡村衰落。清末的乡村衰落和今天的乡村衰落不同，它是整个中国经济社会衰落的主要体现，也是中国从传统农业社会向现代工业社会转变的主要体现。可以说，中国的现代化从一开始就和乡村相联系。早期的改良者和革命者试图通过优先改造乡村实现国家的现代化，着力于发展乡村教育、兴办乡村实业、发展农业生产、移风易俗等乡村振兴实践，几乎涵盖了乡村发展的方方面面。虽然早期乡村建设实践因纷乱的战争和四分五裂的军阀割据最终失败，但这些实践表明：国家整体的现代化需要在一个强有力的政权领导下才有可能实现。中国共产党早期的乡村振兴实践奠定了中国不同于先发国家的现代化道路，深刻影响新中国成立以后的社会主义现代化时期下的乡村振兴。这些实践积累的与农村土地、农民动员方式和组织形式等方面有关的经验与方法，成为后续农业农村农民现代化得以推进的基础。

自1949年中华人民共和国成立以来的社会主义现代化建设中，乡村为快速工业化、城市化做出了巨大的牺牲。乡村的地位一度被边缘化，乡村的功能一度被单一化，乡村的价值一度失落。中华人民共和国成立初期，国家一度将社会主义现代化等同于工业化。这一阶段的乡村政策遵循七届二中全会"党的工作重心须由乡村移到城市"这一决议，围绕"国家工业化，工业国有化，农业集体化"的基本思路展开，旨在使农业、农村、农民尽快地配合并适应国家工业化（重点建设城市）的需求，从而完成由农业国向工业国的转变。1954年，国务院总理周恩来在政府工作报告中虽然提出工业现代化、农业现代化、国防现代化、科学技术现代化的"四化"任务，但工业化建设始终是放在首位的。整个计划经济时期，乡村振兴实践将农业合作化和发展农业生产作为主要着眼点，通过农业现代化为国家工业化提供原始积累。农业现代化处在工业现代化的从属地位，乡村振兴让位于城市建设。乡村长期承担第一产业的生产功能，逐渐落后于国家的现代化进程。

改革开放后，国家重新定义社会主义现代化。社会主义现代化的内涵得到拓宽，但其重心仍然放在城市建设。这一时期的乡村振兴实践虽然通过改革农村土地制度、丰富农村生产经营方式等手段激发乡村经济活力，但仍侧重于解决农村农业生产效率的问题，为工业发展提供原始积累。农村的功能和边缘地位并没有发生实质性改变。同时，国家开始破除城乡二元壁垒，使农村人口涌入城市。农民工进城加速了其思想观念的转变，但也带走了乡村的人才资源。另外，进城农民工的权益在城市中无法得到足够的保障。

21世纪初，国家的工业化、城市化建设取得显著成果。当国家工业化、城市化的推进达到较高水平之后，工业反哺农业、城市反哺农村的条件基本成熟，乡村政策便由"汲取"转变为"给予"。2004—2021年，中共中央连续18年发布以"三农"为主题的中央"一号文件"，强调"三农"问题在中国社会主义现代化时期"重中之重"的地位，从政治、经济、文化、社会、生态等多方面布局乡村建设。习近平总书记在十九届中央政治局第八次集体学习时的讲话中提出："我国发展最大的不平衡是城乡发展不平衡，最大的不充分是农村发展不充分。"新时代下的乡村振兴成为国家实现全面现代化的关键。可见，今天的乡村衰落是对比城市发展而言的发展不平衡不充分。农村问题不仅包括农业、农村、农民层面的"三农"问题，也包含并延伸出城乡一体化与城乡融合发展问题。当下的乡村振兴实践是在乡村振兴战略规划指导下，以城乡要素融合发展为主线、以乡村价值再造为核心、以产业多元化和三产融合为手段的新型乡村建设实践，处于城市现代化、工业化的影响以及各种生产要素的驱动之下。这是自1949年党的工作重心从乡村向城市转移后，乡村真正在国家倾斜扶持下实现现代化的历史机遇。在乡村振兴阶段，城市与乡村的命运从割裂走向融合，城市与乡村的发展从不平等走向平等，城市与乡村的关系从乡村资源单向流入城市变为城乡要素双向流动。

一、中国早期的乡村建设实践

中国早期的乡村建设实践实际上标志着中国现代化的起点。从1901年开始，"何以立国"的问题成为世纪之初社会思潮再次发生异变的征象。在农业立国与工商立国的理论争论中，"农业立国"论开始获得更多的社会回应，以农业问题为中心的乡村发展理论探讨逐步演变为一个极其重要的论题，并成为整个世纪中国乡村社会理论问题研究的滥觞。中国早期的改良者和革命者希望通过优先改造乡村来实现中国现代化，着手在乡村开展自救运动和基于中国国情的现代化探索。这批知识分子和开明人士开展的乡村振兴实践被称为"乡村建设"，主要包括教育、实业、农业技术推广、移风易俗等基本形态。

（一）学校教育、国民教育、技术教育是中国早期乡村建设教育实践的重要切入点

20世纪初到1937年全面抗战前，所有乡村建设实践都将教育列为重点，致力于培养人的现代性。继新文化运动以后，平民主义教育、职业教育、实用主义教育、教育实验、教育独立等诸多思潮融合在一起，形成了一场声势浩大的教育改革运动。根据教育的内容，又可划分为国民教育和技术教育。国民教育以改造国民性为主要目标，培养乡村民众团结合作、自我管理的意识和能力。技术教育以提高乡民生计能力为主要目标，传播现代生产技术以及经营理念。

国民教育起始于20世纪初乡绅米春明、米迪刚父子在河北定县翟城村开展的"翟城实验"。1904年，定州（"定县"降州为县前的建制）州牧吴国栋聘用米春明为定州劝学所学董。米春明上任后为树学校教育新风，首先拿出自家的4间房舍，在本村筹办育正学堂，作为定州新式教育之示范。随后，他与村正、村副决定利用迎神赛会会地、会款等本村公产筹措办学经费，设立本村教育及其他公益基金。1909年，米春明还在自家开办女子学塾，开创了定县乡村女子教育新风尚。几乎与米氏父子同时，实业家张謇在家乡南通创办中国第一所师范学校——通州师范学校，为乡村教育培养师资。这一时期各地的乡村建设教育方面的实践重点还是在学校教育，试图改变办学方式、教学内容，从而培养不同于传统科举精英的新式人才。

20世纪20年代末，乡村建设实践的推动者开始关注对广大农民的教育。1923年，留美归来的晏阳初担任中华平民教育促进会总干事，并在三年后应米迪刚邀请前往翟城村推广平民教育。1929年，晏阳初的平民教育实验从翟城村扩展到整个定县，被后世称为"定县实验"。晏阳初及其团队在定县搜集传统民间故事，编写农民喜闻乐见的读物，组织开展农民戏剧、诗歌、民谣演唱等文艺活动。这些文艺活动的开展一方面丰富了农民的文艺生活，另一方面也为晏阳初等人开展国民教育提供了有效的途径。他们借历史人物故事启发农民的民族意识，借开展活动引导农民遵守公共秩序。例如，农民在看戏的时候必须要持票入场（因为乡土农民看戏是不买票的），入场后"脱帽，沉静，守秩序"和"不要吐痰，不要抽烟"等都是"有关公共精神的有意义的知识"。与晏阳初培养农民现代民主管理意识与能力的努力不同，"中国最后一位大儒家"梁漱溟采取了"以乡村为根，以老道理为根，另开创出一个新文化"的乡村建设道路。1931年，梁漱溟在山东邹平建立村学乡学，以取代乡村原有的基层组织。这一以村学乡学为核心的乡村建设实验被称为"邹平实验"。村学乡学是以古代吕氏乡约为蓝本设计的一种政教合一的乡村组织，由学董、学长、教员和学众四部分人组成。学董由实验区县政府遴选"村中或乡中有办事能力的人"数名作为人选，经村民开会同意后，再由县政府正式聘任。学长由学董会推举"村中或乡中品德最高"、年龄较长者一人，报经县政府聘任。教员由学董会直接聘任，大多是山东乡村建设研究院研究部和训练部的毕业生。学众包括"全村或全乡的男女老幼"，其所要遵守的规则除了社会道德伦理方面的内容之外，还有关于参与村、乡公共事务的内容。可见，村学乡学不仅是教育场所，也是乡村自治组织，依托中国传统文化中的道德礼俗，对乡村民众进行文明教育，培养乡村民众的公共理念和自治能力。

技术教育在初期是为培养专门的技术人才，为工业化和现代化建设服务。例如，1902年，张謇在通海垦牧区私资创办南通农业专门学校——农学堂，为农垦事业培养专门人才。1930年，卢作孚成立了中国西部科学院，并设立地质、生物、理化和农林等研究所，希望为乡村现代化培养人才、提供研究支持。后期，技术教育的重点向农民的生计教育倾斜。例如，黄炎培主张用职业教育振兴中国农村，发展农村生产，改善农民生活。他曾说："吾们认为'利之所在，民尽趋之'，只须把有利的事实给人家看，不怕人家不照办。"晏阳初在定县建设平民学校，开展扫盲运动，同时传授农业科技知识，协助农民改良农产品品种。他还设立农民"示范户"，鼓励农民互助合作，从而提高农业生产效率。梁漱溟在邹平也有类似的实践，一方面传授和推广农业技术，帮助农民改良棉花和畜牧品种；另一方面发动农民成立农村合作社，共同致力于乡村经济发展。

（二）乡村实业在早期乡村建设中助推乡村都市化和生活现代化

清朝末年，第一代具有乡绅背景的实业家在借鉴先发国家工业化经验的基础上，通过发展民族工业以实现民族自强、挽救国家危亡。他们选择在其所在的地区建立民族企业，带动乡村发展，并以此作为国家整体走向现代化的示范。其中的典型便是张謇。中华民国建立后，第二代实业家在剧烈变动的中国社会环境中关注到城乡发展的差异与联系，试图进行统一规划、统筹建设，推动整体现代化。民国初期至抗日战争全面爆发前，各地割据政权内部尚且稳定，为乡村建设提供了有利的社会条件。第二代实业家开展了包括经济发展、文化建设、环境营造等各方面的乡村建设实验。其中的代表便是卢作孚。两代实业家在发展实业方面都借鉴了先发国家工业化的经验，轻重工业并举。在乡村建设实践中，他们试图通过发展实业，将实业所得收益作为其他事业的经济支撑，凸显了经济发展这一维度在乡村建设中的重要作用。

民族企业的建立是乡村工业化、生产方式现代化的开端。1895年《马关条约》签订后，张謇受湖广总督张之洞委派，在南通兴办纱厂。他在大生纱厂建成投产后，以棉纺织业为核心，陆续兴办了数十个辅助企业。其中，最有代表性的是1901年建成的纱厂原棉基地——通海垦牧公司。该公司一方面解决了办纱厂所需的棉纱原料，保证纱厂持续运营；另一方面吸收大量农村剩余劳动力，实现了农业人口的转移。此外，张謇创办的通州资生铁厂为棉区轧花工场和小作坊提供了现代化的缫棉设备，解决了木车手工缫棉造成的功效低、浪费劳力等问题。卢作孚所建立的民族企业则是以船舶工业为核心，带动煤矿工业以及交通运输的发展。卢作孚认为，必须"一切产业都工业化，是要工业机械化，要用机械代替手工业，使有大量的生产，标准的生产和成本低廉的生产，是要用工业解决一切生产问题……政治建设问题，文化建设问题"。1927年，卢作孚担任嘉陵江三峡峡防团务局局长，以北碚为中心开展乡村建设实验。同年，卢作孚组织修建四川第一条铁路——北川铁路，推广铁路运煤以代替人工背煤，通过交通基础设施的进步促进煤炭产业发展。这条铁路还成为当时北碚的一大景观。此外，他还建立了天府矿业公司、三峡染织工厂、合川水电厂等一批工矿企业，建立了北碚农村银行以促进农村金融流通。在这些实业建设的积累基础上，他逐步"创造文化事业和社会公共事业"。

实业体系的建立为乡村都市化、生活方式现代化提供了重要的经济基础。张謇在唐闸创办了一系列轻、重工企业，逐渐形成唐闸镇工业区。为了便于器材、机器和货物的运输，他还在唐闸西面沿江兴建了港口——天生港，并建设发电厂、修筑公路，使天生港逐步成为当时南通的主要港口。工业区的建成引领了淮南农垦事业的潮流，大量农业人口聚集，逐渐发展成现代意义上的小市镇，刺激出一股乡村市镇化浪潮。卢作孚则从乡村基础设施和公益事业的建立与完善入手。卢作孚认为，乡村缺少事业的建设不利于改变民众"只知有家庭，不知有社会"的状况，不利于激励民众承担更多的道德和责任，结果会导致"散漫的民族""散漫的国家""散漫的农民"。所以，他在《乡村建设》一文中开宗明义地指出："我们要提倡的事业意义却不同，在消极方面是要减轻人民的痛苦，在积极方面是要增进人民的幸福"，"怎么样增进幸福呢？是要他们多些收获，多些寿数，多些知识和能力，多些需要的供给，多些娱乐的机会"。为此，他架设了乡村电话网络，改善了乡村地区的通信条件。同时，他建立了地方医院、图书馆、博物馆、公共运动场、各类民众学校等现代化公共基础设施，一方面为乡村民众提供基本的公共服务，另一方面通过公共文教体育方式的更新推动乡村民众国民性的塑造。卢作孚还在环境营造上进行大量投入，通过整治环境卫生、拓宽道路、广植花草树木等措施，将乡村建设为清洁、美丽、方便、有序的现代化小城镇。循着把贫穷落后的乡村建设成为繁华美丽的城市这个不凡的"社会理想"，卢作孚在北碚开展的"乡村建设"运动别辟蹊径，依照现代城市的标准再造乡村，实现乡村现代化和城市化。

（三）农业推广在早期乡村建设中成为提升农业生产效率与农业合作的重要抓手

20世纪二三十年代，中国农业及农村日趋衰败，惨相更甚。这一持续演进的趋势进一步诠释了传统农事功效的式微，同时也昭示着用现代农学知识与科学技术改进农业的急迫性。农业推广被当作治穷、治愚，解决国计民生问题的重要途径。农业推广一方面提升了农业的生产效率，增加了农民的收入；另一方面提高了农民的科学文化素质，增强了农业生产的组织性。总体上，农业推广包括对乡村农产品品种的改良以及对农民生产活动的组织。

首先，部分乡村建设实践者在农业技术研究方面进行投入，试验改良农产品品种。例如，卢作孚在北碚成立了中国西部科学院及农林相关的研究所，作为农业技术研发的载体和平台。晏阳初及其团队在定县设立了三处农场负责育种和园艺方面的改良，还聘请了不少国内一流的专家指导农业科学技术的试验研究与推广。

随后，早期乡村建设实践者将改良过的新品种推广到农民的实际生产中。例如，梁漱溟在邹平建立农场，推广种植脱字美棉。他们提出棉花种植收益归农民、损失农场承担，将良种发给农民，同时委派专人教农民种植并跟进服务。1932年，邹平种植脱字美棉874亩，次年推广到23266亩，第三年达到41283亩，每亩收入是种植本地棉的2.5倍。晏阳初建立了生计巡回学校，农民可以就近得到能应用于农村当前实际生产的技术训练。生计训练科目共分为四类：植物生产、动物生产、农村经济、家庭工艺。另外，晏阳初还采取设立表证农家的方法，即从生计巡回学校毕业的学生中挑选成绩好、家境相当者为义务推广员，建立了"县表证农家协会""表证农家区分会"等组织，从而形成一个以农业推广为中心的乡村社会网络。每一表证农家承担村内30户普通农家的领导责任。

最后，早期乡村建设实践者发起合作运动，以合作理念改造乡村民众、以合作组织复兴乡村经济成为各派的共同理论追求和实践诉求。例如，梁漱溟建立农民合作社以统一棉花的生产和销售。合作社不仅是棉花生产和销售的统筹主体，也是农民培养自我组织、自我管理能力的舞台。晏阳初发动成立了互助社等合作组织，加强了农民在生产中的合作和自我管理。

（四）消除恶习陋俗、乡村扫盲、卫生运动构成早期乡村建设中移风易俗的重要内容

移风易俗包括"破"和"立"两个部分。"破"的实践旨在破除封建观念影响下的礼俗、迷信思想及赌博、吸食鸦片等恶习，"立"的实践旨在培育新国民，提升乡村民众的公共精神和集体理念，树立乡村文明新风尚。

移风易俗首先体现在消除恶习陋俗方面。农村的恶习陋俗有碍社会治安，也不利于培育新国民，受到早期乡村建设者的重视。例如，米春明在翟城村与村正、村副等人仿吕氏乡约制定了《看守禾稼规约》《保护森林规约》《查禁赌博规约》等新乡约，开现代村公约的先河，一时有模范村之称。梁漱溟提倡在邹平农村成立"乡村改进会"和"忠义社"等群众性道德组织，清除那些在个别村或乡还颇为盛行的"落后而有害的习俗"，如缠足、抽鸦片、吵架斗殴等。有些村庄的协会还把道德劝诫编成歌谣。

移风易俗其次体现在乡村扫盲方面。如晏阳初所说："吾国男女人民号称四万万，估计起来，至少就有大多数一个大字不识，像这样有眼不会识字的瞎民，怎能算做一健全的国民而监督政府呢？怎会不受一般政客官僚野心家的摧残蹂躏呢？"因此，早期乡村建设实验纷纷将扫盲作为开启民智、移风易俗的起点。例如，米氏父子及以后的晏阳初、梁漱溟等人都创办了识字会、宣讲所、农民学校、村学乡学、生计巡回学校一类的乡村教育组织，引导农民习字、学习科学知识以及接受国民教育。扫盲的成效在有些地方是比较显著的，如定县在1927年和1929年开展了两次文盲调查，文盲人数在总调查人数中的比例分别为83%和67%。扫盲运动还形成了一些契合农村农民实际的做法，如定县的"导生传习制"、邹平的"共学制"等。

移风易俗最后体现在卫生运动方面。旧中国农村的卫生条件极差，缺医少药的现象十分严重。农民在治病过程中的巫神迷信观念使其更难得到正确的治疗，死亡或失去劳动能力的不少。因此，早期乡村建设者通过设立乡村医院、开展疫

苗防治、推广接生新法、举办清洁运动等方式，扭转农民的卫生观念，改变农村落后的卫生状况。例如，晏阳初及其团队向农民普及卫生知识，帮助农民养成科学的卫生习惯，并建立农村三级医疗卫生保健制度，从而增强农民的身体素质。此外，还有一些乡村建设实验形成了公共卫生方面好的经验，如无锡的惠北实验区在小园里村实验的农村合作医疗制度，邹平乡村建设实验区和徐公桥乡村改进试验区实行为贫困农民免费治疗制度等。

伴随工业化的推进，以传统农业为基础的传统农村社会不可避免地要发生变迁和转型，朝着现代化社会转变。然而，近代以来，以城市化、工业化为趋向的现代化建设使得广大乡村非但无以走向现代化，反致乡村危机日甚一日。总的来说，早期的乡村建设实践虽然未冠以"乡村振兴"之名，但确实是清末以来乡村衰落的背景下重振乡村活力的意义深远的尝试。这些实践一方面涵盖多种乡村建设内容，如农民教育、农业发展、工业化、乡村自治等；另一方面以农民改造和工业化建设为核心，或推动农民思想观念的转变和生计能力的提升，或刺激传统乡村工业化、城镇化的萌芽和发展。早期的乡村建设实践虽然因缺少有力且持续的支持而未能推广到全国，但它们为后人开辟了道路，是中国现代化的重要组成部分。

二、中国共产党的早期乡村振兴实践

早期的乡村建设实践在1937年全面抗战爆发后逐渐告终。此后，政党成为乡村振兴的实践主体，并凭借其强制力使乡村振兴实践在更大范围内推行。中国共产党和国民党的乡村振兴实践受战争影响，其初始目的都有稳固乡村秩序、发展生产以服务于战争动员的考虑。在乡村建设中，两个政党都开展了一定的乡村基层政权建设，并在意识到土地问题的重要性后围绕土地政策进行了不同程度的调整。在此过程中，乡村的农业生产得到恢复，农民的主体意识开始觉醒，农村的社会风俗焕然一新。不过，国民党的乡村建设虽然在一段时期内取得较为显著的

成效，但在20世纪40年代中后期整体上仍未脱离抽取乡村资源、服务战争需要的恶性循环。国民党统治区的乡村持续衰落，未能融入现代化进程。中国共产党的乡村建设实践则以解决土地问题为基点，实现了农村土地关系和社会关系的重大变革，并深刻影响着中华人民共和国成立后的乡村政策。

（一）中国共产党早期乡村振兴实践的形态

20世纪前半叶，兵匪骚乱与灾害频发，已然构成乡村社会最为严重的灾难。在此情形之下，开展乡村建设进而安居乐业，自然成为乡村民众的普遍愿望和基本诉求。中国共产党早期的乡村振兴实践顺应农民意愿，尊重农民在乡村的主体地位，围绕农村土地开展了一系列适应农业、农村、农民发展需求的实践，逐步从发展生产、满足战时动员需要，扩散到社会建设、重建乡村社会结构。总体上，中国共产党早期的乡村振兴实践可归纳为四个基本形态：土地改革、发展生产、文化和社会建设以及乡村基层治理。

1.土地改革在中国共产党早期乡村振兴中重构了生产关系和乡村社会权力关系

中国共产党在革命时期走"农村包围城市、武装夺取政权"的道路，对于农业农村农民问题有着更为清晰的认识。中国共产党认为中国乡村问题的核心是土地问题，其乡村振兴实践始终以土地改革为基点。土地改革即是针对当时土地集中在少数地主和富农手中的现实，以强制手段保证广大无地、少地的贫下中农获得土地和生产自主权，以此激发他们的生产能动性。土地改革不仅改变了农村的生产关系，更动摇了农村社会权力关系的基础，让广大农民得以翻身，参与到中国共产党的革命事业中。通过土地改革，中国共产党团结广大农民，共同推动乡村社会发展，走出一条不一样的乡村现代化道路。

中国共产党的土地改革经历了一个不断调整的过程。1927年八七会议确定土地革命路线初期，根据地的土地改革采取"打土豪、分田地"的基本方针，带有一定的"左"的倾向。这一时期以井冈山为中心，湘赣边界根据地实现了分田目标。1928年12月，《井冈山土地法》颁布，以法律形式将土地改革的成果确立下来。1929年，中国共产党在赣南开展分田工作，纠正了井冈山土地改革中没收一切土地的做法，改为"没收一切公共土地及地主阶级的土地归兴国工农兵代表会议政府所有，分给无田地及少田地的农民耕种使用"，并于1929年4月制定了《兴国土地法》。1930年后，中国共产党进一步纠正初期的"左"倾错误，将土地所有制形式由政府所有变为农民所有，允许农民土地自行租借买卖。自此，中国农民真正获得一直渴望的土地所有权，生产积极性得到极大激发。1931年，中华苏维埃第一次全国代表大会正式通过《中华苏维埃共和国土地法》，再次重申按人口平分土地、"抽多补少、抽肥补瘦"等原则。延安时期，中国共产党中止"打土豪、分田地"的激进政策，采取比较缓和的减租减息政策，在不改变地主土地所有制的情况下削弱地主经济、减轻农民负担，使他们有充分的精力发展生产。这种做法在维护农民利益的同时，也减小了推行阻力，有利于中国共产党开展统战工作。解放战争开始后，中国共产党的解放区不断扩大，更多的农村地区开始了土地改革运动。1946年，中央发出"五四指示"。1947年又召开了全国土地会议，通过《中国土地法大纲》，目标是"废除一切地主的土地所有权"，实现"耕者有其田"的制度变革。中国共产党依靠贫农、团结中农，逐渐废除了封建地主土地所有制，满足广大农民获得土地的要求，激发农民的生产积极性和革命热情，同时改变了农村原有的阶级结构和社会关系。

2.大力发展生产是中国共产党早期乡村振兴实践的中心目标

农业生产既是农民安身立命的基础，也是获取战争胜利的必要保障。在中国共产党早期的乡村振兴实践中，发展生产一直是核心任务。中国共产党精兵简政、开展屯垦运动，实现军队自给自足，很大程度上缓解了根据地军民在生产和生活资源上的关系。同时，中国共产党在土地改革之后，通过制定税收和贷款政策、开展劳动互助运动、开展大规模生产运动和劳动竞赛、制定难民移民安置计划等措施，最大程度地动员和组织农村劳动力全力投入生产、发展农村经济。在参与生产运动的过程中，农民的组织性得到大幅提升。

中国共产党在根据地精兵简政和开展屯垦运动是由于抗战困难时期物资缺乏且组织内行政效率低下。中国共产党首先进行机构改革和干部调整，一方面裁撤冗员，加快机构运转，另一方面"节流"，减少对粮食的需求。随后，中国共产党在红军部队大规模开展屯垦运动，是为"开源"。最为典型的就是南泥湾大生产运动。红军三五九旅于1941年率先开入南泥湾。领导干部身先士卒，率领全军勘察地形、开荒种地。1943年，三五九旅开荒10万亩，产粮3.7万石；其他部队开荒20多万亩，产粮3万石，很好地解决了"边区养不起军队"这一关系中国革命全局的重大问题。而基本上解决了边区军队的自给问题，就等于基本上除去了人民群众对军队的负担问题；减掉人民群众的负担有多少，实际上又等于人民群众增加的收入是多少。同时，他们还创建了边区的机器工业和化学工业，不仅解决了自身的生产生活供应问题，而且大部分产品还满足了社会的需要。

中国共产党推行减税政策并发放农业贷款是为了减轻贫苦农民的负担。1927年起，中国共产党在根据地实施一系列粮赋政策，减免或降低贫苦农民的农业税，不对贫苦农民征粮。1938—1949年，中国共产党非常重视农贷工作，为此颁布了许多办法和条令，形成了以银行为中心，党、政、民、合作社相互配合的贷放网络。农贷的扶持对象是贫苦农民，主要用途则是购置发展生产所需的生产资料。由于财力限制，中国共产党发放农贷规模较为有限，但对于农业、手工业、副业的发展仍起到了一定的作用。另外，中国共产党的减租减息政策也减少了封建地主阶级对广大贫下中农的剥削。

中国共产党开展劳动互助运动是为了实现劳动力与生产资料的合理配置。中国乡村长期存在着变工、扎工、唐将班子、兑地、请牛会、锣鼓班子等互助合作组织，但这些只是在小农生产下的具有浓重血缘关系的互助组织。1942年以后，中国共产党在农民生产互助传统的基础上，发动农民成立互助团、共耕队等超越血缘关系的互助组织。这些互助组织的建立使得拥有生产资料的农民有人帮忙耕种，缺少生产资料的农民可以向其他同伴暂借。同时，农民组织起来以后，不仅能群策群力应对恶劣的生产条件，还能在属于自己的组织中产生集体意识和归属感。

中国共产党开展大规模生产运动和劳动竞赛是为了最大程度激发农民的生产积极性。中国共产党基于农村劳动力不足的情况，广泛动员军政系统干部军人以及农村各类人员参加农业生产，开展大规模的春耕、秋收、秋耕运动。中国共产党还举办群众性的劳动竞赛，评选劳动英雄和模范单位，从而发挥榜样带头作用，传播农业生产经验。例如，1943年陕甘宁边区的生产大竞赛热火朝天，一浪高过一浪。在军队，各旅都形成了团与团、营与营、连与连、排与排、班与班、个人与个人的竞赛，特别是组织了劳动英雄与劳动英雄的开荒大竞赛。在地方，有的分区向各分区挑战，有的县向若干个县挑战，区乡之间也互相比赛，使各条战线涌现出一大批劳动英雄。在1943年大竞赛的基础上，1944年又形成了创造模范村乡、模范班连、模范工厂的更加深入的生产竞赛新热潮。在一些耕地不足的地区，中国共产党还奖励开荒，规定新开的耕地在一段时间内减免粮赋。

中国共产党重视对灾民难民的救济和动员是维护农民生存权益和发展根据地生产的两全之举。中国共产党将流离失所、逃荒而来的农民吸纳入根据地建设中，一方面直接拨付粮款救济灾民，另一方面设立专门负责移民管理事项的机构，组织难民参与农业生产活动。

此外，中国共产党在一些地区还鼓励工商金融业发展，促进了早期的农村工业化。例如，中国共产党在延安多地建设兵站农场、总政农场等共计30多个。农场不仅负责组织农民开展农业生产，还负责农作物品种和技术的研发及农村副业、手工业、商业的发展等。中国共产党及北海银行在山东抗日根据地推行的货币政策不仅为山东抗日军民提供了资金融通之便，保障了军需民用，而且发展了生产，改善了群众生活。

3. 文化和社会建设是中国共产党早期乡村振兴实践中提升农民素质的重要手段

在中国共产党早期的乡村振兴实践中，文化和社会建设是提升农民群体素质的重要手段。中国共产党在发动生产的同时，注重满足农民物质需求之外其他层面的需要，从而重塑农民的思想观念和乡村的家庭结构、社会关系。通过文化和社会建设，农民的科学文化水平得到提升，农村公共卫生状况得到改善，妇女的社会地位得到提高，农村社会中的陋俗文化大幅消减。这些变化为中国共产党的生产动员提供了良好的环境，也有利于激发农民在乡村基层治理中的主体性。

中国共产党的文化建设由扫盲运动和文艺活动两个部分组成。首先是扫盲运动。井冈山时期，中国共产党已经开始开办农民夜校和各种农村识字班，为农村儿童和青壮年提供学习文化知识的机会。1928年，《遂川县工农兵政府临时纲领》第二十三条明文规定：由工会开办工人学校，由农民协会开办农民学校，由县工农兵政府开办高级工农学校，以增强工农平民的劳动知识和一般文化程度。除了建立乡村扫盲机构之外，中国共产党还以贴标语、口号和挂识字牌等方式，加强在农村的宣传，营造热烈的学习氛围。其次是文艺活动。中国共产党在根据地建设中积极改造民间传统文艺，赋予其新内容。例如，中国共产党在赣南、闽西时改造客家人山歌歌词，将苏区军民斗争生活填入其中，成功地解决了苏维埃政治意识形态、知识分子的外来文化、民间文化三者之间的贯通。这种方式带有明显的政治社会化倾向，既丰富了农民的精神文化生活，也发挥了统战宣传作用，加深了农民对党的革命和建设事业的理解和认同。在此基础上，农民为了创造更好的生活，能够共同为乡村走向现代化而奋斗。

社会建设主要体现在妇女解放运动和群众性卫生运动中。首先是妇女解放运动。男女平等是中国共产党的一贯主张。1934年颁布的《中华苏维埃共和国宪法大纲》规定：在苏维埃政权领域内，工人、农民、红色战士及一切劳苦民众和他们的家属，不分男女、种族、宗教，在苏维埃法律前一律平等，皆为苏维埃共和国的公民。中国共产党自根据地建设起即成立妇女组织，包括党组织内部的妇女部、妇女委员会等组织，也包括在各地农村发动群众建立起来的农村妇女互助组织。这些妇女组织充分发挥农村妇女的主体性，一方面消除妇女缠足、打骂妇女、买卖妇女、包办婚姻等陋俗，保障妇女在人身、婚姻、受教育等权利上与男性同等的地位；另一方面组织妇女参与大生产运动，为根据地建设做出贡献。通过妇女解放运动，农村传统的家庭结构和社会关系发生了重大变化，封建父权社会向现代平权社会转变。其次是群众性卫生运动。中国共产党在根据地采取了一系列措施，如举办卫生展览会、派遣医疗队下乡、培训乡村卫生人员、开展多种形式的卫生宣传活动、反对巫神迷信等，改善农村的医疗卫生条件，推动现代卫生知识下乡。此外，中国共产党还颁布了一系列政策法令查禁烟毒。群众性卫生运动破除了封建迷信思想，培养了农民的卫生观念，保障了农民的健康。根据地时期培训乡村卫生人员、派遣宣传队下乡等做法还沿用到中华人民共和国成立初期。

4.乡村组织体系构建是中国共产党早期乡村振兴实践中动员乡村的重要依托

中国共产党早期乡村振兴实践的稳步进行有赖于对乡村民众的动员，而动员乡村民众则需要依靠基层治理体系的完善。中国共产党认为，大众民主政治的支柱，应在于广泛的乡村基层，否则上层建筑是不会充实与巩固的。中国共产党以农村为中心的革命路线实际奠定了国家政权进入乡村的基础。中国共产党带领农民推翻封建保甲制度，消除土豪劣绅和新官僚对农民的统治和剥削。在基层党组织的领导下，农民通过民主选举方式产生自我管理、自我教育、自我服务的自治组织，在乡村治理中发挥主体作用。中国共产党早期围绕乡村基层治理展开的实践包括基层政权建设、党组织建设、群团组织建设和民主普选。

首先是基层政权建设。中国共产党在土地革命初期打倒土豪劣绅，在乡村建立工农政权，工农阶层之外的人员被排除在外。延安时期，中国共产党改变了乡村基层政权的组建方式，采取"三三制"，即政权机关人员配备中，共产党占三分之一，非党的左派进步分子占三分之一，不左不右的中间派占三分之一。这种政权组织方式既能把小资产阶级、民族资产阶级和开明绅士争取到抗日事业中，又能消除他们在乡村政治中的主导地位。1942年，陕甘宁根据地已形成由乡参议会、乡政府及其下辖的行政村和自然村领导机构组成的乡村基层政权。乡参议会是乡政权的最高权力机关，由全乡公民直接选举的乡参议员组成。乡政府在参议会休会时为乡政权最高权力机关，由乡长、乡文书和乡政府委员会组成，乡长、乡政府委员会成员由乡参议会选举产生。例如，1941年陕甘宁边区裴庄乡25名参议员中，贫农3名，占12%；中农13名，占52%；富农6名，占24%；地主3名，占12%。乡村基层政权的建立缓和了乡村的社会关系，形成了抗战时期的乡村统一战线。

其次是党组织建设。因1927年国民大革命失败，中国共产党遭遇党组织和党员队伍的重大挫折。土地革命时期，以毛泽东为代表的中国共产党人从军队抽调党员干部，在农村革命根据地恢复与重建农村党组织，在乡成立党支部，在村成立党小组。基层党组织的建立和完善不仅保证了党对农村根据地的领导，还为后续工作提供了指导和支持。"通过党的基层组织的战斗堡垒作用，通过广大党员的先锋模范作用，根据地的扩大红军、支前参战、购买公债、发展工农业生产、节约粮食和经费等项工作，都能克服困难，比较顺利地完成。"基层党组织还培育了一批农村干部人才。基层党组织注重对党员的思想教育和能力建设，以培训班、研究组、讨论会等形式推动党员干部对理论的学习和理解，同时要求党员干部深入实际、密切联系群众，培养实事求是、廉洁自律的作风。党组织建设为中国共产党早期的乡村振兴实践提供了有力的组织支持和人才支持。

再次是群团组织建设。中国共产党十分关注群众团体的建立。在土地革命时期，中国共产党就开始改造会、社、道、门等封建宗法制度和迷信思想的结合体，通过说服和教育的方式，将其转变为符合民主科学原则的农民社团。对于无法改造的庙社、神社等封建组织，则通过政治和经济斗争将之逐步削弱和取缔。除了对旧有封建组织的改造，中国共产党还发动各类不同职业、不同性别、不同年龄的农民群众，广泛成立契合革命浪潮、具有现代意义的群团组织。这些组织利用扎根乡村基层的优势，推动农民积极参与到革命斗争及社会生产中，提升农民的集体精神和政治参与能力。可以说，群团组织建设拓宽了中国共产党在乡村的社会基础，密切了中国共产党与农民群众的联系，具有显著的改造农民和促进农民组织化的效果。

最后是民主普选。中国共产党在根据地建设中积极推动民主普选工作。不仅乡参议会、乡政府由选举产生，乡政府下设行政村、自然村的村主任和村长均由所在村的选民大会选举产生。选举过程中采取普遍的、直接的、平等的、无记名的选举制，保证实现彻底的民主。例如，1937年《陕甘宁边区选举条例》中就规定：凡居住陕甘宁边区区域的人民，在选举之日，年满16岁的（后来改为18岁），无男女、宗教、民族、财产、文化的区别，都有选举权和被选举权。为了确保选举成功，中国共产党在根据地组建了各级选举委员会。选举委员会一方面统筹乡村的选举工作，另一方面产生了诸多创新做法，例如采用画圈、投豆子等投票方式，以应对当时农民识字率低的问题。此外，中国共产党还建立了"公民评议"等监督机制，为农民群众反映乡村干部的问题提供合法化渠道，提升乡村干部的工作效率，缓和干群关系。民主普选作为一种现代政治形式，直接提升了农民在乡村事务中的政治参与度和话语权。

（二）中国共产党早期乡村振兴实践与国民党政府乡村振兴实践的差异

中国共产党早期乡村振兴实践与国民党政府乡村振兴实践最大的差异是对农村问题和城乡关系的理解。中国共产党以农村为中心的革命路线使其将农业农村的发展放在首位，将顺应农民意愿、发挥农民主体性作为乡村振兴实践的基础。国民党政府则一直将城市作为其革命和建设的重心，对乡村的重视和投入始终有所欠缺。从中华民国建立到抗日战争全面爆发前，国民党政府受孙中山"三民主义"影响且考虑到对乡村实施直接管控耗费的成本，选择将地方自治作为乡村发展的制度安排。执政后期，国民党为抽取租赋、劳役等乡村资源以服务战争需要，重新启用保甲制度。国统区具有民权色彩的现代乡村治理制度终是昙花一现。

孙中山认为，地方自治本身即是建设本身，"欲求地方自治之有效，第一在振兴实业，二在讲求水利，三在整顿市政"。在国民政府酝酿乡村自治时，"山西村治"已显现出一定成效，成为民国政府推行的样本。1917年起，阎锡山在山西推行"六政三事"，包括水利、种树、蚕桑、剪发、天足、禁烟等六项兴利除弊举措和种棉、造林、畜牧等三项生利事宜。为保证"六政三事"顺利推行，阎锡山一方面成立六政考核处作为主管单位，另一方面先后发布200多条政令，制定刺激农民积极性的奖励章程，并委派政治视察员进驻各县开展农村调查和推广科学知识。1918年起，阎锡山逐步改革村制，具体内容为：300户为一编村，设村长；超过300户的编村设村副1名，设村公所处理村务；编村之下25户为一闾，设闾长；闾下设邻，5户一邻，设邻长。阎锡山的村制改革使得山西全境不遗漏一村一户，形成了一张政令上下贯通、统治运用自如的行政网。1922年起，阎锡山普遍实行"村政"，颁布了人民须知、家庭须知、村禁约等村规村范，以乡村传统礼俗约束民众行为，并设立了息讼会、监察会、村民会议等现代治理机构。当然，阎锡山推行村治的主要目的绝不仅仅是发扬乡村民主自治，而是为了使行政权力更有效地向乡村社会渗透，以稳固其在山西的统治。事实上，这也是山西村治得到国民政府青睐的原因所在——既符合"三民主义"的政治需求，又加强了对乡村社会的掌控。这种村治方式完全是由官方推动的，用梁漱溟的话说"它全无引人民自动的好方法"，失去了"乡建""村治"的本来意义。

20世纪30年代前后，南京国民政府曾寻求与知识分子合作，共同开展系统性的乡村振兴实践。1929年3月，国民政府建设委员会会长张静江联合曾养甫、李石曾等热心建设的志士、专家组织中国建设协会，主张农业技术科学化、农业耕作机械化、农业组织现代化。不久，南京国民政府又与乡村建设派合作，掀起了一场中国现代化历程中规模较大的乡村现代化实验——县政建设运动。其中江苏省江宁自治实验县，河北省定县实验县，山东省邹平、菏泽两实验县和浙江省兰溪实验县5个实验县"各具有特点，最负时誉"。江宁、兰溪实验以政制的实验为出发点，主张由上而下，用行政组织和技术来促进乡村建设，以寻求一套更有效率的乡村社会管理体制。邹平、菏泽实验的乡村建设以梁漱溟的山东乡村建设研究院为基础，充满了新儒学的精神。定县的实验受晏阳初等人影响，其指导理论就是一种平民教育和科学实验的理论。这些实验取得了一定成效，但在抗战时期陆续中断。县政建设运动留下的启示是：对于中国这样一个后发展中国家来说，国家政权的优先合理化是乡村现代化启动的前提，同时，对于乡村现代社会力量的培育，才是乡村现代化持久发展的根本保证。

民国时期，由政府主导的乡村建设之所以失败，主要原因就在于乡村建设非但没有解决农民问题，使其生活得到改善，反而给农民带来沉重负担。国民党政府并不是没有意识到解决乡村问题的根本在于解决土地问题。事实上，国民党执政后期具有代表性的赣南新政、四川减租运动等乡村振兴实践，都带有国民党开展土地改革的尝试和探索。不过，国民党在改革过程中同时面临政府内部、大小地主、贫下中农的不同诉求，又缺少壮士断腕的勇气，总是陷入停滞状态。例如，国民党在四川减租运动中一再声称其代表全民利益，试图通过减租缓和主佃关系，但事实上却恰得其反，没有一方认为国民党真正代表了自己的利益，也正是这种否定使得国民党政权在实行减租时陷入了有心无力的境地。另外，国民党政府在乡村振兴实践中偏向以强制手段采取自上而下的方式，容易与农民意愿背道而驰。例如，因政府的控制，国民党政府时期的合作社偏离了自愿性、民主管理性和社员互助共济性三大基本合作原则，制度异化使农村合作运动完全走向反民众的立场，最终被民众所抛弃。

早期乡村建设实践的结果表明，乡村现代化需要一个强有力的国家政权的支持。政党的乡村振兴实践相比早期乡村建设，在覆盖范围和持续性上有较大的优势。不过，受制于当时战争频仍、天灾连年的社会现实，国民党和共产党的乡村振兴实践都有着较大的局限性。与最终取得革命胜利、承担起国家现代化建设任务的中国共产党相比，国民党既缺少对乡村真实情况和未来命运的体察，又在国家建设中过分以城市为重，忽视占据人口大多数的农民的发展权益及其在现代化中的主体地位。其失败也是在所难免的。当然，中国共产党早期的乡村振兴实践也有着诸多问题，例如土地政策带有激进的左倾倾向、大生产运动中农民的人身权利得不到保障、对传统文化过多否定、农民主体性实际发挥不足等等。

三、社会主义现代化视角下的乡村振兴实践

中国的社会主义现代化和西方现代化走的是不一样的道路。中国的社会主义现代化属于后发现代化，且是在国家计划下开展的赶超型现代化。在中国社会主义现代化建设中，乡村振兴自中华人民共和国成立起就是国家整体现代化的一部分，只是与工业化、城市化相比，在定位和优先性上有所区别。在不同的历史时期，乡村振兴实践需要解决不同的问题。放眼1949年至今72年的乡村振兴实践，土地改革、合作化、农村工业化城镇化、农业现代化、乡村治理是贯穿社会主义现代化建设全程的主线，服务于不同时期的社会主义现代化战略。乡村公共服务则是21世纪以来城乡关系变化、乡村功能定位转变后产生的新的实践内容。

（一）土地改革、家庭联产承包责任制、"三权分置"不断激活乡村的发展动力

土地改革是中国共产党早期乡村振兴实践中积累的重要经验。解决"三农"问题，实现乡村振兴，首先是要解决农村的土地问题。1949年以来，农村土地经历了三次重大改革，包括1949–1952年的土地改革、1978年开始实施的家庭联产承包责任制、2008年以后的三权分置和土地流转改革。

土地改革曾经以暴风骤雨之势摧毁中国乡村固有的社会结构和权力体系，成为革命时代中国共产党在农村进行社会动员的有效途径。中华人民共和国成立初期，

新解放区的农村土地仍属地主所有。广大农民缺地少地，不利于调动积极性发展农业生产。为尽快恢复战后经济、解决人民温饱问题并为社会主义现代化建设提供积累，中国共产党启动了全国性的土地改革运动。1950年6月，中央人民政府正式颁布《中华人民共和国土地改革法》，实行农民土地所有制，借以解放农村生产力，发展农业生产，为新中国的工业化开辟道路。《土地改革法》还规定，"富农所有自耕和雇人耕种的土地及其他财产、中农的土地及其他财产不得侵犯"，缩小了土地改革运动的打击面，有利于土地改革的顺利推行，且收到了更好的动员效果。到1953年春，除西藏等少数民族地区外，历史上规模最大的土地改革顺利完成，实现了"耕者有其田"。土地改革提升了农民的经济地位、政治地位和社会地位，促使农民满怀激情投身于国家社会主义现代化建设当中。不过，此次改革确立的土地制度并未延续多长时间。1953年农业集体化运动开始以后，农村土地收归集体所有。同时，由于农村土地只能在本村村民间流通，土地资源无法充分盘活和利用，难以增加附加值。农民被束缚在土地上，重复着单一的农业生产活动。

1978年，安徽凤阳小岗村18位农民冒着极大风险立下包干保证书，在村内分田到户、自给米粮，拉开了改革开放的序幕。同年12月，中共十一届三中全会充分肯定了农村包工到组联产计酬的管理方式。随后，多种形式的农业生产责任制在全国各地迅速发展。1982年1月1日，中共中央批转《全国农村工作会议纪要》，确认包产到户、包干到户等责任制都是社会主义集体经济的生产责任制，"不论采取什么形式，只要群众不要求改变，就不要变动"。这是中共中央就农业农村工作发出的第一个"一号文件"。1983年底，中国已有1.75亿农户实行了包产到户，占农户总数的94.5%。1984年，中共中央发出《关于一九八四年农村工作的通知》，明确土地承包期15年，鼓励农民向各种企业投资入股，联合兴办各种企业，允许农村雇工经营。1993年，中共中央、国务院印发《关于当前农业和农村经济发展的若干政策措施》，提出原定的耕地承包期到期之后再延长30年不变。为了保护农村耕地，中共中央、国务院于1997年印发《关于进一步加强土地管理切实保护耕地的通知》，规范了土地用途管理。2008年十七届三中全会通过《关于推进农村改革发展若干重大问题的决定》，提出要坚决守住18亿亩耕地红线，并"赋予农民更加充分而有保障的土地承包经营权，现有土地承包关系要保持稳定并长久不变""发展集体经济、增强集体组织服务功能"。土地资源成为乡村集体经济的重要支撑。家庭联产承包责任制的实行不仅终结了集体化时期平均主义的弊端，提升了农民的生产积极性，而且标志着农村产业从单一农业转变为农业、工业、商业等多元产业体系，展现出农村产业的现代化趋势。同时，广大农村推行的家庭联产承包责任制有力地推动了经济体制的全面改革和整个现代化建设。不过，家庭联产承包责任制延续以家户为单位、精耕细作的传统农业生产方式，带来小农分散的问题。同时，家庭联产承包责任制将土地资源的置换限制在乡村内部，没有与城市形成较好的互动。

为盘活土地资源，2013年，十八届三中全会通过《中共中央关于全面深化改革若干重大问题的决定》，除了赋予农民对承包地占有、使用、收益、流转的权利外，规定承包经营权可以抵押、担保，并允许农民以承包经营权入股发展农业产业化经营。2014年，中共中央办公厅、国务院办公厅印发《关于农村土地征收、集体经营性建设用地入市、宅基地制度改革试点工作的意见》。2015年，试点在33个县（市、区）启动。同年，中共中央办公厅、国务院办公厅印发了《深化农村改革综合性实施方案》，进一步提出"三权分置"的主张，即落实集体所有权，稳定农户承包权，放活土地经营权。2016年，《关于完善农村土地所有权承包权经营权分置办法的意见》正式颁布。"三权分置"是继家庭联产承包责任制后农村改革的又一重大制度创新，一方面最大限度地释放了农村土地要素的增值空间，为城乡要素流动提供了途径；另一方面坚持农村土地集体所有的基本原则，保护了农民的权益。2020年出台的《关于构建更加完善的要素市场化配置体制机制的意见》中提出充分发挥市场在资源配置中的决定性作用，更好发挥政府作用，推进土地要素市场化配置。历经40余年的改革，农村的土地制度为推动城乡一体化发展减少了制度性障碍，成为城乡统筹发展的重要载体，逐渐推动乡村振兴与国家整体现代化进程融合。

（二）农民生产合作社、人民公社、专业合作组织不断更迭以解决农户分散经营的弊端

合作化是中国共产党早期乡村振兴实践中解决农村劳动力与生产资料分布不均衡问题的有效办法，以合作互济的形式优化了生产要素的配置，提升了农业生产的效率。中华人民共和国成立后，合作化成为社会主义现代化的重要组成部分，在农业生产中一直得到沿用。从集体化时期的农民生产合作社、人民公社到改革开放后的专业协会、专业合作社，农民合作组织的政治性逐步退化，呈现出专业化、市场化的趋势，着力克服农户分散经营的先天缺陷。

中华人民共和国成立后在农村实行合作化存在经济和政治两方面的原因。经济方面，土地改革所带来的生产效益相当有限，甚至很大部分是战乱结束进入和平时期且生产恢复正常状态下的结果，其释放的土地增产绩效是短时效益。同时，乡村小农个体经济因农户分散经营，规模效益较差，抗风险能力较低，无法满足快速工业化对农业生产的需求。政治方面，合作化有利于发展集体经济，符合社会主义国家公有制的特征。因此，国家于1953年先后发布《中共中央关于农业生产互助合作的决议》和《中共中央关于发展农业生产合作社的决议》，开展农业互助合作运动，引导农民参加农业生产合作社，走合作化和共同富裕的社会主义道路。1956年底，农业社会主义改造在经历互助组、初级社、高级社三个阶段后基本完成，全国加入合作社的农户达96.3%。为了扩大农业合作化的成果，国家决定开展人民公社化运动。1958年8月，中央政治局在北戴河扩大会议上通过了《中共中央关于在农村建立人民公社问题的决议》，在农村建立政社合一的基层组织，全面推动农村生产生活的集体化。当年年底，全国74万多个农业生产合作社合并为2.6万多个人民公社，参加公社的农户有1.2亿户，占全国总农户的99%以上。另外，自1953年农业社会主义改造起，农业生产（特别是粮食生产）成为乡村的主要功能，城市则从农产品的生产任务中脱离。计划经济体制下，国家推行粮食统购统销政策，将农村生产的粮食以低价输送给城市，服务于城市化、工业化进程。因此，合作化

运动虽然增强了农业生产的规模化效应和农民面对生产风险的韧性，促进了农业生产方式和生产组织的现代化，但实际受益更多的还是城市。

家庭联产承包责任制终结了人民公社的历史。因人民公社分散的特点不利于个体农户抗击风险和对接市场，新型的合作化自发产生。1983 年，中共中央在《当前农村经济政策的若干问题》中指出，要稳定和完善农业生产责任制，同时适应商品生产的需要，发展多种多样的合作经济，适当发展个体商业，允许农民长途贩运。20 世纪 80 年代中期，一批农村专业户自发形成以提供信息、技术服务为主的专业协会。1984 年中央"一号文件"提出发展合作经济组织，指出为了完善统一经营和分散经营相结合的体制，一般应设置以土地公有为基础的地区性合作经济组织。这种组织可以叫农业合作社、经济联合社或群众选定的其他名称；可以以村（大队或联队）为范围设置，也可以以生产队为单位设置；可以同村民委员会分立，也可以一套班子两块牌子。20 世纪 90 年代中后期，随着社会主义市场经济体制的建立，乡村农业生产逐渐产生对接市场的需求。各级政府和有关部门引导农民自愿建立专业合作社和专业协会等农民合作组织。这些组织不仅统筹农产品的生产环节，还为组织成员提供统一的仓储、运输和销售服务。2006 年第十届全国人大常委会第二十四次会议通过了《中华人民共和国农民专业合作社法》，并于 2007 年 7 月 1 日起正式实施。自此，农民专业合作社成为合法的市场主体，数量呈现井喷式发展。截至2017年，全国农民专业合作社数量达193万多家，入社农户超过1亿户。不过，由于农民现代化意识不足，对接市场的能力较为薄弱，相当一部分合作社的运营十分艰难甚至无力维系。另外，部分合作社的建立实际上是为了获得国家政策优惠或者响应上级要求的政绩工程，只是一个空壳，没有切实为乡村振兴服务。2019年中央一号文件提出开展农民合作社规范提升行动，发展乡村产业、强化服务功能、参与乡村建设、加强利益联结、推进合作与联合。在乡村振兴中，农民合作组织成为乡村经济建设的主体和村民参与的重要形式，不仅带动乡村生产和产业的现代化，而且推动农民的现代化。

(三)农村工业化与城镇化是就近解决乡村问题的一种路径

农村工业化虽然起步很早,在根据地时期就已经出现乡村工厂,但发展一直很缓慢。从家庭联产承包责任制推行开始,农民有了自主经营权和择业权,在原先社队企业的基础上创办了乡镇企业,开辟了农业剩余劳动力就地转移到非农产业的渠道。农村的工业化促使农村经济出现飞跃发展,也推动了农村城镇化进程。

中国共产党在早期乡村振兴实践中就在农村地区建立工厂以满足战备需要,后来又用于生产日用品、改善人民生活。这些工厂是社队企业的雏形。集体化时期,人民公社及其所属生产大队经营的各种社会主义集体所有制企业统称社队企业(1983年农村经济体制改革后改称乡镇企业)。社队企业突破了工业只在城市发展的限制,一方面推动了农业生产的机械化、电气化,并使得农村在发展副业的过程中增加收益;另一方面缓和了工业与农业、城市与乡村之间的矛盾,共同服务于国家的工业化建设。不过,受"左"倾思潮影响,社队企业的发展一直步履维艰。

随着改革开放后政社分离、乡村经济结构的调整和乡村生产资料的丰富,乡村的二、三产业开始具备发展基础,乡镇企业迎来发展的黄金期。1978年《中共中央关于加快农业发展若干问题的决定(草案)》中提出提高农产品收购价格、降低农用生产资料价格、减免部分农业税、加强多方面农业投入等,减轻了乡村的负担。尤其是1985年国家发布《关于进一步活跃农村经济的十项政策》之后,粮食统购统销制度逐步取消,乡村的资源不再经由行政手段大量流入城市,可以作为乡村自身发展的积累。到1987年,乡镇企业从业人员达到8805万人,总产值达到4764亿元,第一次超过农业总产值。乡镇企业为脱离农业生产的农民提供了就近就业的机会,带动了人口聚集,推动了一批小城镇的出现,并促进周边其他乡村地区的城镇化。1984年,国务院发出《关于农民进入集镇落户问题的通知》,积极支持有经营能力和有技术专长的农民进入集镇经营工商业,并放宽其落户政策。1985年的中央"一号文件"进一步对小城镇的发展进行了系列指导。自此,城乡之间的界限不再森严,城市的生产形式和生产要素可以出现在乡村,乡村的人口也可以流动到城市。这一阶段的农民工更多是流入周边城镇,就近实现人口的城镇化。

20世纪90年代后,乡镇企业因为没有实现产品的标准化与组织管理的现代化,在对接市场时缺乏竞争力,逐渐衰落。自此,乡村工业化暂时放缓,城镇化则在以户籍制度改革为核心的政策支持下不断推进。乡村人口大规模进入大中城市,形成了农民工潮。2006年,国务院印发《关于解决农民工问题的若干意见》,提出要逐步建立城乡统一的劳动力市场和公平竞争的就业制度,保障农民工合法权益的政策体系和执法监督机制,惠及农民工的城乡公共服务体制和制度。2011年,国务院办公厅发出《关于积极稳妥推进户籍管理制度改革的通知》,指出要落实放宽中小城市和小城镇落户条件的政策,引导非农产业和农村人口有序向中小城市和建制镇转移,逐步实现城乡基本公共服务均等化。2014年,国务院印发《关于进一步推进户籍制度改革的意见》。李克强总理在十三届全国人大四次会议上宣布,"十三五"时期,1亿农业转移人口和其他常住人口在城镇落户目标顺利实现,常住人口城镇化率达到63.89%。进入大中城市的初代农民工为乡村家庭带来了更多收入,促进了家庭生活的改善,也为城市建设做出了重要的贡献。不过,农民工潮也产生了许多问题,例如乡村的留守老人、留守儿童问题以及城市的人口管理、福利分配等。另外,虽然乡村的工业化、城镇化在20世纪90年代以来飞速发展,但在坚持保证粮食安全的国家政策影响下,农业生产仍然是乡村的重点任务,是乡村民众的主业。

(四)农业现代化是实现农业生产效率大幅提升的重要方式

农业现代化贯穿乡村振兴实践的各个历史时期,主要关注农业生产效率,着力推动农业生产的机械化、产业化、科学化、可持续化。早期农业现代化一方面满足人民群众的温饱问题，另一方面为工业生产提供了原始积累。新世纪的农业现代化则与乡村发展的其他目标结合，用现代工业提供的技术装备农业，用现代的生物科学技术改造农业，用现代市场经济观念和组织方式来管理农业，创造很高的综合生产力，同时关注资源生态保护，建设富裕文明的新农村。

中华人民共和国成立初期的农业现代化在两方面进行。一是提升农民的科学文化素质和生产技术。国家在乡村开展扫盲运动，采取"以民教民"的做法，动员有一定文化水平的农民教授其他农民。扫盲运动以识字为主要目的，主要的教学内容是结合农业生产、农民生活和农村发展需要的简单字、词以及便条、珠算等。二是进行水利基础设施建设。国家在1950-1952年进行了我国有史以来最大规模的农田水利建设，投入国家财政经费约7亿元，占预算内基本建设投资的10%以上。全国新修引黄灌溉济卫工程等大型农田水利灌溉工程358处，群众性的小型渠道和蓄水塘堰336万余处，新凿和修复水井66.8万眼，累计增加灌溉面积4950余万亩，另有18400万亩农田因增加和改善了水的供应而免于旱灾的威胁。据当时粗略估计，得益于兴修水利而增产的粮食达数百万吨。集体化时期，国家减少了在乡村的投入，农业现代化一度放缓。虽然如此，合作化运动有利于在农村推行农业机械化，社队企业有利于推行农业产业化，农业现代化仍取得了一定成果。

1986年，中共中央、国务院印发《关于一九八六年农村工作的部署》，提出从"七五"计划开始，增加对农业投资、水利投资，切实帮助贫困地区逐步改变面貌。1987年，农牧渔业部和财政部共同制定并组织实施"丰收计划"，旨在大面积推广先进实用科研成果和先进技术，通过农业科学化促进农业增产、农民增收。1988年，国家教委推行"燎原计划"，进行农村教育综合改革，积极配合农业与科技等部门，培养大批有文化、有技术、会经营的新型农民。到21世纪，新型农民已经成为家庭农场和农民合作社等农村经济主体中的骨干。2004年起，国家进一步增加对农业现代化的投入，陆续向农民发放直接补贴、良种补贴、农机具购置补贴、农资综合补贴以及退耕还林补贴。2005年，第十届全国人民代表大会常务委员会第十九次会议通过《关于废止〈中华人民共和国农业税条例〉的决定》，宣布《中华人民共和国农业税条例》自2006年1月1日起废止，标志着在过去数千年历史上发挥过重要作用的农业税至此终结。此外，农业现代化还与旅游业、服务业等其他产业的发展相结合，向着可持续发展的目标不断迈进。农村土地则通过流转政策向集体经济组织、家庭农场、大型企业等拥有技术和资本的经济主体汇集，效益大幅提升。不过，当前的农业现代化主要是靠政府推动，而政府能够投入的资源终究有限。如何引入更多的社会资源，例如企业对生产资料的支持、研究机构对农作物品种和技术的改良、公益力量对创新性的可持续农业的推广，是农业现代化未来要解决的关键问题。

（五）乡村治理是实现农民为中心的乡村振兴的制度保障

乡村治理是我国国家治理体系和治理能力现代化的重要组成部分。在乡村振兴实践中，乡村治理解决的是乡村振兴由谁推动的问题。从中国共产党早期的乡村振兴实践开始，乡村治理的主体就十分多样，包括农民、农民组织、基层政权组织、基层党组织、群团组织、外部社会组织等。而在这些主体中，最不能缺少的就是党组织的领导和农民的参与。

中华人民共和国成立以后，中国共产党在乡村的首要任务确立为建立、健全党和政府在乡村的权力体系，以保证党对乡村社会的政治领导、组织领导和思想领导。例如，《中共中央关于土地改革后农村和城市的工作任务及干部配备问题给华东局的指示》中提到，除继续完成土改外，"对土改后的农村，应以提高农村生产和提高农民政治觉悟为中心任务去布置一切工作"，"其中建立健全的各级人民代表会议（在区乡即农民代表会议）和人民政府机关，建立以推销土产品为中心任务的各级合作组织，普遍地组织劳动互助组，依照全国组织工作会议的决议建立农村中党的组织等项，应作为当前的中心工作去布置"。集体化时期，乡村实行"政社合一""三级所有、队为基础"的管理体制。这种体制下，人民公社既是乡村的集体经济组织，又是乡村的基层政权组织，具有直接支配集体经济的生产、交换、分配等经济活动的权力。乡村治理从重构乡村社会和政治结构走向政社一体的过程中，国家的影响不断强化，农民的自主性则受到越来越多的限制，最终抑制了农业农村的发展活力。

20世纪80年代初，广西罗城、宜山一些地方农民自发组成的村委会，在组织群众发展生产、兴办公益事业、制定村规民约、维护社会治安上发挥了显著作用。从这两个地区开始，全国的人民公社体制逐渐解体，村民自治成为乡村新的治理方式。1983年，中共中央、国务院专门下发了《关于实行政社分开建立乡政府的通知》，要求全国各地建立乡（镇）政府，以此作为农村基层政权，并且建立村民委员会作为群众的自治性组织。1987年颁布的《中华人民共和国村民委员会组织法（试行）》则是中国历史上第一部全国性的村级自治法律，对村民自治的性质、地位和组织方式做了明确规定，促进了各地村民委员会的进一步发展。1990年民政部下达《关于在全国农村开展村民自治示范活动的通知》之后，各地村民委员会的发展形势更为迅猛。到1995年底，全国共建立了63个村民自治示范县（市、区），3917个示范乡镇，82266个示范村，基本上实现省有村民自治示范县（市、区）、地区（市）有示范乡镇、县有示范村。2006年，中共十六届六中全会通过《关于构建社会主义和谐社会若干重大问题的决定》，提出积极推进农村社区建设，健全新型社区管理和服务体制，把社区建设成为管理有序、服务完善、文明祥和的社会生活共同体。2014年的中央"一号文件"提出，农村社区建设试点单位和集体土地所有权在村民小组的地方，可开展以社区、村民小组为基本单元的村民自治的试点。乡村基层治理体系的重构，明确了村民在乡村治理中的主体作用以及乡村民主管理在国家治理现代化中的重要意义。不过，村民自治的推行也使得政府体系在乡村的渗透力和影响力有所削弱，不便于国家政策和资源在乡村的输入。

十八大以后，党建引领成为乡村治理中推动资源规划、整合与利用的基础，出现"党建引领脱贫攻坚""党建引领乡村振兴"等做法。在脱贫攻坚战中，基层党员和党组织发挥执政党的组织动员优势，将各级地方政府拧成一股绳，并通过派遣第一书记的方式，加强了农村社会与基层政府的联结。在中国共产党的领导下，脱贫攻坚战得以汇集各方资源并将其效益最大化。到乡村振兴阶段，中国共产党的领导仍然是农业农村现代化的主要推动力。但要维持乡村治理的可持续性，必须发挥农民的主体作用，让他们真正深度参与并对乡村振兴进行决策。

（六）城乡公共服务差距缩小是补齐乡村发展短板的重要方向

乡村公共服务长期滞后于城市公共服务的发展水平。中华人民共和国成立初期的乡村地区虽然存在技术推广、赤脚医生、乡村民兵、社队企业、大众文艺、互助合作等多种公共服务，但这些公共服务更多是为了与发展农业生产的首要目标相呼应，只能满足最基本的需求。加之集体化时期，我国农业农村的发展与工业化、城市化隔离，城乡发展的差距不断扩大，公共服务领域的城乡二元结构不断固化。乡村的基本公共服务以农村集体经济为主要依托，加上国家投入必要的部分为补充（很少且多用于水利等农业基础设施建设）以及农民的集资参与，因而始终停滞在低级水平。与比较靠近城区的乡村相比，一些"老少边穷"地区因交通不便，经济发展基础差，更是远远落后于国家现代化的水平。直到20世纪90年代，农业产值在国民产值中的比重逐渐减小，工业反哺农业、城市反哺农村的条件才逐渐成熟。国家在完成城市改革部署之后，加大了对乡村公共服务的政策和资金投入。

首先是对贫困人口的扶持。1994年，国务院制定和发布《国家八七扶贫攻坚计划》，进行了以扶持贫困农户为主体的全国性扶贫攻坚活动。2001年，国务院印发《中国农村扶贫开发纲要（2001—2010年）》，宣布除少数社会保障对象和生活在自然环境恶劣地区的特困人口以及部分残疾人以外，全国农村贫困人口的温饱问题已经基本解决，《国家八七扶贫攻坚计划》确定的战略目标基本实现。随后，国家在中西部21个省、自治区、直辖市的少数民族地区、革命老区、边疆地区和特困地区确定592个县，作为国家扶贫开发工作重点县。2013年，习近平总书记在湖南考察时提出"精准扶贫"理念。2014年,中共中央办公厅、国务院办公厅印发《关于创新机制扎实推进农村扶贫开发工作的意见》,提出建立精准扶贫工作机制。十八大以后,党中央把扶贫开发纳入"五位一体"总体布局和"四个全面"战略布局,提升到全面建成小康社会、实现第一个百年奋斗目标的新高度,打响了一场全国动员的脱贫攻坚战。2015年,中共中央、国务院正式印发《关于打赢脱贫攻坚战的决定》作为指导脱贫攻坚的纲领性文件。打赢脱贫攻坚战的总体目标是:到2020年稳定实现农村贫困人口不愁吃、不愁穿,义务教育、基本医疗和住房安全有保障;实现贫困地区农民人均可支配收入增长幅度高于全国平均水平,基本公共服务主要领域指标接近全国平均水平;确保现行标准下农村贫困人口实现脱贫,贫困县全部摘帽,解决区域性整体贫困。为实现这一目标,党和政府根据2014年底贫困人口统计数据,分别制定了产业扶持、转移就业、易地搬迁、纳入低保等不同的脱贫方案。全国累计选派25.5万个驻村工作队、300多万名第一书记和驻村干部,同近200万名乡镇干部和数百万名村干部一道奋战在扶贫一线。当然,脱贫攻坚中不仅有国家的投入,还有其他社会力量的参与,"构建专项扶贫、行业扶贫、社会扶贫互为补充的大扶贫格局,形成跨地区、跨部门、跨单位、全社会共同参与的社会扶贫体系"。十八大以来,中央、省、市、县财政专项扶贫资金累计投入近1.6万亿元,其中中央财政累计投入6601亿元。打响脱贫攻坚战以来,土地增减挂指标跨省域调剂和省域内流转资金4400多亿元,扶贫小额信贷累计发放7100多亿元,扶贫再贷款累计发放6688亿元,金融精准扶贫贷款发放9.2万亿元,东部9省市共向扶贫协作地区投入财政援助和社会帮扶资金1005亿多元,东部地区企业赴扶贫协作地区累计投资1万多亿元。2020年,脱贫攻坚战取得全面胜利,现行标准下9899万农村贫困人口全部脱贫,832个贫困县全部摘帽,12.8万个贫困村全部出列,区域性整体贫困得到解决,完成了消除绝对贫困的艰巨任务。

其次是农村普惠性社会保障体系的完善。在教育事业方面,《中共中央关于教育体制改革的决定》于1985年颁布,提出实行九年制义务教育,实行基础教育地方负责、分级管理的原则，标志着乡村义务教育体制的确立。为更好地保障乡村义务教育的发展，《中华人民共和国义务教育法》于1986年出台。整体上看，乡村基础教育从乡级自筹转变为县乡共管，改善了办学的资源条件，一定程度上保障了乡村儿童的早期发展。除基础教育外，乡村的中等教育和职业教育也在不断推进。在医疗卫生方面，中共中央、国务院于2002年出台《关于进一步加强农村卫生工作的决定》，提出"到2010年，新型农村合作医疗制度要基本覆盖农村居民"的战略目标，加大中央财政补助力度。从赤脚医生、合作医疗到新型农村合作医疗，我国历经60余年的探索，终于在乡村地区建立了相对完备的农村医疗卫生保障制度。在最低生活保障方面，国务院于2007年发出《关于在全国建立农村最低生活保障制度的通知》，将符合条件的农村贫困人口全部纳入保障范围，稳定、持久、有效地解决全国农村贫困人口的温饱问题。截至2019年年底，全国共有低保对象4316.3万人。其中农村低保对象3455.4万人，占比80.0%。全国农村低保平均保障标准为5335.5元/人·年，比上年增长10.4%。全年农村低保资金支出1127.2亿元，占当年总低保资金支出的68.5%。在养老事业方面，政府加大了对"五保户"和一般养老问题的投入。一方面，"五保"养老从集体互助共济向政府救助转变。2006年3月1日《农村五保供养工作条例》正式施行，规定农村五保供养资金在地方人民政府财政预算中安排，中央财政对财政困难地区的农村五保供养，在资金上给予适当补助。另一方面，国家自2009年起开展新型农村社会养老保险试点，探索建立个人缴费、集体补助、政府补贴相结合的新农保制度，实行社会统筹与个人账户相结合，养老责任由个人和社会共担。2010年10月1日，新型农村社会养老保险开始实施，并与2011年7月1日开始实施的城镇居民社会养老保险合并为全国统一的城乡居民基本养老保险制度。整体上看，城乡公共服务均等化是一个显著的趋势，但要完全消除城乡差距、实现全面现代化还将需要一个漫长的过程。

中华人民共和国成立以后，革命任务转变为建设任务，现代化成为国家工作一以贯之的目标。从最初的全力工业化、城市化，到改革开放前期对现代化路线的调整，再到新世纪以来乡村建设重新进入政治议程，有关现代化顶层设计的发展脉络逐渐显现。强有力的国家政权将现代化纳入明确的政治议程后，首先追求的是快速的工业化、城市化，利用后发优势和社会主义国家强大的动员力，以数十年时间取得先发国家历经两百年发展的成果。在此之后，又不得不面对城乡割裂后乡村凋敝的现状。今天的乡村振兴在根本上仍然是中国现代化的问题。农业农村如果不现代化，中国的现代化就不能全面实现。新世纪以来到十九大前的这一阶段，国家在长期的工业化、城市化建设后，终于具备推动乡村发展的资源和能力。乡村真正结束了服务于城市发展的使命，开始成为现代化的主体，走上了属于自身的发展道路。在整个国家的现代化建设中，城市带动乡村、工业反哺农业已成为越来越明显的趋势。城市与乡村不再互相割裂，而是开始联系紧密、互通有无。不过，城乡一体化发展还处在起步阶段，城乡之间仍然有着显著的差距，城乡要素的交互也还存在制度性和结构性的障碍。乡村的人才依旧不断流向城市，而城市的资源又难以有效地在乡村落地。一边是城市的发展进入瓶颈期，另一边是乡村的发展缺少助推器。同时，"乡村未来应该走什么样的路、现代化到底是什么样子、乡村怎么才算是振兴"还没有形成共识，包括国家、企业、学者、社会组织、乡村民众等在内的诸多行动者仍在探索当中。

四、新乡村建设实践

十九大提出乡村振兴以来，乡村振兴成为推动农业农村农民现代化、建设社会主义现代化强国的系统性工程。2018年，中央"一号文件"即《中共中央国务院关于实施乡村振兴战略的意见》对实施乡村振兴战略进行了全面部署。同年，中共中央、国务院印发了《乡村振兴战略规划（2018-2022年）》，明确到2020年全面建成小康社会时和2022年召开党的二十大时的目标任务，细化、实化乡村振兴的工作重点和政策举措。2020年12月，中共中央、国务院出台《关于实现巩固拓展脱贫攻坚成果同乡村振兴有效衔接的意见》，部署过渡期巩固拓展脱贫攻坚成果和乡村振兴的重点工作。2021年，中央"一号文件"即《中共中央国务院关于全面推进乡村振兴加快农业农村现代化的意见》发布，显示出"三农"工作重心的历史性转移。各级地方政府围绕国家乡村振兴战略不断进行尝试，产生了诸多政策创新，形成以城乡互动、价值再造、产业多元化和三产融合等要素为核心的新乡村建设实践。各个乡村的建设路线虽然不尽相同，但总体上都致力于推动乡村社会的转型。这种转型继承了早期乡村建设实践中对乡村社会价值、文化价值等的重视及中国共产党开展农村工作的方式方法，又结合了新中国成立后至改革开放前工业化、城市化的经验与教训，融入了改革开放以来城乡统筹发展的基本设计，最终通过促进城乡要素互动、推动乡村"五位一体"综合发展，实现农业农村农民现代化。

（一）城乡互动是新乡村建设实践的主要思路

无论初始发展水平和地理区位怎么样，各地政府都对城乡互动予以充分重视，试图通过统筹城乡发展，提高乡村资源的利用效率，增强乡村建设的可持续性，并为城市发展带来新的活力。城乡要素的互动、城乡资源的互换、城乡发展的融合是大多数地方政府想方设法推动的重要途径。追求城乡互动的乡村建设实践主要有三个特征：第一，乡村毗邻城市经济圈，交通较为便利；第二，乡村建设实践中能够盘活乡村土地、生态、文化等资源，与城市人才、资本、技术资源作交换；第三，传统农业比重不断缩小，承接更多的城市功能，服务于城市的消费需求。相对来说，乡村发展基础较好、城乡融合程度较高的东部地区在新乡村建设实践中更容易走在前列。

江苏省曾因"苏南模式"在全国率先掀起乡村工业化、城镇化潮流。《江苏省乡村振兴战略实施规划（2018-2022年）》中提到，工农之间、城乡之间发展较为协调，是江苏的一大特色，也是一个显著优势。江苏省坚持乡村振兴和新型城镇化双轮驱动，突出新型工业化、城镇化对乡村振兴的辐射带动作用，统筹城乡国土空间开发格局，优化乡村生产生活生态空间，分类推进乡村振兴，打造各具特色的现代版"富春山居图"。相关的举措包括：落实主体功能区规划，完善城镇化地区、农产品主产区和重点生态功能区各自的开发建设、农业生产和生态服务功能；优化以"中心城市—副中心城市—中心镇——般镇—规划发展村庄"为主体，梯次分明、功能协调、布局合理的城乡空间结构；把农村和城市作为一个有机整体，推进城乡统一规划等。例如，泗阳现代农业产业园是江苏省首批国家现代农业产业园、首批国家农村产业融合发展示范园之一，规划面积12.8万亩，形成了工厂化食用菌、设施蔬菜、特色水产集聚区和精品桃果、成子湖农旅休闲产业带"三区两带"空间布局。2020年，园区总产值70亿元，产业园人均年可支配收入超过3万元，村集体经济收入年增幅超过10%。

浙江农民收入从1985年开始至2020年已经连续36年位列全国各省（区）第一。不过，浙江要高质量发展建设共同富裕示范区，主战场在"三农"，短板弱项也在"三农"。因此，浙江省委、省政府在2020年发布《关于高质量推进乡村振兴确保农村同步高水平全面建成小康社会的意见》，明确提出五年奋斗目标任务："到2025年农业农村现代化取得实质性进展，高效生态农业质量效益明显提升，现代乡村产业体系基本形成，新时代美丽乡村全域建成，共同富裕先行先试取得实效，争创农业农村现代化先行省，有条件地方率先基本实现农业农村现代化。"针对城乡发展不平衡不充分的问题，浙江省选择打通"城乡要素平等交换、双向流动的制度性通道"，缩小城乡发展差距，构建新型工农关系，将资源向乡村倾斜，从而推动共同富裕的实现。相关的举措包括：布局建设一批双创园、孵化园、小微企业园等"两进两回"平台；深入推进"县乡一体、条抓块统"改革；加快城乡公共服务同质同标；加快农村基础设施提档升级；实施快递"两进一出"进村工程；融入长三角一体化发展等。例如，绍兴于2018年1月在全国率先开展闲置农房激活利用，2020年6月又发布"闲置农房激活计划2.0版"，全面激活农村闲置土地、山林、水域、文化、旅游、人才资源。同时，绍兴借助新一轮农村宅基地制度改革试点的契机，进一步完善闲置农房资源收集交易、开发利用、权益保障的体制机制。随着"闲置农房激活计划2.0版"的推进，绍兴的一些村落面对闲置农房这座"富矿"，开始整合更多的周边资源，通过打造主题村落等方式，寻求产生更大的联动效应。

山东是农业大省，素有"全国农业看山东"之说。2018年，山东省发布《山东省乡村振兴战略规划（2018—2022年）》。规划中提到，十八大以来，山东省持续推进"三农"改革发展，以占全国6%的耕地和1%的淡水资源，贡献了8%的粮食产量、9%的肉类产量、12%的水果产量、13%的蔬菜产量、14%的水产品产量和19%的花生产量，农产品出口总额占全国的24%。可见，山东省一向对农业现代化建设予以充分重视，省内被习近平总书记两次提及的"诸城模式""潍坊模式""寿光模式"本质就是推动农业生产要素更大范围、更高层次的优化配置。规划出台后，山东省提出打造一片乡村振兴"样板群"，统筹生产、生态、生活一体布局，实现生产美产业强、生态美环境优、生活美家园好"三生三美"融合发展，将农业优势与其他资源融合。相关的举措包括：促进城乡要素合理流动，加快农业转移人口市民化，以特色小镇建设促进城乡融合发展等。例如，蒙阴县大力推广"生态+""旅游+""文化+""互联网+"等新业态，构筑"农业新六产"，让产区变景区、田园变公园、农耕变体验，将生态优势转化为惠民富民新的增长点，源源不断向群众释放生态红利。

各地在新乡村建设实践中不断深化城乡互动的同时，也存在一些需要应对的问题或挑战。第一，城乡互动仍然受空间距离的限制。直线车程超过两小时的乡村很难受城市资源带动。第二，部分乡村依据城市需求发展的产业较为单一。纯粹的休闲农业、旅游业等产业容易受突发情况（如流行病、自然灾害等）的影响，抵抗风险的能力较弱。第三，城市要素的流入并非自发产生，需要乡村前期在基础设施、人力资源、项目资源等方面进行较大的投入。这对于一些缺乏支柱型产业、治理基础较为薄弱的乡村来说是不小的挑战。第四，城市要素的流入可能给乡村本身带来较大的冲击。城市现代文明的需求与乡村村民的需求可能会存在矛盾，如何确保乡村振兴的成果惠及乡村及全体村民，避免乡村继续沦为城市的附庸，是新乡村建设实践全程需要警惕的问题。第五，城市要素并不能保证乡村振兴的可持续性。城市人才、资本、技术、市场主体的进入给乡村带来了许多资源，使其可以在较短时间内得到发展。如何充分利用这些资源激发乡村内生动力、培育更多的乡村振兴本土人才需要得到更多重视。

（二）产业多元化背景下的三产融合是新乡村建设实践的主要模式

长久以来，乡村的任务便是进行农业生产，因而落后于城市化、工业化进程。即使乡村的工业一度有过发展，也是比较粗放的发展模式，并没有完全适应现代化的要求。乡村构建包含农业、加工业、旅游业、服务业等在内的多元复合的产业体系，实现乡村功能的拓展，已经成为新乡村建设实践的主要模式。产业体系建立后，三产融合能最大限度地调动乡村资源，帮助农村生产力摆脱土地的束缚，为城乡要素互动提供空间和条件，从而推动城乡统筹发展。"十四五"规划和2035年远景目标纲要明确提出，要继续推进农村一二三产业融合发展，延长农业产业链条，丰富乡村经济业态，拓展农民增收空间。

围绕三产融合，各地结合自身资源禀赋，开展了多样的乡村振兴实验，形成了多种产业融合方式，产生农旅融合、文旅融合、农创融合等新业态。另外，互联网、物联网、云计算、大数据等现代信息技术要素在三产融合的乡村振兴实践中也得到了广泛应用。总的来说，三产融合对于村庄自身的资源禀赋有一定的要求，但最重要的要素还是资本和土地。只有当来自城市的资本和属于乡村的土地较好结合，乡村产业体系才能真正可持续。根据不同的要素组合，新乡村建设实践可分为现代农业主导型、生态价值主导型、文旅资源主导型三种类型。

现代农业主导型乡村建设实践注重利用乡村原有的产业优势，引入现代化生产技术和运营手段，推动传统小农生产迈上现代农业发展轨道，打造具有标志性的农产品品牌。这类乡村建设实践的典型形式在县为"一县一业"政策，在村为"一村一品"政策。"一县一业"指各县围绕县域内最具竞争力的农产品制定产业政策并予以扶持，从而推动农业生产规模化、集聚化、专业化、组织化、品牌化。"一县一业"政策的实施一方面直接推动了农业产业链条的完善，增加了农产品附加值；另一方面以"品牌产品+"的形式间接带动了第三产业的发展，促进了县域内的三产融合。例如，陕西省柞水县将木耳产业作为脱贫的支柱型产业，并引入现代互联网、大数据技术，将木耳生产与旅游观光结合，推出一系列三产融合项目。"一村一品"是一些具有良好种养业基础的村庄响应县级号召，通过特色农产品品牌打造以及农业产业链延伸带动其他领域的振兴。例如，四川省洪雅县前锋村以茶叶为支柱产业，在打造茶叶品牌的基础之上发展农旅产业，现已成为国家级"一村一品"茶叶专业示范村。

生态价值主导型乡村建设实践侧重以"绿水青山就是金山银山"的理念为指导，开展农村环境整治，完善相关公共设施，建设生态宜居村庄，把生态价值转变为经济价值。这类乡村建设实践的典型形式是乡村生态环境和人居环境整治工程及以此为基础的生态产业的发展。生态环境整治工程和生态产业的发展一方面保护了乡村优美的自然风光和田园风光，提升了乡村的宜居水平，另一方面也为乡村民众增收提供了新的途径，即通过生态友好型产业的发展推动乡村产业振兴、生态宜居、乡风文明、生活富裕。例如，广东省开平市一方面按照县辖乡镇的资源禀赋发展山区特色生态农业，另一方面在全市开展农村人居环境整治，并与旅游公司合作，推动乡村休闲度假、生态农业、田园康养等多功能旅游产业链的完善，从而实现生态保护与乡村发展的双赢。浙江省安吉县高家堂村启动生态环境整治工程，修建仙龙湖水库以整治水污染，并配套建设依山傍水的休闲旅游设施，吸引了一系列企业项目入驻。

文旅资源主导型乡村建设实践主要是充分开发乡村原有的文化资源和旅游资源，包括以民俗活动和传统技艺为代表的民间文化、以文物建筑和名人故里为代表的历史文化和以各类创新节庆活动为代表的服务于乡村旅游发展的新型乡土文化。这类乡村建设实践的典型形式在县为特色小镇建设，在村为古村落保护。特色小镇建设即各县在县域内选取示范点，基于丰富的文旅资源，完善发展乡村旅游所需的公共设施，逐步打造文化品牌。特色小镇建设一方面直接促进了所在县域旅游业的发展，推动了农业、加工业和旅游业的融合；另一方面间接带动了县域乡村风貌的改善，提升人居环境和乡风民俗。例如，安徽省当涂县基于"一乡一特色、一乡一风情、一乡一产业"的思路，在全县范围内布局特色小镇示范点，深度挖掘和开发乡土文化资源，全面提升乡村人居环境，持续推动不同资源禀赋的特色小镇建设。古村落保护是要在抢救古建筑、文化、风俗的基础上，处理好发展旅游经济与保护历史信息、文化景观的矛盾，让文化价值转变为经济价值且不流失。例如，安徽省黄山市祖源村是第三批中国传统村落，保留着众多古桥、古民居等历史文化遗存，尤以千年红豆杉、百余亩梯田景观而闻名。该村自引进上海宏森投资管理有限公司的"梦乡村"民宿项目后发展出一批精品民宿，通过村民活态传承山区农耕文化，其千年古红豆杉还成为重要的旅游地标和生态文化教育载体。

当然，这三种乡村建设实践分类属于理想分类形式。实际上，先天资源禀赋得天独厚的乡村不会局限于某一类型的选择，而是三种分类都有涉及。即使是一些远离城市且自身资源禀赋不具备突出优势或特色的乡村，也会在产业政策的支持和基层政府、党组织的组织和动员下，最大限度地盘活现有的自然、文化、人才等资源，不断完善相关的公共设施，推动产业体系的逐步健全。无论村庄立足于什么样的发展基础，都致力于抓住一切机会扩大优势，全方位传播影响力，从而对城市资源形成更大的吸引力，对标乡村振兴战略二十字方针实现全面振兴。

产业多元化与三产融合虽然已经成为新乡村建设实践的主要模式，但在实际操作过程中仍然面临不少的挑战。第一，产业、生态、文化等资源决定乡村产业多元化与三产融合初期能否快速起步。一些乡村缺乏良好的先天条件，在产业基础、生态资源、文化资源等方面都没有显著优势，需要通过后期的规划、设计与改造，重新建立乡村振兴的基础。然而，要真正迈出这关键的第一步，对于处在资源劣势地位的乡村来说难度更大。第二，发展的新业态较为单一或同质化。许多乡村的产业集中在农产品品牌打造、农业产业链延伸或乡村农旅文旅等方面，复合型产业体系的构建尚未成熟。邻近地区发展的产业因规模化特质而呈现出较大的相似性，不得不围绕城市资源和客流量展开激烈的竞争。这部分乡村想要进一步发展，必须考虑调动更多的资源要素，并促进要素之间的碰撞与融合。产业融合发展与跨地区配合搭建旅游"热地"就是不错的选择。第三，农民的组织化程度以及内生动力的激发不足。目前乡村新型产业的发展更多是出自政府和市场主体的干预。除了村两委以外，普通村民对于乡村建设实践缺少理解、认同和参与。一些乡村特色产业昙花一现或收益被外来主体和少数精英攫取，都是广大农民未能在乡村建设实践中发挥主体作用的例证。无论选择什么样的道路，农民的话语权和农民的利益都应是乡村振兴的出发点和落脚点，必须提升农民在乡村振兴中的参与感和获得感。

（三）乡村价值再造是新乡村建设实践中城乡融合的重要结果

在长期的城乡二元体制下，城市和乡村在现代化过程中分别承担了不同的经济、文化、社会和生态功能。城市成为人口、资本、技术等要素的集聚地，乡村则因其价值的逐渐失落而走向凋敝。乡村的去价值化是乡村衰落的主要原因，因此新乡村建设实践的核心任务是乡村价值的再造，即对乡村在现代生产生活方式下经济功能、文化功能、社会功能和生态功能的创新探索。乡村价值再造的关键是要处理好传统与现代的关系。各地的乡村建设既不能将乡村作为城市发展的附庸，也不能固守传统的乡村性，而要以乡村资源优势为基础，引入现代化要素，不断推动传统乡村的现代化转型。

上海市在乡村振兴中计划通过向乡村输入丰富的资源，促使乡村"从承担农产品保障供应功能向承担多元复合功能转变，由承担附属功能向承担核心功能转变"，打造多功能乡村。2018年，上海市委审议通过《上海市乡村振兴战略规划（2018—2022年）》，先后开展了三批乡村振兴示范村建设。2021年，上海市委书记李强在上海市实施乡村振兴战略工作领导小组会议暨现场推进会上指出，要准确把握超大城市乡村振兴特点，加快构建城乡融合发展新格局。在价值取向上，要凸显农业农村的经济价值、生态价值、美学价值这"三个价值"，依托超大城市丰富的科技资源、人才资源、市场资源，更加有效地走科技农业、精品农业、品牌农业之路。充分发挥乡村就近调节气候、净化空气、缓解城市"热岛效应"、改善超大城市生态环境的重要作用，让广大市民更好地感受农耕文化、田园风光、自然之美。例如，金山区枫泾镇新义村在2019年上海市第二批乡村振兴示范村建设名单中被定位为产业融合类乡村。该村基于深厚的人文历史底蕴，将全村划分为经济果林带种植区、新村新貌提升区、生态休闲旅游区三大区域，打造"新义——故事水乡"。同时，新义村通过"众创入村"项目，建设了涵盖创客基地、民宿、现代农庄等休闲场所的"新义田园综合体"。

从已有的地方实践来看，乡村现代化需要工业化和城市化带动，但乡村现代化的路径并不是工业化和城市化，而是重塑乡村的价值。总的来说，新乡村建设实践是要打造融合传统与现代特质的生产生活空间。生产空间的传统特质在于保存了小农耕作方式以及乡村家庭中复合多元的家庭产业。生产空间的现代特质在于农业现代化与三产融合的发展。农业现代化既包括农业生产原料、技术的迭代和效率的提升，也包括农户由传统农民向新型职业农民的转变以及对现代生产和交易方式的适应。三产融合则是全方位开发乡村资源禀赋，延伸农业产业链和价值链，创造更大的创业就业空间，提高农户的收入水平。生活空间的传统特质在于保存了乡村优美的自然风光和淳朴的人际关系。生活空间的现代特质在于现代化的生活设施和生活方式。现代化生活设施主要指乡村建设中对民居、道路、厕所等的改造和其他基础设施的完善，直接改善了村容村貌和农户的生活质量。现代化生活方式主要体现在现代理念在乡村内部的普及，如村内婚丧嫁娶等民俗的去芜存菁、农户在乡村公共事务中的自发参与等，有利于实现乡村的乡风文明、治理有效。新的乡村生产生活空间既增强了乡村民众的获得感和幸福感，又承担了城市功能的转移，促进了传统乡村文明和现代文明的和谐并存与相互促进。我国乡村发展的历史经验已经证明，乡村现代化不能通过牺牲乡村的社会价值、文化价值、生态价值,重走工业化、城市化的道路。乡村需要在保存好、利用好自有优势的基础上,融入工业文明和城市文明主导的主流价值,并在其中找到属于自己的位置。

第五章

现代化视角下乡村发展的国际经验

无论是最早实现农业现代化的欧美国家，还是具有鲜明赶超型特色的日本与韩国，其开始农业和乡村现代化的时间都早于中国，在不同的发展阶段也经历过不同的问题与挑战。对这些国家实现农业农村现代化进程中不同的经验与路径进行梳理和概括，可以让我们从全球视野来把握乡村发展的历史规律。当前，城市化、全球化、快速的人口流动及信息技术的普及给全球的乡村社会带来前所未有的冲击。在气候变化及科学技术的影响下，以土地为基础的传统乡村产业不断转型，重塑着乡村的传统特色。随着城乡人口流动的壁垒逐步被取消，现代化的城市对农村社区所形成的巨大冲击力具有非常明显的两面性：一方面，农村人口的大规模减少将会在很大程度上缩减城乡劳动力的收入差距；另一方面，如何在农村人口大幅度减少的同时，保证粮食安全，避免乡村凋敝，维持乡村的特色及农业和农村的多重功能，是目前中国大部分农村发展所面临的挑战。这也是全世界乡村发展过程中共同面临的困境，是一个世界性的难题。比较视野的农业和农村发展经验研究可以让我们了解发达国家在不同发展阶段所采取的农业和农村发展战略及所取得的效果，为中国更好地实施乡村振兴战略提供借鉴。

本章对乡村振兴国际经验的梳理主要选择英国、美国、日本和韩国四个国家进行研究，原因首先在于这四个国家实现农业农村现代化进程所处的历史和时代背景非常不同。英国是世界上最早开始农业现代化的国家，其现代化进程非常长,而且是原发性的,但从现在的情况来看,尽管英国城乡差距很小,农业与农村的现代化程度很高,但农产品的对外依赖程度不断提高。美国也是农业现代化起步较早的国家,但外力推动是其实现农业现代化的重要推动力,这与英国这样的原发型国家有很大区别。而日本与韩国应该是典型的赶超型农业农村现代化国家,在很短的时间内就走完了西方国家200多年的现代化道路。其次,这四个国家的农业现代化过程又表现出某些共性,如利用土地政策来推动农业变革、大力推广农业技术、农业劳动力大幅度减少、农业工业协调发展及城乡互动等。对这四个国家的乡村发展经验进行研究,可以比较全面地了解不同时代及不同政治、经济、文化和资源背景的国家实现乡村发展的经验。

一、英国农业与乡村发展经验

作为最早实现农业转型与城乡一体化的国家,英国所呈现出的农业与农村现代化历程是复杂且曲折的,可供参考的相关发展经验也较为丰富。本文选取了英国农业农村发展史上具有代表性的两个阶段:18—19世纪的农业革命和20世纪以来的城乡融合发展阶段,回顾这两个阶段英国的农业与农村转型发展历史,并对相关策略要点及经验教训进行总结分析,以期为中国乡村振兴战略的实施提供启示。

(一)18—19世纪的英国农业革命

1.英国农业革命概况

18—19世纪的农业革命对英国农业和乡村发展产生了重大历史影响。18世纪中期,英国农业革命在全国范围展开,其主要内容为农业技术变革,依靠开发和普及先进农业生产技术,在现有土地资源规模不扩大的情况下实现作物产量的大幅度增长。英国积极引入营养性饲料作物,与粮食作物进行轮作,小麦–萝卜–大麦或燕麦-三叶草等轮作技术在当时被广泛推广，农业机械、土壤和品种改良等农业技术也被大规模推广。这些农业技术改革的推广应用，使得英国农业产出的增加不再单纯依靠开垦荒地、增加耕种面积这一低效方式，耕地利用效率大大增加。作物轮作技术的大规模应用，还让英国农民生产了更多的饲料作物，种植与养殖开始有机结合，养殖过程中的动物粪便转化成有机肥料，增加土地肥力。在此循环农业的推动下，农业产出进一步得到提高。除了使用生物肥，英国农场主还尝试施撒泥灰、煤炭、垃圾等来增加土壤肥力。此外，建立排水系统改造黏土地区土壤水盐环境为英国农业革命提供了先进的农业基础设施。

随着农业技术的进步，相适应的制度变迁也悄然发生。18世纪中期，英国开始在农业内部推行新的经济和社会制度。具体内容包括：（1）土地产权改革，通过圈地运动将大部分属于公共产权的土地改为私有财产，将小型农场合并为大型农场；（2）大力发展交通工具，扩建农产品交易市场，完善市场信息系统；（3）明确界定地主、佃农、农业劳动力三方的责任关系，保证了土地使用权的长期稳定；（4）城乡居民之间的自由流动，尤其是拥有土地的乡村士绅可以自由进入城市的商务社区，确保了资金和商务观念可以进入农业和农村，大大提高了农业土地资源管理效率；（5）通过制度化方式来传播农业科技知识。1838年，英国成立"英格兰皇家农业协会"（Royal Agricultural Society of England, RASE），通过定期举办展览及演出的形式推广农业科学技术，其座右铭是"以科学指导实践"（Practice with Science），这种方式一直持续到2009年。此外，该协会还致力于向农业生产实践者传递农业科技知识。

可见，技术与制度的有机结合是英国农业革命成功的关键。相比于同时期其他国家的农业发展状况，中国、印度等虽也采用了较为先进的农业技术，但落后的封建制度阻碍了农业生产制度的变革。而法国、德国等欧洲国家则因生产技术的落后也未能成功开展农业革命。因此，生产技术发展和制度革新均为农业革命成功开展的不可或缺的因素。

2.英国农业革命的影响

(1)农业革命对英国农业发展的影响。

1700—1850年,农业革命对英国农业发展产生了根本性影响。农业生产技术的广泛应用大大提高了英国农业产量,推动农业生产率持续增长,农产品的价格及农业劳动者的名义收入也出现了持续增长。据统计,在此期间,英国的农业产出增长了两倍以上,生产率也翻了一番。

农业革命改变了英国的农业生产制度。"圈地运动"的兴起使处在贫困线上的农民数量显著下降,大农庄的合并和扩建造成很多小型农场被吞并(面积为100英亩或更小的农场)。到19世纪50年代,英国境内小型农场已仅占少数。农业就业人数持续减少,控制了英国78%耕地面积的中型到大型农场所雇佣的农业劳动力仅占英国总农业劳动力的38%。拥有大地产的资本家先以垄断的方式购买农场,再出租给农场主。农场主为提高生产率,积极采取措施优化农业经营类型、引进新技术、提高土地质量。大地产商通过扩大出口以及投资再出口贸易积累了较多财富,然后将所获得的财富重新投资于农业生产,这种循环投资模式为推动英国农业的商品化起到了促进作用。市场对农产品的需求也促使地产商为了获得更多利润,不断延长农业产业链,使农业和工业产业并行发展,农业和工业一体化的良性循环在此阶段逐渐成型。

以饲料作物种植推广为主导的农业技术革命也促进了农业产业结构的调整。农业革命前,种植业为英国农业的主要产业,畜牧业处于从属地位。中世纪后期,纺织业的兴起刺激了养羊业的发展,英国境内出现大规模"圈地运动",种植业也开始以为畜牧业提供饲料为主要目的。至18世纪初,英国已形成了种植业与畜牧业并重的局面。19世纪末20世纪初,谷物条例被废除,英国开始推行自由贸易,英国本国农产品也因此卷入与来自其他国家的廉价农产品的激烈市场竞争。此时英国耕地面积减少,种植业地位下降。1911—1913年间,英国畜牧业总产值已经达到种植业的2.68倍。

随着农业革命的成功推进,农业在英国国内的重要性也不断下降。1700年,农业作为英国的主要产业，对GDP的贡献率达到43%，75%以上的英国人口的生计都直接或间接地依赖农业。而到1880年，农业对GDP的贡献率只有10%左右，城市人口已占大多数。

（2）农业革命对英国乡村变迁的影响。

农业革命给英国家庭经济造成巨大冲击，家庭传统手工业逐渐衰落。自16世纪开始，英国家庭农场主要从事自给自足的生产方式。直到19世纪初，英格兰农民仍穿着自家羊毛织成的衣服，将羊毛制成家纺布，再由家中的妇女进行染色、纺织。这些劳累的妇女还负责制作毯子、毛巾、床单等家居用品。在1810—1860年持续半个世纪的英国新工业革命过程中，动力机械取代了手工工具，纺织品制造过程也从农舍和小作坊转移到了大型工厂。1840年后，铁路的迅速发展为工业革命的发展提供了廉价运输服务，显著加快了原材料、生产机器和成品的流通。英国农业博览会报告显示，1820—1830年间，在工业增长和城市化发展最快的地区，由传统家庭作坊产出的纺织商品市场占有率迅速降低，很多农村妇女也因此失去了工作机会。此时，失业妇女的再就业方式主要有两种：一是离开农场，进入城市或者工厂工作；二是在家庭中开展新的生产生活方式。前者实现了大规模的城乡人口迁移，为英国的快速城市化做出了贡献，后者则促进了家庭农场农业发展模式的形成。

农业生产力的持续提高也促进了人口增长。1740—1840年间，英国的人口史无前例地持续增长。18世纪以前，英国人口总数从未超过500万。从1780年左右到19世纪，英格兰的人口每年以超过1%的速度增长。总人口从1700年的506万增加到1800年的866万（见图5-1）。值得一提的是，英国人口的持续增长并没有出现马尔萨斯所说的可怕的人口定律，这是因为英国人口急速增加的同时，高度发达的农业生产能力保证了粮食供应。农业革命也促进了农村人口不断向城市转移。16世纪开始的"圈地运动"迫使农民离开土地，到城市或村庄周边的工厂做工。18世纪60年代，英国开始工业革命，纺织、冶金、煤炭等工业纷纷发展起来，大量农村人口转移到城市。19世纪初，英国农业就业人口占全社会就业人口35%，到19世纪末降低到10%以下。

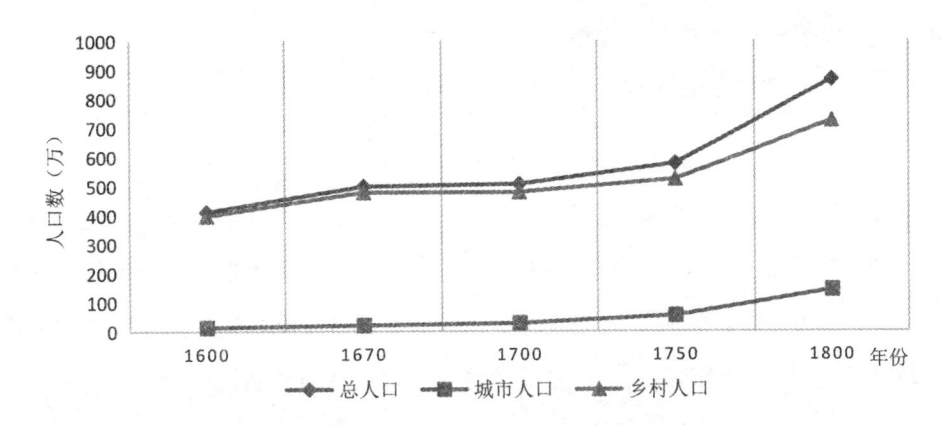

图 5-1　1600—1800 年英国城乡人口变化情况

数据来源：The Population History of England, 1541-1871

A Reconstruction (Cambridge, Mass., 1981), 208-209

（3）英国农业革命对减贫的影响。

农业革命在为英国富人阶层带来巨额财富的同时，也造成了巨大的社会贫富差距。在农业革命的开始阶段，农业劳动者的工资不仅没有增长，反而出现了实际工资下降的情况。而在整个18—19世纪农业现代化转型的过程中，虽然农村贫困人口的货币工资有所上升，但持续到19世纪中期，实际工资呈现出不断下降的趋势。主要原因是英国人口的大幅度增长导致主要粮食作物价格上涨，而从粮食价格的上涨中受益的是拥有土地的大资本家和佃农。19世纪中期的工业扩张减少了农村的剩余劳动力，劳动者的工资和生活状况得到改善。但这种改善仅仅局限于工业比较发达的中部和北部地区，在工业发展比较落后的南方，农业劳动者工资还是非常低下。

工业化能够促进农业转型和劳动力工资上涨，这一论断已经成为学界的共识，但仍旧无法解释的是，为什么劳动力工资增长会落后于工业化进程？有学者指出，早在17世纪40年代，劳动阶级的实际工资是稳定增长的，而18世纪中期的工业革命本应对增加劳动工人的实际收入做出贡献，但在这一时期，英国为了拿破仑战争和美国革命，不得不增加间接税，同时战争造成了国际贸易的中断，导致工人实际工资被压缩。

（二）20世纪以来英国的农业与农村发展

1. 20世纪以来英国农业的发展状况

19世纪末开始，资本主义的生产模式就已经在英国扎根，英国因此被称为"世界工厂"。这一时期，英国的农业开始逐步衰退。19世纪70年代，英国国内粮食产量能够满足全国79%人口的需求，但到第一次世界大战时，英国的粮食产量只能养活36%的英国人口。二战期间，德国潜艇击毁英国远洋商船，英国粮食进口运输受阻，政府不得不实行食品配给制。此后英国开始加大对农业的干预，开始重视粮食生产。但20世纪以来，农业对英国经济的贡献率已经大幅降低，1973年占GDP的3%，到2020年已不足1%。

2000—2008年，英国农业总产值快速上升，此后基本保持在每年40亿至60亿英镑。但某些年份仍波动较大，2015—2016年受物价下降影响，农业总产值急剧下降，2017年受弱英镑、强商品价格和高生产水平影响，达到近20年最高值。2018年极端天气导致粮食价格大跌，随着天气条件好转，2019年英国农业总产值又缓步上升。2020年，英国农业总产值约为41.19亿英镑，较2019年降低15.7%，是自2017年以来农业产值最低点。（见图5-2）

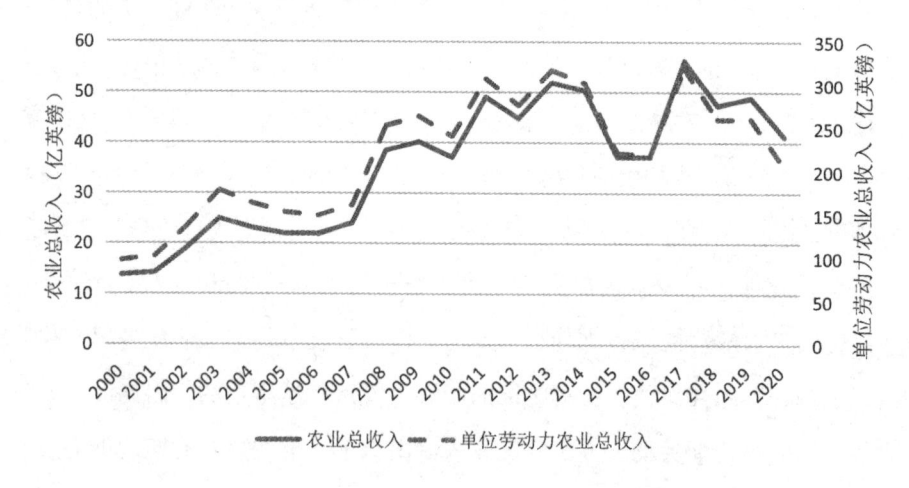

图 5-2　2000—2020 年英国农业总产值

数据来源：英国政府网（www.gov.uk）

英国农业始终保持着大农场的种植模式，农场平均规模在55公顷左右，但两极分化严重。在英国32.5万个活跃的农场中，面积超过100公顷的农场占据了大部分耕地（71%），60%的农场面积不到10公顷，只占耕地的5%。

养殖业在英国农业生产中占据重要地位，并以家畜养殖为主。据考证，英国有3/4的农场专门经营牲畜，其中1/3以上的农场专门饲养绵羊、山羊或其他放牧牲畜。牛养殖产业主要区域为较为贫瘠的地区，养殖面积占英国农业用地的42%，其主要用于发展乳制品产业，牛肉则被作为副产品。相比其他欧洲国家，英国牧牛业集约性较差，夏季在户外放牧，冬季喂养青贮饲料或其他农产品。在英国畜牧业的发展中出现了两场关于牲畜健康的重大危机，分别是20世纪的"疯牛病"和2001年的"口蹄疫"，导致数百万头牛被屠杀，英国纳税人向农民支付了大约30亿英镑的赔偿金。"疯牛病"暴发还促使欧盟在全球范围内禁止英国出口活牛、牛肉和牛肉产品，为期三年，直到2006年6月5日才解除。这项禁令每年给英国农业造成的损失估计为6.75亿英镑。"口蹄疫"对英国农村经济、乡村旅游业和其他小企业影响严重，在7个月的时间里，英国旅游业和辅助性产业损失了45亿至54亿英镑的收入，相当于国内生产总值的0.2%左右。

两场危机之后，英国畜牧业的结构也发生了变化。肉牛生产呈现出"集中化"趋势，农场数量下降，从1998年的71500家下降到2007年的66400家，但单个农场的养殖规模增加，平均牛群规模从68头增加到71头。同时，小农场的数量也一直在增加，2000—2003年，面积小于5公顷的农场数量几乎翻了一番，从54000个增加到104000个。从政策角度解释这种情况，即为了减少动物的流动而对土地进行分割。

2020年，英国畜牧业总产值达150.72亿英镑，其中大部分产值为牲畜驱动型，达85.73亿英镑，主要牲畜包括牛、猪、羊和家禽。图5-3展示了2020年英国不同畜牧产品的产值占比情况，其中牛肉产值为29.29亿英镑。尽管受"新冠"疫情影响，牛肉的需求有所减少，但总体来看仍保持小幅度上涨。猪肉产值为14.42亿英镑，由于猪肉市场对"新冠"疫情的封锁表现出了弹性，猪肉的数量和价格均出现小幅上涨。羊肉产值为13.46亿英镑,产量下降的同时价格上涨了13%,复活节期间羊肉市场受到"新冠"疫情的影响,但下半年外卖需求以及新西兰羊肉竞争减弱刺激了需求。蛋的产值为7.3亿英镑,主要来源于11%的价格上涨,部分原因是从笼养生产到更高福利和有机系统的持续转移。

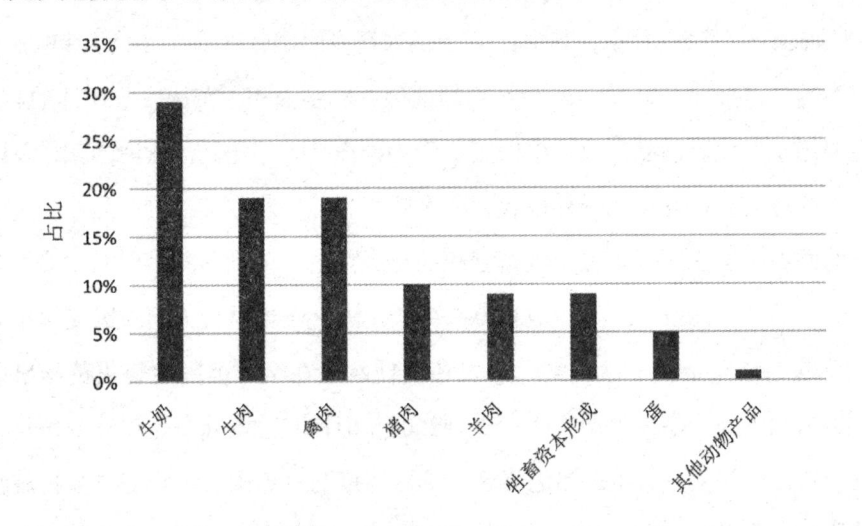

图 5-3 2020 年英国畜牧业各产品总产值占比

数据来源:GOV.UK Research and statistics webpage

2009年,英国农业就业人数为53.5万人,占全国劳动力的1.6%,几乎比1996年减少了1/3。虽然农户仍然是农业活动的核心,但全职农民的数量有明显下降的趋势,兼职农民的数量增加造成农民总数较大。随着农村经济的发展和农业本身变得不那么有吸引力,越来越多的农场经营者和农场家庭成员寻找农业以外的机会来改善他们的生活。英国50%的农场从事除农业以外更加多样的活动,其中约1/5的农场从非农活动中获得的收入超过了农业收入。2020年,英国农业劳动力薪酬总成本为27.67亿英镑,同比上升2.5%,主要是因为农业劳动力数量下降,推动了工资上涨。同时受"新冠"疫情影响,国际旅行限制以及工人的休假计划影响了农业劳动力市场。

2. 20世纪以来的英国农业与乡村发展政策

（1）"二战"后英国农业发展政策变迁。

两次世界大战结束后，英国农业生产的主要目标是应对粮食和食品短缺。20世纪60年代早期，英国农业生产迅速扩大，大多数农产品已经达到了很高的自给自足水平。英国对主要农产品采取直接补贴政策，以维持英国重要的农产品的生产。到20世纪七八十年代，高额的农业补贴和高农业生产率导致农业生产出现大规模过剩，谷物、黄油和牛肉"堆积成山"，牛奶、葡萄酒和橄榄油"泛滥如湖"的现象普遍存在。政府适时调整政策，鼓励农民减少生产，缓解生产过剩危机，提高农业生产效率。1973年，英国加入欧盟（当时为欧共体，1993年改名为"欧盟"），其农业政策开始受欧盟的共同农业政策（CAP）支配。作为一个农业净进口国，英国必须将进口关税退还给出口农产品的欧盟成员国。CAP的实施将英国支持农业的很大一部分成本从纳税人转移到了消费者身上，这直接损害了消费者的利益，从政治角度来看是极为不利的，英国政府对此也一直持批判态度。为了保护英国消费者的利益，2000年，英国政府成立了食品标准局（FSA），作为独立的食品安全监督机构，以保护与食品有关的公众健康和消费者利益。

20世纪80年代以来，环境保护、食品安全成为英国农业发展规划中的重要内容。许多农民开始将维护农村面貌、保护野生动物栖息地等环保行为作为自己的义务，主动与政府相关机构达成长期自愿协议，参与管理和改善农村环境，相关政府机构同时也向农民支付一定的补贴。为了改善食品安全状况，英国政府和食品行业采取了一系列措施来缓解担忧。例如，自2002年以来，所有零售商都必须在新鲜和冷冻牛肉上标明其产地，包括出生、饲养和屠宰的时间和地点。还通过牛的"护照"和"耳牌"对所有活的动物进行身份识别和登记，这使得牛肉可以从农场追溯到餐桌。20世纪90年代中期以来，农场保险成为保护畜牧业生产的关键因素。政府出具资质证书向消费者和零售商证明农场的畜牧、福利和环境保护符合标准。英国肉类保险公司（Assured British Meat）制订的标准涵盖了从饲料供应商到肉类零售商的肉类供应链的所有环节，消费者可以通过标识进行查验。

2000年，欧盟推出了自己的有机农业标识。

20世纪90年代末，欧盟的政策制定者开始重新思考农业的作用，认为农业不应仅仅发挥食物供给的功能，而是应该发挥"多功能性"，通过提供农业商品和服务，发挥农业在维护农村环境、影响农村社会文化系统、维护农村地区的可持续发展和农村活力方面的基础性作用。在全球化时代，农业更是在维护全球食品安全和应对气候变化方面发挥着核心作用。为了更好地发挥农业食物供给的传统功能以及鼓励农业的"多功能性"开发，欧盟通过了《2000年议程》，主要包括两方面的内容：第一是直接支持农产品和农业生产者；第二是强调农业的"多功能性"和农村发展。在该政策背景下，欧盟进一步降低了对谷物和牛肉的干预价格，对农业生产者以直接援助或发放补偿金的形式提供补贴。英国加入欧盟时，欧盟预算总额的80%以上用于农业，主要是作为价格和市场支持。

2001年，为应对"口蹄疫"疫情以及发挥农业的"多功能性"，英国原环境、运输和区域事务部的环境保护职能被分离出来，与农业部和部分内政部合并，取名为环境、食品和农村事务部（DEFRA），目标是明确提出食品安全、农村发展、环境以及国际资源的审慎利用的相关问题。在DEFRA成立后不久，农业和食品未来政策委员会强调全面改革的必要性，呼吁进一步改革CAP，将公共资金重新定位于环境和农村发展。

（2）20世纪的英国乡村发展政策。

英国是世界上最早推行城乡一体化的国家。早在乡村建设初期，英国政府就认识到城乡融合的重要性，并在相关的规划中将乡村建设与城市发展相互连接。"二战"后，世界市场扩大、科技进步促进农业现代化加速，政府也出台了相关就业政策，如加强迁移人口的教育、建立劳动移居地等，使得农业人口不断减少。立法方面逐步形成了"由中央、地区、地方三级组成的完整的框架发展模式，由中央集中统一规划，城乡统筹，强调公众的参与度，在地区推行民主决策，按照规划执行"的规划管理体系。20世纪中叶，英国进入逆城市化阶段，政府开始加强小城镇建设，将此作为连接城市与乡村的纽带，形成一种"共生模式"，一方面城乡产业联动，乡村居民收入不断增加，另一方面政府在农村大建水、电、气等基础设施，缩小城乡硬件差距，同时为农村提供金融、治安等公共服务，提高乡村居民的生活质量，使城乡在生活本位、政策支持上趋同。1980年以来，为了进一步推动农村发展，英国成立了英格兰农村社区等多个农村社区支撑组织，通过政策、信息、技术等方面的支撑，提升农村的可持续发展能力。具体来说，英国的城乡一体化主要包括以下具体措施：

1947年，英国颁布实施了《1947年英国城镇和乡村规划法》，第一次在法律上将城乡纳入一体进行统筹规划与建设，目前已经形成了由中央、地区和地方三级组成的完善的规划管理体系。英国的规划管理体系非常强调中央集权（规划的集中统一）、区域统筹（城乡统筹）、公众参与（推行民主）和规划执行。2004年新修订的《城乡规划法》，将原来的指导性地区规划上升为立法性规范，强化了政府宏观调控的作用。超前规划是英国工程建设的一个特点，如现今覆盖英国整个城乡的地下管网设施，是在100多年前的维多利亚女王时期规划建设的，但它在人口已经增长了50倍的今天，仍然能够满足实际的需要。同时，英国的规划管理非常严格，农户即便是要在自己的农舍旁增加一间偏房，也必须经当地规划部门批准；而动用绿地进行开发，必须经副首相批准。

英国十分重视小城镇的历史文化保护和特色城镇打造。英国的多数小镇都具有很高的历史文化价值，原有街道、建筑保存完好，按照当地规定，建筑历史达到50年以上，一般不允许再拆除，无人继承的则由国家历史文物保护机构收管经营。小城镇建设因地制宜，根据当地的自然、历史和产业发展特点进行差异性规划，强化特色的打造。在小城镇居住成为英国人生活消费的重要选择，实现了城乡居民共居和城市居民郊区化。伦敦市城区上班人数40万，而辖区居住人口仅4万左右。在英国24万多平方公里国土上生活着约6300多万人口，属于人多地少的国家，而英国的农村和小城镇的特色化发展，很好地解决了因地理条件不足带来的发展瓶颈问题。

在英国，农业合作社对促进农村综合发展意义重大。如英国合作社集团（The Co-operative Group, UK），最早发源于曼彻斯特，由300多个小合作社合并而来，2002年又与约克郡消费合作社合并，现已成为一家全国性的合作经济组织。目前，该合作社的业务涉及农场、制药、大型食品超市、旅游服务、汽车销售、殡葬、建筑以及金融保险业等多个行业，为社员提供几乎是"从摇篮到墓地"的一揽子服务，年经营额达19亿英镑。其中，农场经营是该合作组织经营时间最长，也是目前经营状况最好的行业。合作社通过购买、租用等多种方式，从拥有土地的贵族、小农场主手中获得土地，用极少的人力经营着全国约15%的可耕地。如一个土地规模接近5000公顷的农场，可能只有7名工作人员，其中包括2名管理人员，3名农业工人，2名技术人员。农场的所有土地归合作社所有，每年的生产计划由农场经营者提出，报上级公司同意后实施，生产出来的农产品直接送到合作社所属超市销售，缩短了中间环节，大大降低了生产成本。加入合作社的农民可以选择在合作社统一安排下继续从事农业生产，农业工人除了可以获得土地的租金收益外，还可以获得稳定的工资收入，此外还有视农场经营状况而定的奖金，真正实现了由农民向农业工人的转变。

（3）20世纪以来英国的减贫政策。

20世纪中期开始，英国就进入了福利国家时代。1948年，英国开始建立国民救助制度，并逐渐形成了对不同贫困者"区别对待"的特点。对于贫困工人，通过直接减少纳税的改革减轻工人负担；对于贫困的老年人，实施"最低收入保障"；对于贫困的未成年人，实行税收抵免，包括儿童税收抵免和工作税收抵免。

英国政府注重慈善事业在减贫中的作用。英国是世界上最早制订慈善法的国家，并分别在1954年和1958年制定了《慈善信托法》和《娱乐慈善法》，此后经多次调整修改，最终对旧有定义进行大胆改革的是《2006年慈善法》。《2006年慈善法》明确了"具备慈善项目的事业"，其中第一条就是"扶贫与防止贫困发生的事业"。同时建立了慈善组织自治制度、慈善资金募集制度、慈善组织税收优惠制度等一系列慈善法律制度，为慈善组织明晰制度、有效规范行业自律、更高效地在反贫困事业中发挥自身作用提供了法律保障。

扶贫与社会保障相结合是重要的发展方向。英国在19世纪正式建立起社会保障制度，用贝弗里奇模式代替碎片化的俾斯麦模式，以建立一个"大一统"的社会保障制度。英国的社会保障对象主要为少年儿童和失业人群。英国新工党倡导"第三条道路"改革社会保障制度，提出"投资儿童就是投资未来"的口号，并围绕儿童的身体健康、科学教育等形成了一套完整的社会保障制度。同时，英国一直致力于将就业机会和就业服务纳入社会保障范围，以权利和责任并重为出发点，强调"无责任无陷阱"。

（三）英国农业和农村发展对我国乡村振兴的启示

英国作为最早进入现代化及最早实现城乡一体化的国家，其农业和农村发展经验可以给我们带来以下几点启示。

第一，高度重视农业生产和粮食安全问题。无论是英国农业革命时期，还是20世纪后的农业发展过程，英国都将依靠技术变革提高农业生产率和保证粮食安全作为农业和农村发展的首要任务。即使是在20世纪七八十年代英国农产品大量剩余的情况下，英国仍然坚持将食品和粮食安全放在首位。随着农业技术变革，英国的农业生产率远超其他国家。如与法国相比，1500年两国的劳动生产率基本相同，但在1600–800年这200年间，英国的人均产量增长了73%，而法国只有17%，形成巨大差异。19世纪，英国已经成为世界上劳动生产率最高的国家。其土地生产率可以从作物的亩产量中看出，如全国小麦的亩产量在16世纪约为8布什尔，18世纪达到14布什尔，主要得益于生产技术的改进。因此，提高生产率对农业发展来说意义重大。随着全球人口不断增加，对粮食的需求量也随之增加，但人均耕地面积却不断减少。要想保证口粮充足，就需要从生产率上下功夫。劳动生产率和土地生产率都与生产技术挂钩，都需要加大先进农业科技的应用，这一点在大部分发达国家现代化转型的早期得到重视。

第二，大量农村剩余劳动力向城市转移是实现现代化的重要条件。英国在农业革命中逐步认识到可以通过让农村人口转移到城市来解决剩余劳动力的问题。对此，需要完善的制度对农民的利益进行保障，让留在农业部门的农民能够通过从事农业生产保持收入，让脱离农业部门的农民能够在其他部门找到就业机会。同时国家在尊重整体发展趋势的前提下也应该进行宏观调控，以确保各部门稳定发展。进入20世纪后，英国通过成立农业合作社，在提高农业生产效率的同时，也保障了农民的基本权益。

第三，注重政府主导，积极规划，通过城乡融合促进乡村振兴。法律保障、政府主导、企业参与、注重当地资源和文化特色的小城镇及实施城乡一体化规划和发展战略，为英国缩小城乡差距、保持农村魅力发挥了重要作用。Lichter和Brown通过比较18至20世纪不同时期英国的农业与农村发展政策，发现英国的乡村发展政策越来越多地从单独的农村政策中转移出来，并强调城乡融合的积极作用。加强城市和农村地区之间的联系和互动对两者发展繁荣都有利。英国最繁荣的农村地区往往集中于与城市靠近并联系密切的地区。优先考虑发展适当的基础设施来促进城乡之间的社会和经济互动，一方面会增加农村人员的就业和教育机会，同时也会为城市人带来到农村休闲活动的机会，促进农村地区的人口增长和活力，对乡村振兴至关重要。

第四，注重农业的"多功能性"挖掘，将农业与食品安全、农村环境及农民的社会文化生活联系起来。利用综合性的农业政策，鼓励农民及企业等不同的主体参与，为农业和乡村的可持续发展及增强农产品的国际竞争力做出贡献。

第五，值得指出的是，作为世界上最早的工业化国家，英国的农业和农村为英国快速工业化做出了巨大牺牲，"圈地运动"产生了大量的城市和乡村的贫困人口。在很长一段时间内，英国的农业劳动力都没有享受到英国现代化带来的成果，城乡差距不断扩大。尽管在"二战"以后英国农业出现衰退的情况下，英国开始重视农村和农民的发展问题，采取措施增加农民收入，包括为失地进城农民进行培训,提高其劳动技能,帮助其就业,以及建立再就业制度和劳动保障制度,如《新济贫法》《失业工人法》等,同时也从济贫制度向福利国家制度转变,但大规模的农业补贴并没有带来农业的发展,相反,因为快速融入全球市场和农业的专业化发展,导致英国大量的农产品依赖进口,增加了英国消费者的负担。

二、美国的农业农村发展经验

美国应该算是农业现代化比较成功的国家。美国独立战争结束时,95%的人口从事农业活动,到19世纪中期,非农业人口占美国总人口的比例不到20%。美国农业的转型应该是从美国内战结束后才开始的,随之出现了经济快速增长和农村人口快速减少的状况。到19世纪末,美国已经具备农业商业化发展的制度基础和比较先进的基础设施。到20世纪初期,美国农业基本完成现代化转型,农业生产率持续提高,农民家庭收入不断增加,城市消费者的食品价格也相对低下与稳定。目前,美国农民的数量不到总人口的1%,但依靠规模化与机械化,美国不仅保障了全国粮食供给,而且农产品在国际市场长期保持着强劲的市场竞争力。中国跟美国的情况虽然差别巨大,但同为农业大国,了解美国农业和农村现代化转型及发展过程,仍然会对中国推行乡村振兴战略具有借鉴意义。

(一)美国的农业发展状况

美国的粮食生产最早可以追溯到15世纪,印第安人培育了玉米、马铃薯、烟草、南瓜等100多种农作物,但直到19世纪早期,美国农业还是非常落后,产量低下,农业生产基本上是采取自给自足的方式。1775年,美国独立战争爆发,1776年成立美利坚合众国,南北方的农业开始分化,南方地区的农业开始走向商品经济。烟草作为当时美国南方最主要的作物,为美国创造了大量外汇,1776年弗吉尼亚和马里兰烟草出口额占美国农产品总出口额的87.27%。18世纪工业革命爆发，轧棉机等先进机器的出现刺激了对棉花的大量需求，于是美国开始扩大棉花的种植面积，棉花成为美国的主要农作物。北方地区则因为交通、自然条件等制约，一直保持着自给自足的方式。直到19世纪60年代以后，南北战争、欧洲自由贸易等因素使北部农业迅速发展起来，1900年北部的小麦有1/3用来出口，玉米、棉花产量也迅速增长。如今，美国的小麦、大豆、玉米、棉花、烟草、肉蛋奶产量均名列前茅，其中小麦产量占世界总产量的近10%，大豆和玉米均达到世界产量的40%左右。

1929年，美国经济危机席卷全球，其背后与农业债务问题息息相关。美国农业在19世纪60年代的工业化进程中基本完成了机械化转型，而技术进步带来产量快速提高的同时，农产品价格却呈现断崖式下跌，导致农民收入直接下降，农民无法按照预期偿还银行贷款，次贷危机由此诞生。罗斯福上台后实施一系列政策措施进行改革，首先颁布了《农业调整法》，通过国家调控的方式解决供需矛盾，让美国农业得以获得喘息的机会，在此后几十年时间实现快速复苏和发展。2017年，美国农业就业人数为285万人，仅占总就业人口的1.66%。截至2020年，美国约有农业用地面积4.22亿公顷，粮食总产量约占世界总产量的1/5。2020年玉米产量10.9吨/公顷，大豆产量3.43吨/公顷，小麦产量3.3吨/公顷，大米产量6.30吨/公顷，同一时期OECD（经合组织）国家的相同农产品产量分别为9.2吨/公顷、3.35吨/公顷、3.95吨/公顷、5.12吨/公顷。美国成为世界最大的农产品出口国，中国是美国农产品出口的消费者，2017年，美国对中国农产品出口额达到了241.2亿美元。

美国的农业生产结构也有较大变化。整体来看，农业、林业、畜牧业和渔业协调发展，其中农业和畜牧业几乎并重，占据美国农业GDP主要份额。20世纪70年代，种植业受国内外市场刺激，超过了畜牧业，直到90年代种植业才开始下降，畜牧业相对上升。21世纪以来，种植业又有所上升，超过畜牧业，2012年种植产值2123.97亿美元，占农业总产值的53.8%。种植业和畜牧业内部的产业结构也发生了很大的变化，受政府鼓励，大豆产量占比逐年增加，禽肉产量比重也逐渐上升。此外，种植业和畜牧业内部结构呈现出多样化的特点，从出口情况来看，以消费者为导向的产品（包括奶制品、肉类、水果和蔬菜等高价值产品）的出口呈现强劲增长态势。

（二）美国农业农村现代化转型的主要特征

美国农业转型始于19世纪后期，相较于其他农业大国开始时间较为滞后，又受限于广泛的农业贫困人口。20世纪早期，其农业才在生产力方面出现持续性、加速性增长。美国农业转型一直到20世纪后期才取得成功，至此，美国不仅实现了大面积土地资源的重新配置，稳定了农产品市场价格，提升了农民实际收入，更将农业发展融入国家和全球经济之中，推动了美国的经济转型，促进了美国的城市化和现代化进程。

从时间节点来看，美国农业现代化转型过程可以分为三个时期。19世纪60年代到20世纪初是第一个时期，农业实现了从手工劳动转向畜力为主的半机械化操作。其间，美国颁布了《宅地法》，将国有土地无偿或低价转出，农民获得了大量土地，美国西部出现了许多大农场，而劳动力不足成为限制农业发展的重要因素，畜力取代人力应运而生。美国政府还为推进农业现代化采取了一系列措施，包括建立农业部，为各州创办农业院校提供资金等。20世纪初到20世纪中叶是第二个时期，美国农业实现了从畜力到机械化转化的过程。这一时期尽管美国经历了两次严重的农业危机，但通过限耕补贴、价格支持以及信贷支持等一系列措施，保证了农业的稳定生产。在此期间，美国的拖拉机从1910年的1000台增加到156.7万台，谷物收割机从1000台增至19万台，机械动力达到17460万马力，占全国农用动力的93.5%。第三个阶段是20世纪50年代以来，美国农业基本达到了现代化水平，具体表现为农业各产业的作业环节都有了相适应的机器，随着新技术革命的到来，遥感、地理信息系统等精准农业技术也开始在农业生产中实现运用。

美国农业农村现代化转型呈现出以下几个特点：

首先，农场数量整体减少，家庭农场数量占比高。基于农业从业方式的转变，原有的农场模式发生变化，工业化生产和市场价格竞争导致大量农场经营亏损，继而被更富有资本的农场主或者工厂企业收购兼并，投入资本进行规模化农业生产，使得农产品的成本继续走低，运营状况不佳的农场遭到淘汰。在该种竞争模式下，农场的数量整体减少，土地分配变得日益集中。这种资源的重新分配整合大大促进了美国农业土地的高效利用和经济作物的规模化种植，保障了美国粮食安全，促进了市场经济发展。而大型农场凭借生产力、销售价格、物流运输等方面的优势，无论是在规模还是市场话语度上都占据着主导地位。据统计，20世纪末，美国10%的大规模农场占据了76%的农场面积以及70%的销售额。而近一半的小规模农场，却只瓜分到一席之地，即农场总面积的4%和销售总额的2%。尽管如此，美国仍有很多的家庭农场，虽然规模面积远比不过大型农场，甚至部分家庭农场的农业收入是亏损的，但它们确实存在并且还依然从事农业生产。这是因为绝大部分家庭农场属于休闲农场，并不依赖其农产品的经济效益，而是注重对个人所需的满足，因此他们依靠的是伴随经济社会发展而不断增长的非农业收入，以此来保证其农场经济的可行性。

其次，农业人口大量转化为非农人口，农业从业人口出现老龄化趋势。美国的农村人口变化开始于1920年，约60万人口从农村迁移到城市，这个数字到20世纪30年代达到了350万，40年代和50年代超过900万，到60年代美国基本完成了城镇化。19世纪中期，美国的非农业人口尚不足总人口的1/5。在内战、"二战"和工业运动的刺激下，技术革命使得农业生产更加科技化、先进化，逐渐脱离原本的传统劳动作业，衍生出大量的农村剩余劳动力，导致农村劳动人口外迁，大批的农民工人流入工业、服务业等非农行业。1990年农业人口已骤减到450万，不足总人口的2%，而非农业人口超过4700万。如今，美国农业从业人口减少到总人口的1%，但大约只有半数将农业作为主业，农业产值占美国GDP的比重只有0.84%，兼职农业盛行。

农村年轻劳动力的流失引发农业从业人口老龄化，农村经营者的平均年龄接近60岁。但很大一部分农业人口并未完全脱离农业产业生产，他们进入了与农业生产息息相关的行业，比如修理农业机械、虫害防治、农产品加工与包装、运输与销售等，为农业转型与发展提供了物资和劳力支撑以及充足的后勤保障。据刘鹏、贺露、尤龙的研究可以了解到，美国官方的农业从业人口统计并未将这些为农业发展相关产业工作的、跨产业的、兼职农业的劳动人口算入其中，而这些从业者却真实地参与到了农业产业生产的过程中，对农业做出的贡献不可小觑。同时，因为美国农民门槛高，农业生产采取家庭继承的方式，以及农业从业者的多元化和兼业化，美国农业并没有出现后继无人的状况。

再次，拓展市场潜力，农村收入增加，贫困率显著下降。美国是农业现代化程度最高的国家，机械化生产提高了农业种植生产的效率，为农场主节省了巨量的人力物力成本。因此，农民数量的减少不仅未对农业生产的产量及经济效益造成明显的负面影响，还增加了农场主手中的物质财富，使其拥有更主动的资本投入机会，以更具有竞争力的农产品价格参与市场竞争。然而，高产量的农产品如果无法被成功销售，或消费不足，就会引发生产过剩的经济危机和"谷贱伤农"的危险。直到20世纪90年代，美国的农业转型对农业劳动者及农户家庭带来的减贫和收入增加的影响非常有限。90年代，随着非农产业部门的发展和带动，农业劳动者及农户家庭的收入才逐渐增加。1965年，农业家庭的贫困率为31%，超出非农家庭贫困率的一倍以上（非农家庭为15%）。到1991年，农业家庭的贫困率降低为10.1%，而非农家庭为11.5%，出现农业家庭贫困率低于非农家庭的情况。当然，不同的贫困测量方法会有很大差异。

最后，农工协调发展，促进城乡融合。美国农工协调发展的方式让美国的城乡融合更为顺利。首先，美国的工业化开始于纺织业，直到19世纪60年代，棉毛、纺织等农产品加工业还占据着工业发展的主要地位，在此基础上形成了整个国家范围内的农工互动体系。其次，对基础设施的注重使得美国的交通运输业十分发达，为城乡融合提供了客观条件。19世纪80年代城镇化初期，美国引进欧洲先进的交通运输技术，直接刺激了美国西部开发和中小制造业、采矿业的发展，城镇化率也大幅提高，后随着高架铁路、有轨电车的出现以及大规模修建公路，城镇化率随之上升。最后，美国还将构建"大都市区"作为发展的重点，通过建立一批大中城市担负国家政治、经济、文化中心的职能，极大促进了美国城镇化过程。

（三）美国农业农村转型的条件

一是大规模投资农业基础设施，改善农业生产条件。大规模投资进入基础设施和产业发展领域，为农业和农村发展提供了便捷交通和通信设施。农业产出主要依靠向城市供应粮食和出口完成消化，因此对交通运输的通达性有着较高要求。在大量国外资本的支持下，现代化的交通、通信等基础设施不断完善，如伊利运河的开通、铁路的建设与发展。自1950年以来，美国政府部门已在高速公路建设和维护方面投资了数十亿美元，州际公路总里程中约有65%，联邦援助公路总里程中约有70%贯穿农村地区。能源方面，农村电气化管理局（REA）的成立引发了一系列联邦投资，到1939年，REA帮助建立了400多个农村电力合作社，为近30万户农村家庭提供了服务，如今该局继续提供信贷和其他援助，以帮助改善农村地区的电力、水和电信服务。完善的基础设施能够大大提高农产品的加工和运输效率，帮助农场主更快地将农产品转给卖家，不仅避免了库存积压而产生的管理成本，也缩短了与需求方的空间距离，切实扩大了农业市场，促进了农业部门与国家、国际经济相结合，并向高度商业化和富有生产力的方向发展。需要指出的是，私营部门及外国企业的资本在完善美国基础设施方面发挥了重要作用，尤其是来自欧洲的银行家及风险资本家的资金。

二是利用教育和培训，向农民推广农业技术，促进农民现代化转型。农民的现代化是美国农业和农村发展的重要推动力。19世纪后期，美国开始由传统农业向现代农业转型，在工业革命的推动下，在20世纪中期实现了粮食生产机械化。

机械生产不仅弥补了农村劳动力流失的问题，还提升了农民对新的生产方式的认可，使其意识到农业科技的重要性。当农民开始接受并学习现代化生产方式，就为政府和研究机构推广新技术提供了极大便利。美国政府不仅为农户提供职业教育和培训系统，着力提高农户的教育程度、综合水平以及将农业技术应用于生产工作的素质能力，还着手进行农业科研体系改革，要求研究机构确保为农民提供最新的技术培训，从制度层面为农民获取农业生产的相关知识建立保障。此外，美国农户还享受到政府在农业资源方面的法律保障。众多的土地资源保护相关法律法规出台，如《土壤保护和国内配额法》《耕地保护计划》《土壤和水资源保护法案》等，对土地资源的使用和监管都有着科学管理和明确规定，确保农民所耕种的土地具有可持续发展的潜力。

三是以科技为抓手提高农业生产效率。对于农业领域的科研投入，美国已经形成私人领域主导的格局，同时依托高度发达的互联网及大数据产业，形成以精准农业为特点的农业生产体系。通过对气候、土壤和空气质量、作物成熟度，甚至是设备和劳动力的成本及可用性方面的实时数据收集，进行预测分析，从而做出更明智的决策。越来越多的私人企业开始进入农业生产技术领域成为专业科研机构，并依托知识产权保护法，通过买卖、出租专利的所有权或使用权获得更大的利益。

（四）美国的农业立法

通过颁布一系列法案，确保农民对土地的有效开垦和利用是美国农业发展和转型的基础条件。南北战争期间，为了阻止南方奴隶制种植园向西扩展，美国于1862年颁布了著名的《宅地法》，在一定程度上满足了西部垦殖农民的土地要求，确立了小农土地所有制，从而为美国农业资本主义的发展创造了有利条件。《宅地法》生效后，美国又陆续通过一些带有补充性质的法令，如1873年的《育林法》，1877年的《荒漠法》。据统计，依据《宅地法》及其补充法令，联邦政府到1950年有2.5亿英亩土地授予移民。一系列土地法的颁布，大大促进了美国经济的地理扩张，扩大了美国经济整体规模。

大萧条以后，美国农业问题的主要表现形式是农产品过剩导致的价格下跌。小农户直接收入大幅降低，许多农场主也面临着资金周转危机，大量农民开始破产，连带着大量乡村银行倒闭。为了重振经济，美国出台了《1933年农业调整法》，以补贴和低息贷款的方式鼓励农场主削减种植面积。1936年《农村电气法》出台，旨在通过电气贷款的方式为农民提供补贴和价格支持。这一时期的发展政策是从整体上应对经济危机，而非专门的农业农村发展政策，农村被作为城市的附庸而得到发展。美国政府针对国内农产品销售以及农民的生产情况，出台了大量的农业补贴等政策，这也是美国农业政策的核心内容。通过对农民的补贴，减少供过于求的供需差对农民收入的不利影响，同时目标价格等市场化价格调节政策的引导稳定了农产品市场，这在农业转型的早期阶段作用巨大，在当下美国农业生产中也有着举足轻重的地位。此外，美国政府还定期收购大量农产品保障国家粮食安全，该举措能在一定程度上缓解供需矛盾，提升市场上农产品价格，减轻小型农场的经营压力，更是帮助众多农户脱离贫困，增加实际收入。但是，国内市场对农产品的需求和消耗是有限的，美国农产品更多的是流入国际市场，美国出口农业服务了全球3亿人。1954年，美国政府便颁布《农产品贸易发展和援助法案》，通过出口信用担保、价格补贴的方式鼓励大规模出口农产品，尽可能地为农民生产经营与出口降低风险。据统计，美国自1960年以来一直保持农产品出口贸易顺差。因此，美国农村收入的普遍增加受益于全球经济和国内国际市场的开发，更离不开农业政策对农民的稳定作用。

20世纪70年代以后，美国经济结构转变倒逼社会转型，农业在国民经济中所占比重逐渐下降，农村社会快速实现了结构变革。工业化的发展造成严重的城乡不平等问题，在民众的大力呼吁下，政府出台了一系列相关政策文件。1972年率先出台的《农村发展法》成为美国农村发展政策制度化的开端，并为美国其他农业农村政策奠定了坚实基础。随后，《食品与农业法》《乡村发展政策法》《农业与食品法》《住房与社区开发法》《灾害救济法》相继出台，从基础设施、消费信贷、水供给、房屋产权等方面确立了乡村整体发展规划。这一时期，联邦政府对乡村发展问题的认识发生了变化。此前，乡村发展问题被视作单纯的农业问题，政府也仅从农场和农产品入手，通过出台支持农场和农产品发展的政策来解决。实际上，非农经济的快速崛起使得农业收入所占比重不断降低，乡村发展问题早已超出了农场经济范畴。乡村发展的目标不再局限于保障农村人口的最低生活水平，而是向着为农村人口提供新的和高收入的就业机会、创造良好社区环境转变。

20世纪90年代初，联邦政府开始重视乡村的可持续发展问题，通过职能整合构建了较为完善的管理体系。从政策内容看，美国乡村发展政策的关注重点在加强乡村社区建设、培育乡村经济增长新动力和创新环境保护工作三个方面。在加强乡村社区建设方面，联邦政府十分重视乡村公共服务的提供，如促进乡村基础设施投资，推进宽带网络建设；在培育经济增长新动力方面，美国力图提高非农经济在乡村发展中的地位，通过扶持能源经济和农村商业等项目创造更多的就业机会；在创新环境保护工作方面，美国农业部特别注重和农场主及农业企业的合作关系，开展了一系列行之有效的工作，如环境保护激励项目、区域资源保护合作项目以及退耕项目等。

近年来，美国的农业补贴和支持政策为提升美国农业的全球竞争力发挥了重要作用。这些政策不同于农村发展政策，主要以提高农产品生产效率和促进出口为目标，并且优先对大农场进行政策补贴。2011—2016年，美国家庭农场获得与商品生产有关的补贴从28.8%上升到35%。大规模农场以棉花、奶制品、谷物、大豆、牛肉、猪肉或高附加值领域的生产为主，小规模农场数量则逐渐萎缩。同时由于小规模农场的生产效率和对其的补贴支持力度弱于大规模农场，也带来了一些社会经济问题，如人口劳动力的外流、基础设施缺乏维护、农村经济衰退等。

为加大对农场及其农产品的补贴力度，强化农业从业者的积极性，美国政府通过财政补贴的方式对农场和农产品进行价格保护，稳定农产品价格，维持其基本的利润率，从政策层面给予农场扶持。根据美国农业法案，政府给予的补贴包括直接固定补贴、减息优惠贷款、市场价格补贴以及紧密救援补助。直接固定补贴于2002年设立，以单位产量和种植面积为基础进行一定的补贴支付，补贴范围仅限于基础作物，包括小麦、玉米等十余种农作物。减息优惠贷款是针对一定规模的农场，对农产品生产者在贷款利率上给予相应的优惠，一般利率在4%—5%，时间期限为5-20年不等。市场价格补贴取决于市场的供求状况，在市场价格低于政府保护价格时，向农场及农产品生产者发放补助，以减少其经济损失。紧密救援补助是当农场及农产品生产者因特殊自然灾害导致大量减产时，由政府发放特定的灾害救助金。此外，美国政府对农业实行税收减免政策，包括所得税、遗产税、赠与税及其他税收减免，农业生产者缴纳税费大大降低，有利于缩小城乡的收入分配差距，平衡地区发展水平。

除了政府的宏观扶持政策外，农业保险是利用市场手段分担农业生产风险的有效手段。美国政府于1938年颁布了《联邦农作物保险法》，开启了对农作物进行保险的先河。在实施初期，保险的农产品仅限于小麦一种。经过几十年的发展，美国农业保险的范围不断扩大，参保人数与保障水平也在不断提高。截至2012年，美国农业保险保费规模达到78.6亿美元，农业保险覆盖率达到96%，覆盖范围非常广泛，涵盖了100多种农作物，并且实行巨灾保险和区域单产保险。

农业保险供给和服务对保障美国农业发展起到了非常重要的作用。美国农业保险体系主要由联邦农作物保险公司、商业农业保险公司及私人农业保险公司组成，有着非常完善的管理机制：联邦农作物保险公司负责对全国农业保险进行统一协调与管理，商业农业保险公司与私人农业保险公司在联邦农作物保险公司的协调下开展业务，农户向保险公司提交申请，最后由政府进行保险补贴，在一定程度上杜绝了暗箱操作，提高了保险赔付和补贴的公平性。

（五）美国的农村和农民现代化转型的主要经验和教训

美国是世界上城镇化水平最高的国家之一，目前，其城镇化总体水平已达到80%以上。其最大的特点就是工业化、城镇化和农业剩余劳动力市民化的同步完成。美国走出了一条工业化、城镇化和市民化同步的发展道路，为推进农业人口的现代化做出了贡献。其农村发展、农民现代化的转型过程有许多可借鉴之处，具体适合我国国情的有以下几个方面：

第一，制定了完善的农业剩余人口就业政策。一方面，为积极引导农村富余人口彻底从农业生产经营活动中全面脱离出来，美国政府主动将大批量第三产业引入城镇，为促成大规模农业剩余人口的稳定就业奠定了产业基础。另一方面，面对农业剩余人口知识量不足、技能欠缺的基本状况，美国政府部门为农业剩余人口提供了一系列具有针对性的技术培训。与此同时，美国相关政府部门还迅速制定了《人力发展与训练法》和《就业机会法》两部法律，此两部法律的颁布为农业转移人口在岗位培训、提升就业能力方面提供了强大的法律保障。

第二，缩减城乡教育差距，完善劳动者知识、技能培训措施，使农村剩余劳动力快速融入工业化过程。在城镇化早期阶段，美国城镇、乡村教育差距较大，大量农业转移人口的理论知识和专业技能欠缺，无法适应城镇工业生产的需求。除了制定《人力发展与训练法》和《就业机会法》，美国劳工部门还负责具体实施《人力发展与训练法》，通过为农业剩余人口提供技能训练服务来全面破解美国农业转移人口的就业难题。农业转移人口市民化的过程与美国工业化、机械化过程相互促进，使得很多先进农业生产技术在农业生产过程中得以普及，大幅提升了美国农业劳动生产率。与此同时，农业转移人口市民化过程强有力地促进了美国中小城镇的快速发展，对缩小城镇、乡村收入差距，实现城镇、乡村一体化发展起到了强有力的促进作用。既促进了美国西部、南部地区的经济全面发展，也解决了美国不同区域之间经济发展不协调、不平衡，城乡收入差距大等问题。

第三，提高农业生产的技术含量，减小农业劳动强度，使农业成为体面的职业。美国较高的机械化专业化农业生产水平，保证了农业从业者只需承担适当的劳动强度。1840年，美国大型农业机械已经用于播种、收割、翻耕、施肥等各个环节；1914年美国农民拥有2.1万台拖拉机；1958年美国实现了小麦、玉米等主要农作物生产过程各环节的全面机械化，包括育种、收割、脱粒、清洗、运输整个流程。20世纪80年代开始，美国运用计算机技术和生物技术实现了自动化专业化程度更高的新型农业模式，如遥感农业、精准农业、转基因农业等。据统计，2000年左右，美国平均每个农场的生产管理只要1.4单位的劳动力，1单位劳动力的产出可以供给150人所需。美国一直是世界上最大的农业出口国及农业总产值最高的国家。

第四，通过增加农业土地服务，提高科技投入和农产品质量，保护农业耕地面积。美国农业发展很重要的一个经验是农村地租价格的增长并没有造成农业耕地面积的减少。自1950年以来，美国出现了农地租用和销售价格大幅度增长的情况，很多农地，尤其是城市郊区的土地被改变为非农用地，但美国农业用地的整体规模没有太大变化，甚至还出现了增长。1910年，美国的农场总面积为8.8亿英亩，种植作物的土地面积为3.1亿英亩；到1997年，这两个数字分别增长为9.7亿和3.38亿。土地价格的上涨可能是因为对土地服务的需求导致土地收益的增加，当然，这可能是由于技术进步，国际市场对美国农产品的需求增加，使得很多企业都愿意投资农业。

第五，普及绿色环保观念，动员公众参与，实现乡村的可持续发展。近年来，随着低碳经济、循环经济等绿色生态理念的宣传，美国人的环保意识逐步增强。美国人在参观乡村旅游环境时都有较强的环保意识，在享受美好自然风光之余还不忘保护环境。游客大多自觉携带环保垃圾袋，旅游景区也加大对垃圾处理设施的资金投入，甚至有一部分游客群体到当地旅游景区管理部门捐献财物，以实际行动支持乡村旅游的发展。美国合理处理自然资源环境与经济发展两者之间的关系，通过限定人数及建立环境破坏补偿机制等保护乡村环境，实现可持续发展。美国政府通过官方宣传，让社区民众进一步了解发展乡村旅游的意义（如扩大内需、拉动经济增长、提供就业机会、营造良好的乡村环境氛围）。通过在群众居民内部宣传，吸引其主动参与乡村经济建设，从而利用乡村群众服务和创造基础设施条件来支持乡村旅游经济的发展。公共参与是美国农村垃圾治理的重要方式，即在政府制订相关法律法规时，广泛邀请农民参与，现在已经形成比较完善的农村环境治理体系。

与英国相比，美国在很短的时间内实现了农业强、农村美与农民富的全面发展。与20世纪六七十年代大量农民离开农村到城市相比，近年来美国出现了逆城市化趋势。很多城市居民开始搬到农村居住，一方面可以享受城市方便的医疗、娱乐等服务，另一方面还可以享受乡村宽敞的居住条件和新鲜空气。这对已经非常稀缺或老化的农村基础设施带来很大负担。近年来，美国政府开始致力于农村基础设施投资计划，用于改善农村交通、电力、网络宽带等各种基础设施。网上办公等新的工作模式的出现，将会促使更多美国人到更偏远的乡村居住，这可能为美国新一轮乡村振兴带来机遇，但美国乡村人口稀疏及目前美国面临的巨大的投资缺口，使得美国的基础设施何时更新到偏远的乡村地区存在很大的不确定性。

关于美国农业现代化转型经验的讨论还应该包括以下几个方面：

首先，私营部门为主导的科技投入只让很少一部分大农场主获益。最早采用农业技术的大农场主以较低的成本生产大量农产品以低廉的价格销售，这样就会将技术落后者挤垮，从而导致小农在美国不能生存。

其次，文化转型在美国农业转型中发挥的作用一直是一个很受争议的问题。社会学家发现，在20世纪50年代，阻碍美国农业发展的主要因素是农村的制度及落后的农民观念，而不是经济因素。但随着美国社区发展项目的失败，这种倡导非经济因素对转型和科技应用的引领作用的观点逐渐失去了市场。自50年代以来，美国农民对新品种和新技术的广泛采用，证明了没有农村社区的文化和心理转型，农业也会实现成功转型。

最后，从美国整个现代化转型过程来看，农业生产率的提升对美国现代化转型的作用并不明显，但也不能完全说农业没有发挥作用。在美国整个现代化转型的过程中，无论是对基础设施的投资，还是科技推广等方面，都没有对农业和农村进行区别对待。相比于19世纪，20世纪美国农业增长更快，所以农业对美国经济增长的贡献更大，城市的食物供给也不断增加，让城市消费者获得利益。同时，农业生产率的快速提高，一定程度上促进了商品出口所获得的收益。但20世纪美国农业所提供的就业岗位已经不到整个劳动力市场的1/4，因此，农业生产率的提高对美国整体生产率的提高的贡献也很有限。随着城市的发展，农村剩余劳动力可以到城市工作，这样农村与城市的收入差距也逐渐缩小。为吸引劳动力到农村部门工作，农业企业和政府部门不得不改善农业生产环境，采用先进的农业技术，这为提升农业吸引力、促进农业现代化转型发挥了关键作用。因此，美国农业现代化与整体现代化是一个相互促进的过程。

三、日本乡村振兴经验

日本是第一个实现工业化的非西方国家，也是后发外生型现代化国家的代表。日本的农业转型开始于明治维新时期的西化政策，但直到1952年，日本的人均GDP只有188美元，与很多发展中国家一样贫穷。但与其他国家不同的是，在其经济还非常落后的时期，日本就注重对农业的基础设施进行投资，不断完善相关的法律和制度，通过义务教育和职业教育培养了高素质又具备职业技能的农业从业人员。20世纪80年代中期，日本的农业对GDP的贡献就已经不到8%，从事农业的人口占总人口的数量也只有10%左右。在不到100年的时间里，日本农业实现了由分散的小农经营走向适度规模经营的农业现代化转型，其经验也值得我们关注。

（一）日本农业转型的历史沿革

1. 明治维新时期：农业的发展孕育阶段

明治时期（1868—1912）的农业政策为日本农业的现代化转型奠定了基础。明治维新之前，日本还是一个非常落后的封建国家，与其他亚洲国家一样，也被迫签订了一系列不平等条约。明治上台后，开始实行"西化"政策，启动全面改革促进日本发展，日本开始了现代化转型过程。日本农业的发展也受益于这一时期的全面发展政策。首先，在农业生产仍由小农户主导的情况下，政府通过公共投资、立法和地方制度创新改善农业基础设施，包括灌溉水利、治水排水工程等。在政府大规模投资下，地主的大量积蓄被银行转移到小规模工业投资，粮食产量和农业劳动力的供给不断上升。1873年实施的土地税改革是该时期一项重大的改革措施，废除土地买卖的禁令，确认土地实际占有者的土地所有权，并向他们颁发地契。规定凡土地所有者均要缴纳地税，不因年景的丰歉而增减，地税一律用现金缴纳，不以产品价格的变动为转移。该土地法虽然看上去严格，但因为废除了以村子作为实体进行征税的方式，农民承担的赋税实际上有所降低，因此，该措施一定程度上促进了农业投资及其生产力水平的提高。

明治统治时期的另一个农业改革重点是大力推广高产的农业技术。早在19世纪70年代，日本政府就开始实施义务教育，私立教育制度也在全日本开始形成。这些举措大大提高了国民的文化水平。因为政府大规模投资于交通和通信设施，小农户自己发明的农业技术也被迅速在日本全国范围内进行推广使用。农业技术研究人员在试验站对农协进行推广活动。而且，重视职业教育是明治政府推进现代化的重要举措，化学肥料也在1880年左右开始推广使用。在19世纪80年代，日本农业为国民经济最重要的产业，75%的劳动力从事农业劳动。农业、林业和渔业占整个国家GDP的45%。

2. "二战"之后到20世纪90年代：农业的发展转型阶段

两次世界大战时期，国家垄断资本主义的经济政策限制了日本的农业发展。

"二战"爆发后，日本以战时经济统制政策来保证粮食生产与销售的稳定。其间，颁布《农地调整法》（简称《农地法》），限制地主的权利，将地租、地价的决定权、土地流转权都收归"农地委员会"所有。1938年，农业对日本GDP的贡献率只有18%。1942年，日本又制定《粮食管理法》，规定由政府统一管理粮食市场的流通与消费。

"二战"结束后，日本政府动员全国进行工业化和出口，从而使日本成为第一个转型为工业强国的非西方国家。在"二战"后的十年间，日本政府重新将视线投向农业，农业和整体经济的高增长率以及成功的土地改革提高了农业工资和农民收入，为之后的农业发展奠定了良好的基础。20世纪50年代，日本农业产值年均增长4.4%，农业产业发展迅猛。1955年，日本加入关贸总协定后，农产品的商品化属性不断加深，佃农缺少土地，不得不向占有大量土地的地主进行土地租赁，收入分配不平等现象愈发严重。这些问题倒逼日本推动农业的现代化发展。

为了解决地主阶级占据大量农地问题，日本再次进行了土地改革。虽然不涉及经营单位的土地规模分布，但对土地所有权进行了界定，允许地主所保留的出租土地面积大大减少（内地为1公顷，北海道为4公顷），内地超过3公顷，北海道超过12公顷的土地由政府强制购买。土改的结果是解放的土地面积大大增加，由第一次土改的90万公顷上升到200万公顷。同时，只允许以现金缴纳地租。各地负责农地收购、转让的委员会中，佃农成分出身的委员占人数的50%，弱化了地主阶级的影响力。第二次土改消除了大部分地主，大部分农民能够以合适的价格获得可耕种的土地。

此外，政府通过农业政策为农业产业提供支持。1961年的《农业基本法》规定了农业保护限制和价格支持政策。农业机械化水平显著提升，资料显示，1975年日本每公顷大米的农机购置费已占到生产成本的20%以上。1960-1985年，农业占国内生产总值的比重从14%下降到3%，同时小规模农户数量迅速减少，农户数量从1960年的605.7万户减少到1995年的265.1万户，兼业农民群体数量开始扩大，农业劳动力迅速融入非农劳动力市场，农业家庭和非农家庭之间的收入差距扩大。随着城镇化程度的不断加深和农业机械化水平的不断提高，小农户的规模逐渐缩小，为土地的流转与规模化经营的现代化发展提供了良好契机。到2001年，日本农业占国内生产总值的比例下降到1%。

3.21世纪以来：小农户与现代化发展的适配阶段

日本农业能够实现现代化的一个重要原因在于农民收入与城镇职工收入实现了同步增长。随着小规模农户数量趋于稳定，农户经营的土地规模也逐渐扩大，政府不断放开对农地经营的管制。21世纪初，商业资本在政府的鼓励下通过参股农业生产法人的形式加入农业生产领域。2008年《农地法》的修订进一步降低了商业进驻农业的门槛，引导农民成立合作社，并赋权于合作组织作为地区农业的管理者。

同时，日本还通过建立农协来负责农地流转事宜，主要包括土地的平整工作、基础设施建设及引进先进设备和发放农户补贴。2014年，日本设立"农地流转中间管理机构"制度，成立公益性社团组织，以市场化的方式提供土地的相关服务。政府的支持使社团组织受到广泛信任，能够发挥监督作用及执行作用，保障土地所有者的权利。日本还通过规模化和组织化的途径将小农户与现代农业进行有效衔接，把缩小城乡收入差距作为农业工作长期的重点。

（二）日本农业和乡村发展的实践经验

日本农业农村问题随国家经济发展阶段不断演化，依次表现为粮食问题、贫困问题与城乡统筹协调问题。为了解决这些问题，日本采取了一系列措施。

1.完善农业政策及立法，强化制度保障

日本属于人多地少的国家，人均耕地面积仅0.04公顷，因此土地资源的有效使用和管理尤为重要。从20世纪40年代到60年代，日本出台了包括《农业协同组合法》《地方自治法》《土地改良法》《农地法》等一系列政策法案，以扩大土地规模经营、合并村镇、开展基础设施建设为施政主线，针对特定地区、特定要素或特定主体进行细化和完善，构成了日本农业农村发展的基本框架。日本政府在此阶段确立了农户对耕地的所有权，允许土地出租和买卖，加大了对落后山区的基础设施建设支持力度，促进了地区的均衡发展。

1962年修订的《农地法》将原来限制农业规模经营的部分进行修改，将土地不准买卖和出租的条款取消，并承认农地生产法人也有取得农地的权利，承认现实世界中的承包耕作和委托耕作的合法性。同时实施"农业结构改善项目"，针对平整土地、农田基础设施建设、购置大型农机进行政策补贴。1970年又进行了大幅度修改，在原有基础上又放宽了土地流转管制，取消了农户和农业生产法人购买或租地的最高面积限制，进一步鼓励农户扩大种植经营面积。这些修改都为土地权利流动和扩大土地经营规模创造了条件，兼业农户的数量快速增加，部分专业农户纷纷租借兼业农户的土地进行种植。1975年通过了村集体为单位，可与承包人签订农地合同的法规，2008年正式允许工商资本进入农地。一步步对外放开，促进了农业土地的规模化发展。

伴随着城市化和工业化程度的不断加深，日本也面临着老龄化、土地抛荒、村落数量减少、农业发展停滞的问题，粮食供给、粮食安全开始制约日本的发展。在此背景下，日本在20世纪60年代发起乡村振兴运动，随后陆续出台了《山村振兴法》《农村地区工业导入促进法》等法案。20世纪80年代末，日本乡村立法又一次进入高峰期，《半岛振兴法》《农山渔村基础设施改善法》《粮食、农业、农村基本法》《有机农业促进法》《六次产业化法》等政策法案相继出台，使日本乡村政策进一步细化和完善，促使日本农业与工业、服务业走向融合。农产品附加值提高的同时，日本农村地区产业逐渐呈现多样化态势，乡村发展向可持续、有机、强竞争力方向迈进。其目标是继续鼓励和扩大农业生产规模、发展乡村旅游，促进乡村旅游资源的开发，从而加强城乡融合。为此先后颁布了《综合保养地区整备法》《农山渔村余暇法》等法律。

进入21世纪后，日本农业政策主要以保障农业可持续发展和粮食安全、提高农村地区活力为主要施政方向。陆续修订了《粮食、农业、农村基本法》《农地法》《农业基本法》《农工商合作促进法》《六次产业化、地产地消法》《家畜排泄物法》等，政策重心从农业生产转移到粮食、农业和农村三者并重上来，从生产各个环节发展循环农业，保护农业生态环境，大力推进有机农业的发展。

2.扶持农协发展，培育组织力量

农业协同组织的发展为日本农村地区的发展提供了较为完善的服务平台。《农业协会合并助成法》确立了农协的合法地位。1992年制定的"新的粮食、农业、农村政策的方向"中首次将农协定义为"组织经营体"，为农协作为社会组织参与社会治理工作提供了依据。依靠农协的全国覆盖银行网络系统，政府向农业部门投入的贷款资金和利息补贴资金也通过各级协会发放，农协以各类优惠条件向农民发放贷款。在这个过程中，农协逐渐成为政府在农村地区的"发言人"，政府的政策通过农协进行实施和推动，鼓励各类社会组织参与乡村振兴的全方位工作。

以上胜町为例，在农协的帮助下引入了现代化的互联网技术——电子商务销售平台，农协负责收集由农户采集、加工、包装的产品并进行认证，再经过一系列的统一贴签和配送，将当地的农产品销往各地。经过30多年的持续发展，上胜町的树叶产业由初始的4户发展到200多户，树叶经济带来了超过2.6亿日元的年收入。

由以上例子可以看出，农协在日本农村地区还发挥了连通器的角色，一方面连接村庄的农民生产者，另一方面连接终端的消费者，由协会出面与公司企业进行沟通交流，农协所具有的公益性有效缓解了资本逐利性带来的弊端，在项目中提高村民参与意识、公益意识和环保意识，为村民开辟了自我价值实现的渠道。

3.改善乡村人居环境，提高农民福祉

和中国相似，日本在经济发展的过程中也面临着生态环境恶化的难题。特别是随着20世纪70年代后逆城市化现象的出现，越来越多的城市居民选择回到乡村，对乡村生活环境提出了更高要求。

日本政府主要从制定政策和提高治理标准两个方面来进行农村环境的整治。一方面，着手制定完善的农村环境保护政策，1965年实行了《山村振兴法》，通过修建道路，完善用水、用电、生活污水排放设施等改善乡村生活环境。依据《新基本法》，省级地方政府着手开展了具有地方特色的老龄人口福祉基础设施建设、田园居住空间建设、资源循环管理、环境整备、传统文化建设和农村生活基础设施建设等与民生密切相关的"农村综合治理项目"，让乡村居民生活更加便利、更有质量。在此基础上改善乡村生态环境、保护乡村景观，缩小城乡居住差距，为促进城市人口归乡归农创造良好的外部环境。

另一方面，日本政府逐步提高环境治理的标准，从耕地污染治理、垃圾污染治理和废水污染治理三方面着手进行环境改善。通过施行《农药取缔法》（1971年），加强农药登记、生产和使用管理，禁止使用高毒农药，要求新农药必须通过土壤和家畜体内残留农药毒性富积情况检测。通过农协引导农民科学施用化肥和农药，减少化肥、农药的投入量，推广环境友好型农业生产方式。同时施行《废品处理及清扫法》（1970年），推行垃圾分类处理制度，规范垃圾收集、运输、保管、焚烧流程，要求从幼儿园开始普及垃圾分类标准，鼓励公民举报，并对违法丢弃垃圾的自然人和法人给予重罚。

4.统筹城乡融合，凸显特色优势

日本在2014年发布的《食品、农业、农村基本计划》中主要关注的一个方面是创建具有活力的美丽乡村。在促进城乡融合方面，鼓励农家乐和民宿建设，发展以观光旅游和休闲农业为主要特色的农村发展模式。以财政拨付的方式加大对农村地区生活基础设施的投入，缩小城乡之间的差距。在乡村修建特色农产品加

工设施、体验店和休闲餐厅等，在城镇住宅区修建农产品直营店，用以支持农业发展的资金已超过农业GDP的总额。

在发挥农村地区特色优势方面，典型的做法是实施"一村一品"产业发展模式。基于本土的资源禀赋发展特色农业，充分挖掘、创造和打造具有地区标志性的产业项目，并通过文化的加持，将其培育为全国乃至世界一流的产品和项目。实施"一村一品"主要从两方面着手：一方面，立足当地，因地制宜地大力发展主导产业，建设农产品生产基地，以产品市场为导向，发展加工工业，通过二次加工的形式提高初级产品的附加值，以现代化信息技术手段打造品牌，使特色农业成为当地亮丽的名片。以大分县为例，为提高知名度，大分县人利用电视广播广为宣传，通过召开产品展销会等形式，广泛开展促销活动。另一方面，发挥当地能动性，一村一品的选定和管理均由当地居民负责，政府在给予一定技术指导、资源帮助的同时，积极鼓励引导农民发展生产。

政府通过各项政策和资金支持，鼓励农民充分利用农村山区、渔业的生态、环境和人文资源引入社会资本，延伸产业链、改善供应链、提升价值链，大力发展家庭手工业、农产品加工业、民俗产业和乡村旅游业，实现本地特色农工产品生产、加工和销售的专业化、协同化、一体化；同时支持农业协同组织的有效介入，保障农产品价格，拓展农产品营销渠道。2010年起开始实行《六次产业化及地产地消法》，政府出资建立支持农林渔业产业化的投融资平台，帮助解决小微企业和农村创业者资金、市场方面的问题。农业特色产业发展带动了大量农村劳动力和农村人口自然聚集，逐步在特色产业相对集聚区域形成新城镇，由此形成产业振兴带动乡村发展、城乡发展高度融合的格局。

5.提供教育培训，注重人才培养

以乡村人才教育作为乡村振兴工作的抓手，通过出台《偏远地区教育振兴法》等政策扶持的方式加大对乡村地区的帮扶力度，同时支持社会力量参与。

一是重视发展乡村教育事业。1958年，日本修订《偏远地区教育振兴法》，通过中央财政加大对偏远地区学校的扶持力度，如针对列入的支持地区，对学校新建改建食堂、电力、饮水等设施建设给予33%-55%的补贴，承担交通工具（校车、校船等）购置费用和学生交通、寄宿、研修、医疗等费用，增加教师补助并为其子女就学提供便利。二是支持社会力量参与农村教育。针对农民的个性化需求，由专门的培训机构，有计划地对农户进行技能培训，拓宽农民的职业发展方向，实现在岗人才知识技能的不断更新。三是实施乡村发展"领头羊"人才政策。为使国家的政策导向与科研投入方向的传达更加精准，日本政府高度重视对乡村管理人才、科研人才及技术推广型人才的培养，不断加大对管理人才和科研人才的政策倾斜力度，为乡村振兴提供了大量的专业管理人才和技术人才。四是改善乡村居住环境。日本乡村振兴运动将"产业兴和乡村美"作为主要目标，加大对乡村居住环境的整治工作和农村的教育、医疗等生活设施的建设，在留住乡村人才上起到了积极的作用。如1970年颁布《过疏法》增加对人口流出较大的区域交通、卫生、文化等公共设施方面的经费预算。同时还通过扶持政策引导农业协同组织利用农民的剩余资金开展乡村建设，有效改善了农村整体风貌，促进了农业和农村全面发展。

6.完善社会保障体系，提高农民获得感

在提升乡村居民福祉水平方面，20世纪50年代，日本乡村医疗、养老、教育事业以及相关基础设施建设和公共服务能力与城市相比都严重滞后。《农业基本法》实施后，日本在完善相关制度的同时，以政府与公益性社会团体为主体，逐步完善乡村医疗、养老和教育等基础设施，提升了公共服务能力。一是完善乡村医疗保障体系。1958年，日本施行《国民健康保险法》，采取中央和地方财政共同承担70%的疾病、伤残等治疗费用的方式，鼓励全民参加医疗保险，并对贫困家庭采取根据家庭收入水平减免保费和治疗费的扶持政策。二是完善农民养老金制度。1961年，日本施行城乡一体的"国民年金制度"。1971年，鉴于农业经营的特殊性，日本施行《农民年金基金法》，要求政府对每年从事农业生产60天以上且自愿投保的农民补贴20%—50%的保费，鼓励其加入社会养老保险。参保农民连续缴纳保费20年，年满65岁之后，可每月领到最多相当于大学应届毕业生月工资水平的养老金，直至去世。

（三）日本乡村发展对我国乡村振兴的启示

通过对日本案例的研究，可以发现乡村振兴政策是一个不断迭代更新并完善的过程，既要适应当时的社会经济环境，又要具备一定的前瞻性。

1. 因地制宜制定农地政策

农业与土地息息相关，农业以土地为基础，产业兴旺离不开农业高质量发展，土地制度对实现产业兴旺至关重要。通过土地流转政策改革，针对农地零散化和碎片化的现象，引导农村土地归并整合和置换；针对不同作物的投入成本和收益特性，将不同规模农户的成本纳入考量，依托不同类型的村庄建设，对乡村生产空间分布形态进行优化布局，提高乡村产业发展与村庄建设的适配性；根据不同的发展现状、区位条件和资源禀赋分类推进村庄建设发展。做好集聚提升、城郊融合、特色保护和搬迁撤并四类村庄建设，以此确定不同类型的村庄建设对其产业形态、空间布局、治理结构、风貌景观的影响，以便在土地整治过程中因地制宜完善土地流转、农地改革等相关政策，做到土地整治与分类化村庄建设有机结合。

2. 支持地方化品牌建设

以产业为基础，建设地方化品牌。"地方化"的概念包括三重内涵，分别是地区的自然景观、建筑物以及历史文化事件。在进行品牌建立、保护制度确立的过程中，要在界定地方本性、挖掘地方性基础上，结合该产品自身特色，对当地特色农产品形成一套系统的评定、审核和保护机制。与日本不同，我国幅员辽阔，每一个地区都有当地特色资源，造就了品种多样、区域各异的农产品生产及分布现状。我国在建立和保护地区特色品牌的同时，应积极引导各地区根据地方特点，开发特色产品。针对农产品的战略设计，日本重在"精细"和"深化"，我国则要注重农产品的"种类"和"多样"，实现农业产品与地区有效联结。

3.提升农民主体地位，向治理现代化转变

注重社会力量与乡村民众的参与，积极改善乡村人文景观与居住环境。中国也需充分调动社会各界尤其是农民参与乡村建设的积极性。村民自治是我国农村地区一项传统治理方式。村民自治是村民自己当家做主，对于公共事务，由村民委员会组织，召集村民共同商讨或者采取直接投票的方式抉择出来，因此，主要发挥作用的是村民委员会和村民大众。但随着社会发展，城乡差距日益明显，越来越多人向城市迁移，村庄中人才流失现象严重，不仅"谁来种地"成为难题，"谁来治村"也引起了广泛的关注和思考。中国应当借鉴日本的经验，优化乡村治理方式，要注重农民的自我管理与自我服务，培育农民自主的内生动力。

值得注意的是，与美国的历程类似，日本农业转型并没有带来农民收入的明显增加。如明治维新时期，谷物生产率提高和养蚕业发展为日本农户带来了收入，但丝绸出口只为日本东部的农民带来收入，因为西部农户主要从事棉花种植。因此，这种收入的增加是极为不平衡的，贫富差距的扩大加剧了日本的社会矛盾，这在很大程度上成为日本军国主义发展的一个重要原因。

与美国不同的是，日本的农业转型并没有大幅度地缩小城乡收入差距。自20世纪50年代中期，日本的城乡人口流动就出现了快速增长的势头，但城乡劳动力市场的融合并没有为日本减小城乡收入差距，相反，这种差距出现了不断扩大的趋势。自20世纪60年代，日本就开始实施农业保护主义，通过限制和价格支持来保护农业。但农业占GDP的比重在不断减少，由60年代的14%，到80年代的3%，再到21世纪初的不到1%，农业保护的成本越来越高，农业已经不是日本经济的重要产业部门。日本今天城乡收入的均衡更大程度上取决于政府的农业和农村保护政策。日本农村凋敝现象也非常严重，如农业人口的超高老龄化问题、粮食作物自给率问题，都为日本农业和农村的可持续发展亮起了红灯，这也是值得我们关注和研究的问题。

四、韩国农业与乡村发展经验

韩国是"二战"后发展最快的经济体，连续30年经济增长率维持在9%—10%的水平。1962年人均收入不到100美元，到2009年，韩国的人均国民收入就已经达到19830美元，步入发达国家行列。可以说，韩国是现代化转型较快的国家之一。宏观经济稳定、高储蓄和投资率、出口导向、注重人力资源投资以及友好的私人投资环境是韩国实现快速发展的成功策略。最重要的，政府主导应该是韩国社会经济发展的一大经验。在经济高速增长的同时，韩国的广袤农村也发生了变化，其中最为瞩目的便是在农村地区实行新村运动，乡村振兴有了实质化进展。韩国新村运动经验对我们实施乡村振兴具有非常重要的借鉴意义。

（一）韩国农业与农村发展的特征

持续的高速经济增长为韩国带来了巨大的社会经济变化。20世纪30年代，韩国有75%的人口居住在农村，从事农业工作，超过50%的人口都是文盲。1944年，韩国每1000个新生儿中有160.9个死亡。到21世纪初，韩国人口城市化率已经达到83%，文盲现象基本消失，婴儿死亡率也降至千分之五。到20世纪末，韩国的农业人口已经降至11%，农业GDP的贡献率也不到5%，而且很大一部分农业劳动力为兼业劳动。

提高水稻产量、实现粮食自给是韩国农业政策的重要目标。在日本统治时期，日本采取一系列的增产措施，其主要目标是将韩国生产的大米出口到日本。独立后，尽管实现粮食增产和自给自足仍然是韩国农业生产的主要目标，但很长一段时间之内，韩国并没有制定农业和农村发展战略。在韩国第一个五年计划时期（1962—1966年），韩国的水稻种植户所获得的大米销售价格要大大低于世界市场的价格。1971年，韩国选举过程直接表现出韩国农民对政府农业政策的不满。自此以后，政府开始重视农业，对农民和农业种植实施大量补贴。这些补贴政策至今仍然发挥效力。自20世纪70年代以来，韩国的农业政策基本上就是收入补贴政策。到1997年，韩国生产者补贴等值（Producer Subsidy Equivalent，PSE）达到97%，而仅对水稻的转移支付就占整个PSE的3/4。

关于韩国农业产出及生产率变化和农业对非农产业的贡献一直存在争议。有学者认为，日本在对韩国殖民统治时期大规模的基础设施投入与技术推广为韩国粮食，尤其是水稻产量的提高发挥了重要作用，韩国的农业革命在殖民时期就已经开始了。在1910—1938年，日本灌溉土地面积增长了将近18%，化肥的消费每年增长22%，多重耕作指数增长1.28%。在此期间，韩国水稻产量年均增加4%，向日本出口每年增长15.5%。在韩国农业对非农产业的贡献方面，在独立后的1962–1981年期间，韩国农业GDP的增长率为3.7%，而该时期韩国整体GDP的增长率为8.4%。同时，该时期只有17.3%的政府投资进入农业部门。乡城家庭实际收入差距也不断扩大，从1975年1.0变化到1985年的0.75。尽管韩国农业与其他部门相比较为落后，但与其他国家、地区相比，韩国的农业发展还是比较先进的，其大米产量要高于日本和中国台湾地区。

（二）韩国农业农村转型的政策变迁

由于国土面积狭小，韩国的农业资源也较为稀缺，最为明显的就是人均耕地面积很少。在新村运动开始之前，韩国可耕地面积与农业人口的比例是所有国家最低的，只有0.134（日本为0.258，中国为0.164，印度为0.442，泰国为0.417）。尽管先天条件不利，韩国依旧凭借其有效的农业政策实现了农业现代化，但过程极为曲折。韩国农业转型主要经历了以下几个发展阶段：

1910—1945年，朝鲜半岛处于日本的殖民统治时期，由于其地形特点，日本将其规划为农业地块，因此南方的地主、农业人口群体都更为庞大，土地问题也更为复杂。朝鲜半岛南部虽有70%以上的人口从事农业生产，但都是承包地主土地的佃农，需将50%以上的收成上交，生活十分艰难。同时，日本为了满足国内民众生活和工业化需求，将朝鲜半岛的大米等农产品大量输入日本。日本一方面十分重视对朝鲜半岛农业基础设施的投资，将大量土地开垦为耕地，推行土地集约化政策，推广化肥和优质种子；另一方面改革土地制度，推行土地私有化，使得农民成为地主的佃农，日本殖民政府直接向地主收取税费。在这一时期，大米等农作物的产量呈现出较高的增长率。

1948—1960年初这一段时期内，尽管韩国接受了美国的大量援助，但是经济停滞不前。1949—1950年，韩国开始实行土地改革，主要通过政府征用土地然后分配给佃户，或由地主直接向佃户出售土地的方式，将封建地主的农地转让给佃户，广大农民开始拥有自己的土地。农村拥有土地的家庭的比例从1945年的14%上升到1965年的近70%，极大地调动了农民的生产积极性。这一期间农业和农民对经济的支撑作用明显，间农业产值约占国内生产总值的46%，农村人口约占总人口的61%。土地的租赁在之后的政策中得到鼓励，韩国农村有限的土地资源得到盘活，进一步释放了土地的价值。

20世纪60年代，韩国启动了出口导向的工业化战略，工业部门的年平均增长率为9.6%，而农业部门的年平均增长率仅为3.5%，"住草屋、点油灯、走泥路、吃两顿饭"是当时很多韩国农民的真实写照。因为国家财力有限，无法满足解决城乡发展差距的巨大资金需求，直接导致国内消费市场的萎缩和粮食进口的增加，威胁到经济的可持续发展。

在1962—1966年的首个五年计划中，政府对农业土地税制定过高，也没有制定相应政策来保证稻农的大米卖出较公平的市场价格，农村社会矛盾进一步加剧。此前，韩国的农业为快速工业化提供了巨大的支持，主要体现在三个方面：一是大量农业劳动力转移进入第二产业，这是韩国农业对经济转型的最大贡献；二是高额的农民储蓄以及农村土地税收为韩国实现工业化提供了一定的金融准备；三是农产品原材料是韩国工业发展的重要来源。因此，为了反哺农业和农民，同时也为了农村社会的长久稳定，从1970年开始，政府将注意力转向平衡增长，在政府的支持下，农民自发组织起来，劳动积极性上涨，开始发挥主体作用。

20世纪70年代开始，韩国政府采取了许多补贴政策，如降低农业土地税。但是农业的比较收益还处于较低水平，农民家庭收入与城镇家庭收入的差距仍在扩大，农村外出务工人员逐渐增多。70年代，韩国开始推行"新村运动"，其实质就是通过开发建设新农村，在帮助农民脱贫致富的同时，使农民的精神世界也丰富起来，最终形成脱贫、改革与创造的精神，为农村的持续发展带来持续的动力，最终实现城乡协调发展。

韩国针对振兴和促进农业农村发展的法律大约有100多部，包括振兴和开发农村、增加农民收入的《农村振兴法》（1962年），该法要求于1962年成立韩国农村振兴厅；允许农民用土地做担保物的《农地担保法》（1966年）；组织实施农渔民后继者培养计划的《农渔民后继者育成基金法》（1980年）；促进农地改良、农业振兴的《农村现代化促进法》（1978年）；促进农业机械化和现代化的《农业机械化促进法》（1996年修订）；培育农业互助组织的《农业协同组合法》（1961年）和《农协法》（2004年）等，为促进农村发展、提升农民整体素质、缩小城乡和工农差距、促进乡村可持续发展发挥了重要作用。

（三）韩国的新村运动

短短数十年时间内，全国性的农村现代化运动彻底改变了韩国农村贫穷落后的局面，使韩国在较短时间内实现了农业和农村的跨越式发展。1980年韩国新村运动组织培育法案的通过标志着新村运动完成了由政府主导到民间主导的转变。在该法案的指导下，新村运动的物资来源由政府直接资助过渡到由民间组织进行资金支持。同时韩国开展了重塑新村运动组织结构的工作——政府部门各项职能逐步弱化，政府的组织动员让位于农村社会的自我管理，各种民间文化教育、技术推广机构与农业协会应运而生并繁荣发展。当然，运动的主体力量完成由政府机构向社会部门的转变并不代表着这场运动的终结，相反，许多工作从农村扩大到城市，内容也变得多样化，新村运动开始发展为以创建"共同和谐生活"为理念的国民自律运动。从韩国乡村振兴的背景及发展过程来看，韩国新村运动的主要特点是政府主导推动，农民协同配合。主要表现在以下五个方面：

第一，政府支持与村民自建相结合，加强农村基础设施建设。韩国新村运动将政府支持和奖励资金与村民自筹资金结合设立复合基金，并以提供低息贷款和价格补贴等形式引导农民增加对农业资本的投入，创设农地抵押制度，由国家农协为缺乏资金的农民提供信誉担保和农地抵押。政策投入从乡村基础设施等低层次公共产品向乡村经营模式、流通市场等高层次公共产品演进，引入激励和竞争机制，激发农民的积极性、自主性，促进全国农村自立化。1970–1980年，政府累计投入2.8万亿韩元（100韩元约合0.6元人民币，2018）。此时的农业生产从主要依靠畜力向小型机械化转变，农民生产生活条件得到显著改善。韩国新村运动初期，政府工作重点以农村道路、水利灌溉、房屋改造、公共浴池和饮用水设施、厕所等生产、生活性基础设施建设作为突破口。根据 Park Sup 和 Lee Hang 的研究，1970年韩国政府提供免费水泥的总价值是41亿韩元，带动的投资总额高达122亿韩元，并至少在三个方面提升了农村基础设施水平。首先是拓宽和平整农村道路。为提高农业生产力水平，韩国大量引进动力机械进行农产品的播种与运输，面对村中道路狭窄、卡车无法进村入户的问题，及时拓宽和平整各村的村内道路。其次，修缮河岸和修筑水库。通过建造混凝土结构的蓄水水库，使农民更有效地利用河水灌溉。整个运动期间，改善河岸的总长度近8000公里，洪水和干旱灾害发生率显著下降。最后，进一步改进农村地区的饮水系统。扩大农村挖掘机的产能，增加水井数量，彻底改变多个农户共用一个水井的窘况，农村饮用水卫生状况得到改善。朴正熙时期，韩国政府为满足农民对医疗服务的需求，以乡镇为单位建立农村医疗诊所,为农民提供基本的医疗服务和保健咨询,并给予特困农民免费医疗服务,由政府承担相关费用。此外,大部分农民主动参与建设,为新村运动无偿投工投劳。

这种前期政府带动,后期农民形成内生动力的发展模式,高效利用了政府的资金投入和政策红利,并极大地推动了村民自我发展,使其逐步成为农村建设的主力军,很好地解决了落后国家财政能力不足、农民自我发展态度不积极的问题。

第二,构建垂直稳定的组织架构,高效推进新村建设事业。韩国中央政府成立由内务部和农协等主要金融机构组成的中央协议会,负责制定新村运动的大政方针,推动地方建立相应组织。各市/道（一级行政区）和各市/郡（二级行政区）分别组建新村运营协议会,分别进行新村综合计划和综合指导;各邑/面（三级行政区）组建新村促进委员会,推动与促进新村事业发展;各里/洞（四级行政区）组建新村开发委员会,具体组织推进新村运动;最基层的村庄也建立负责村委会,具体实施新村建设。此外,韩国还建立了国家农牧业合作社联合会,对化肥、小型农业机械的投入和信贷进行补贴,支持农业的现代化转型。建立农村振兴厅等机构对农业科技进行推广。总体而言,由中央政府发动和主导发展进程,地方政府积极配合与严格执行,这是新村运动取得成功的关键因素。

第三,实施竞争性、择优资助政策,激发村民勤勉、自助、协同的新村精神。在传统的韩国农村社会,受到一些思想观念的束缚,人们会不自觉地认为,个体过于追求发展会对其他人带来不良的影响,即对于"自助"的理解还存在偏差。因此,打破这一落后的思想禁锢,鼓励村民自我发展进而推动韩国农村总体发展,对于当时的韩国农村意义重大。新村运动开始的第一年,政府向全国33267个里/洞统一无偿支援一定的水泥和钢筋。第二年经过评估,筛选出取得明显成效的16600个村庄,继续追加无偿支援水泥500袋和钢筋1吨,而其他的村庄则未能得到第二年的支援物资。这主要是因为,1971年,时任韩国总统朴正熙曾下令向全国3.5万多个村庄分别发放了350袋水泥和一部分钢筋,政府并不限制用到何处，各村庄可自行利用。各个村庄都有自己的想法，有的修建桥梁，有的铺设道路，但也有村庄个人瓜分了物资，或把这些物资锁在仓库里，什么也没有做。随后，政府对各村庄的利用效果进行了评价，对那些利用好的村庄提供更多的支援，对利用不好或没有利用的村庄少给支援。在政府支援的刺激下，有些村庄很快就发展起来，并逐步拉开与其他村庄的差距；而其他村庄也通过比较发现了自己的问题，并积极赶了上来。韩国政府建立奖优罚懒的差别性援助制度，在资金划拨过程中采取"鼓励先进、惩戒落后"的方式区别对待，这样一方面可以增强农民自身的积极性，另一方面又可以让资金发挥最大效用。

此外，基础村庄、自助村庄、自立村庄三个等级的升级制度引导着村庄之间进行公平竞争。其中基础村重点在于培育自助精神，持续改善生活环境；自助村重点在于通过改良土壤、疏通河道等，强化基础设施建设，实现村镇结构的进一步改善，通过发展多种经营，实现农业收入稳步提升；自立村重点在于注重对各类生产标准的制订，如农村住宅标准、农产品标准等，注重发展乡村工业、畜牧业和农副业等，开展基本公共服务建设，修建简易供水、通讯和沼气等生活福利设施，从而实现自立村的健康可持续发展。通过这种竞争机制可以择优支持新村运动推进较好的村庄，调动和激发农民的积极性和主动性。加上优秀村民代表和郡面官员被邀请参加国家领导人参与的经济月评会议，不仅让政府可以更加了解乡村的实际情况，也激励了全国村民和郡面官员的参与热情。有学者认为新村运动改变了韩国农民对外部世界的看法，使他们从植根于极度贫困的闲散和依赖状态转向积极和独立的生活状态。

第四，加强对农民的教育和培训，培育新村建设领导人。韩国政府采用简单形象的话来引导农民，比如用"早起的鸟儿有虫吃"来诠释"勤勉"；用"自助者天助"来激励群众"自助"，不依靠别人，不逃避责任，自己改变命运；用"就是一张白纸，一起来抬会更轻"来比喻合作更有效率，倡导互助合作的精神。这场精神革命，一方面通过成立新村运动韩国中央研修院对村民进行意识形态教育，转变村民的价值观，比如新村运动的旗帜，上面是一个新发的绿芽和两片叶子悬于全国各村庄，它代表着农民们不断增长的希望。比如"我的人生我负责，我也能生活得更好"，这句话是韩国新村运动开始之初提出的一个口号。这些意识形态上的潜移默化，使得村民对于新村运动更加投入。

另一方面通过政府主导的奖惩激励机制来培养村民的合作精神和民主意识。韩国的新村运动通过宣传先进人物典型事例以及制定"奖勤"政策，对农民进行物质和精神激励；通过开办农协大、农业专业学校等农业技术培训机构，提高农民的农业生产技术水平和经营才能；通过组织研修班、专业化技术教育、领导艺术课程等，大力培训新村建设领导者；对于参与度不高的乡村，政府安排其村领导人到发展较好的先进村学习、考察项目，并为其提供一定的物资支持。此外，各村的领导人还在公务员录用、贷款等方面享受优待。

总之，新村运动投入了大量的资金和精力用于农民的培训和教育工作，特别是强调政府政策和农业技术的培训，所有的教育都以案例为中心、以实践为导向，形成农民文化水平不断提高与政府政策落实和技术推广成效不断提升的良性循环。据统计，新村运动中央研修院在1972—1979年间共培训24025名新村领导者，这些带头人多是白手起家的农民。中央研修院作为培养新村建设领导人的机构，得到时任领导人朴正熙的大力支持。政府不仅在资金上给予大力支持，还十分重视培训内容和方式的规范化科学化，开设了大量的案例教学和实地考察课程。但是即便如此，新村运动归根到底还是农民的事情，政府可以帮助，但不能越俎代庖，不能包办。韩国新村运动的名人河四容曾说过一句让人肃然起敬的话：要摆脱贫困，不能依赖总统，也不能依赖政府，要自己找到摆脱贫困的办法。

在新村运动中，这样的榜样还有很多，他们带来的影响对于当时的乡村振兴是十分积极的。韩国政府还积极倡导成立村民自治组织，如在乡村成立邻里会组织，针对妇女群体、青年群体等，相继成立了新农村妇女协会、新农村青年协会、新农村领袖协会等民间组织。这些民间组织的成员积极参与新村建设运动，发挥了政府组织不能发挥的作用。政府大力支持村民自治，支持村庄建设，政府任命公共官员参与每个乡村社区建设，并积极组织村民通过村民大会的形式来参与村庄建设，如新村运动一些具体项目的选定与组织实施大都是通过村民大会的形式来完成的。

第五，发挥农协综合协调作用，为农事活动提供销售、资金支持。韩国通过设立农协中央会，组织农产品直销和农资直供，降低生产成本。通过农协窗口提供农村低息贷款，农协所属银行为农业发展所需的流动资金提供全方位的信贷服务。目前，很多东盟国家的财力不能够使其在乡村建设中大包大揽，这些国家又普遍缺乏统一有力的农业组织来动员广大村民，这使得乡村建设步履艰难。在这方面，韩国、日本的农协都是值得东盟学习的，它们的存在可以让农民有可靠的后盾。此外，充分发挥农村妇女的重要作用，组建妇女协会并积极开展活动，是韩国新村运动的一大特色：20世纪70年代，韩国的每个村庄都有一名男性和一名女性村长。这些领导人不是由政府任命的，而是由村民选举产生。男性领导人由村议会选举产生，女性领导人由女村民协会大会选举产生。每个村庄都有一名女领导人，负责提高妇女的社会经济地位和改造村庄。这样一是有效遏制农村赌博现象，妇女协会组织成员到各家收集扑克牌，反对和抗议男人赌博，农村赌博恶习逐渐减少，村民也基本不再参与各种赌博活动。二是组织妇女走出家门，经营小型消费合作社商店，主要从事米酒、饮料和各类生活必需品的销售。通过管理消费合作社商店，妇女们基本掌握了农业合作社重要的管理原则。此外，新村运动还组织非正式信用组织为村民提供信贷业务。通过新村存储机构，制定合理的存贷款利息率，安排村民存款并向急需用钱的村民提供贷款，有效调节村民的资金余缺。

新村运动的实行，不仅在各项政策安排上向农村给予了倾斜，最为关键的是广泛地唤醒了韩国农民的主人翁意识，还建立了科学的乡村振兴工作机制。新村运动吹响了乡村全面振兴的冲锋号，为韩国的乡村建设打下了坚实的基础，同时为之后的农村工作提供了经验借鉴。

（四）韩国农业农村发展对我国乡村振兴的启示

韩国新村运动的核心内容是"建设和谐满意的共同体"，即建设在物质和精神上都能使农民感到满足的农村社会。基本建设目标为改善农民生活条件和乡村环境，密切城乡和工农关系，建设文明社会和值得国民骄傲的国家，这让乡村建设成为一项有着社会意义的集体活动，也就不难理解韩国在这场运动中表现出的令人赞赏的全民参与能力。经过新村运动，韩国农村基础设施得到明显改善，到20世纪70年代末，基本实现了村村通车。农民收入得到较大提高，1970-1979年，农民家庭年均收入增长了9倍；1975年，农村家庭年均收入一度超过城市家庭的年均收入。在此之后的20年，城乡居民收入差距保持稳定，农村地区文盲几乎消失，婴儿死亡率大大降低。经过新村运动，农作物生产结构更加趋于优化，农业产值总体保持稳定增长态势，韩国从落后的农业国一跃成为发达的工业国，较好地解决了城乡发展不平衡的问题，基本实现了城乡经济的协调发展和城乡居民收入的同步增长。

从韩国乡村振兴的制度和政策角度来看，"勤勉、自助、合作"的精神决定了新村运动的实施主体和价值取向，从而开启了一场韩国国民意识觉醒的精神革命。在政府的引导下，村民开始有了村庄发展的主体意识，并愿意在这一过程中有所贡献。值得注意的是，村民在这一运动中的投入并非建立在完全牺牲自我利益的基础之上，追求利益和理性是被允许和鼓励的，村民提供的一些服务是有偿的。因为只有这样，新村运动才具有可持续性和现实性。

从模式上看，韩国乡村振兴运动虽然是由政府主导的自上而下的运动，但由此激发了乡村自治组织与农民的活力。韩国的乡村振兴实质上是一场脱贫致富运动，可归纳为环境整治型乡村发展模式。韩国前农业、食品和农村事务部副部长Myungsoo Lee认为，韩国农村面临着诸多挑战，政府采取了多种策略来应对。农村发展战略的挑战和演变与整个经济发展进程密切相关。换句话说，农村政策并没有以孤立的方式得到执行，而是与当时广泛的其他政策行动相互作用，在有限的资源下，政府能够使投资的结果最大化。另外，对政府来说，村庄之间的竞争被证明是在有限资源下投资的有效手段。政府确立了"多支持好成绩"的原则，重点支持表现较好的农村。村民在项目承包制下通过努力获得了政府的财政福利，这进一步激励了村民建设自己家园的热情。

村长积极与村民合作是新村运动取得成功的关键。无论政府如何努力落实农业农村发展政策，如果没有村民和村长的积极参与，都难以取得显著成效。村长不是被动的信使，不只是传递政府的政策，相反，他们与村民一起为自己的村庄发展而努力，带来了符合村庄需要的基层创新，克服了阻碍进步的障碍。

20世纪70年代的韩国政府既没有财力向每个村庄派遣专家，也没有足够的人力资源。即使政府派来了专家，专家们也很难像对待自己的工作那样尽心尽力，村民们也不会像对待朋友一样对他们敞开心扉，与他们一起工作。但是长期以来，村民和村长在日常生活中相互联系、相互合作，村长积极提出愿景，激励村民参与实现目标。他们不再只是当前状况的管理者，而是通过改变农业技术、习俗和价值观来寻求村庄发展和创新的变革型领导人。正是因为有了这些为自己的村庄发展无私工作的新村运动领导人，才收获了新村运动丰收的果实。

更重要的是，村里的男性和女性村长都没有被动地听从政府或上级的指示。相反，他们独立开展他们认为适合自己村庄的项目。为了增加村民的收入，他们制定了具体的目标并管理着进度。他们开发了新的经济作物和分销网络，他们像做生意的企业家一样工作，但相比企业家，他们面临着更多困境，比如没有太多资源用以激励村民自我发展，同时需要花时间处理村庄发展过程中的矛盾纠纷。成功村庄的领导人通过努力，与村民们共同奋斗，针对不同的情况创造了不同的发展项目。他们根据村民的需要进行的基层创新，也大大增加了村民的收入。基层创新、创造就业机会、村长创业是农村发展的重要环节。

总结韩国新村运动，其大致经历了四个发展历程：20世纪70年代主要是精神启发、创新经营、改善环境和帮扶贫困；80年代主要是对农业机械进行改造升级，实现政府与民间的互动共助；90年代主要是发展国家级服务组织，对农民福利进行改革；21世纪以来主要是发展以高科技为支撑的现代农业。韩国近来又发起了第二轮新农村运动——泛国民的"城市关爱农村"运动，核心是推进"一社一村"结对子，组织一个企业或学校对口一个村，帮助农村进行宣传，采购其农副产品，组织城市义工参加农业生产劳动，开展农业旅游观光活动。这四个发展阶段体现了韩国在新村运动中培育农民自主意识、改善农村发展硬件条件、创造多元帮扶方式等方面的诸多经验。新村运动也是一场改变国民精神的运动，在推进当时落后的农村发展的同时，改变了农村居民懒惰、依赖他人、利己心及消极的精神状态，在确立积极的生活态度后，激发了"人人力求进步"的生活氛围。这些都很值得我们学习与借鉴。

　　通过总结四个发达国家的农业现代化过程及乡村发展经验，我们可以看到，尽管四个国家实现现代化转型时所处的国际国内形势都有很大不同，而且现代化进展的速度和效果也有很大差异，但却呈现出以下几个共性：第一，技术变革与制度变革的同步进行是各个国家实现现代化变革不可缺少的因素。首先通过技术进步实现农业生产率的提高，再通过制度变革增强农户的生产积极性。无论是推动技术进步还是制度变革，农业和整体基础设施的建设是农业技术和制度变革有效促进整体现代化转型的重要条件。第二，将大量的农村剩余劳动力转移到非农部门，通过城乡融合互动缩小城乡差距是所有国家实现乡村现代化转型的必由之路。当然，在这个过程中，需要大力发展教育，对劳动者进行技能培训及其他能力建设，才能实现工业与农业、城市与乡村的良性互动。第三，农民的组织化及农民主体性构建是乡村现代化成果可持续及巩固乡村转型成果的重要保障。在城乡要素自由流动的同时，必须保证对乡村地区经济、社会、文化及环境的全面提升和改造，才能避免乡村出现"空心化"和凋敝现象，这一点是很多国家的经验，也是教训。

第六章

面向国家现代化的乡村振兴

2018年中央"一号文件"《中共中央国务院关于实施乡村振兴战略的意见》成为今后一个时期指导乡村发展的纲领性文件。乡村振兴战略的核心思想是坚持把解决好"三农"问题作为全党工作的重中之重，坚持农业农村优先发展，按照产业兴旺、生态宜居、乡风文明、治理有效、生活富裕的总要求，建立健全城乡融合发展体制机制和政策体系，统筹推进农村经济建设、政治建设、文化建设、社会建设、生态文明建设和党的建设，走中国特色社会主义乡村振兴的道路。

2021年中央"一号文件"《中共中央国务院关于全面推进乡村振兴加快农业农村现代化的意见》明确指出，要坚持把解决好"三农"问题作为全党工作重中之重，把全面推进乡村振兴作为实现中华民族伟大复兴的一项重大任务，举全党全社会之力加快农业农村现代化，让广大农民过上更加美好的生活。

中共中央、国务院在三年间连续发布两份关于乡村问题的意见显示了乡村振兴在国家发展战略中日益重要的地位。与2018年发布的《关于实施乡村振兴战略的意见》不同的是，2021年发布的意见是以"全面推进乡村振兴，加快农业农村现代化"为标题。自2018年以来，国内外的形势发生了深刻的变化。新冠肺炎疫情的影响依然在持续，在国际格局发生深刻变化，各种发展的风险和不确定性不断呈现的条件下，农业农村现代化的迫切性日益凸显。尤其是在"意见"中提到的，农业农村发展取得新的历史性成就为党和国家战胜各种艰难险阻、稳定经济社会发展大局，发挥了"压舱石"作用的观点，显示了乡村振兴战略在国家现代化战略中不可替代的作用。事实上，乡村振兴是中国全面建设社会主义现代化国家的重大历史任务，也是中国共产党自成立之时，就以消除贫困，改变中国落后面貌为目标，领导中国人民实现现代化的有机组成部分。从这个意义上讲，乡村振兴的本质是中国最终实现现代化的问题。在过去一百年的时间里，中国共产党领导中国革命和建设的重要目标就是实现现代化，所以实现现代化也是实现中华民族伟大复兴的重大举措。因此，在现代化视野下研究乡村振兴的问题，既具有历史的继承性，也有时代的迫切性，更有未来的前瞻性。

一、乡村振兴战略形势及主要进展

自2017年党的十九大报告提出乡村振兴战略以来，中央及各部委围绕乡村振兴战略出台了一系列政策、规划、法律法规等。本节内容即梳理与乡村振兴五大总要求相关的政策、规划以及开展的具体工作，展示乡村振兴战略的发展进程、战略形势和实施效果。

（一）乡村振兴战略的提出路径

从乡村振兴战略的提出路径来看，主要经历了以下几个阶段：

党的十九大报告首次提出了乡村振兴战略，在报告中指出："农业农村农民问题是关系国计民生的根本性问题，必须始终把解决好'三农'问题作为全党工作的重中之重，实施乡村振兴战略。"这是习近平同志根据我国发展阶段和社会主要矛盾的变化作出的重大决策部署，也是全面乡村振兴思想的萌芽，为新时代农业农村改革发展指明了方向。此外，在十九大报告中还明确提出了20字的乡村振兴总要求：产业兴旺、生态宜居、乡风文明、治理有效、生活富裕。围绕这五大总要求，我国乡村振兴战略确立了阶段性任务，取得了一系列成就。

2017年12月29日，中央农村工作会议首次提出了走中国特色社会主义乡村振兴道路,让农业成为有奔头的产业,让农民成为有吸引力的职业,让农村成为安居乐业的美丽家园。在这个会议上,明确提出全面乡村振兴的思想,并且要求于2050年实现乡村全面振兴。

2018年2月4日发布的中央"一号文件"《中共中央国务院关于实施乡村振兴战略的意见》对于实施乡村振兴战略进行了全面部署,对促进乡村振兴战略的目标、任务和路径进行了规划和设计。文件指出:"实施乡村振兴战略对于人民和国家具有不可替代的作用,既是实现'两个一百年'奋斗目标的必然要求,也是实现全体人民共同富裕的必然要求。"2018年3月8日,习近平总书记在参加山东代表团审议时,提出"五个振兴"的科学论断,包括乡村产业振兴、乡村人才振兴、乡村文化振兴、乡村生态振兴、乡村组织振兴。习近平总书记的这次讲话体现了我们党对乡村振兴规律的不断深化,同时明确指示了实施乡村振兴的战略目标和实现路径,其中,产业振兴是物质基础,人才振兴是关键因素,文化振兴是精神基础,生态振兴是重要支撑,组织振兴是保障条件,这为中央和地方乡村振兴工作的展开指明了方向,极大推进了乡村振兴战略实施。

2018年5月31日,中共中央政治局审议《乡村振兴战略规划(2018—2022年)》,进一步明确我国乡村振兴战略的目标、任务和实施路径,具体体现在明确到2020年全面建成小康社会时和2022年召开党的二十大时的目标任务,细化、实化乡村振兴的工作重点和政策举措,包括9大工程、3大行动、3大计划。北京大学教授黄季焜指出,这一规划既符合中国国情,又体现国际农村发展的普遍规律,它在指导思想上强调"建立健全城乡融合发展体制和政策体系",在实施原则上也强调"坚持农民主体地位"和"坚持城乡融合发展",充分体现了科学性和前瞻性。

2018年9月21日,习近平总书记在主持中共中央政治局第八次集体学习时,进一步系统阐述了实施乡村振兴战略的总目标、总方针、总要求和制度保障,把乡村振兴战略放到一个很高的战略位置。其中,农业农村现代化是总目标,坚持农业农村优先发展是总方针,产业兴旺、生态宜居、乡风文明、治理有效、生活富裕是总要求，建立健全城乡融合发展体制机制和政策体系是制度保障。

以上政策文件体现了我国乡村振兴战略的提出路径，由首次明确提出到现在的战略性位置，体现了我们党对乡村发展规律的深化认识，也体现了乡村振兴战略在国家现代化进程中的重要性。实施乡村振兴战略，是党的十九大作出的重大战略部署，是新时代解决我国社会主要矛盾的有效良方，更是我国全面建成小康社会，朝向全面建设社会主义现代化强国前进的动力，具有非常重要的现实意义和深远的历史意义。

（二）乡村振兴战略发展进程

自乡村振兴战略被纳入到我国战略性位置后，我国又通过了一系列规划、文件、法律等继续推进乡村振兴战略的实施。2019年2月，中央"一号文件"《中共中央国务院关于坚持农业农村优先发展做好"三农"工作的若干意见》强调坚持农业农村优先发展总方针，抓重点、补短板、强基础。指出"必须坚持把解决好'三农'问题作为全党工作的重中之重不动摇，发挥'三农'压舱石作用，为有效应对各种风险挑战赢得主动，为确保经济持续健康发展和社会大局稳定、如期实现第一个百年奋斗目标奠定基础"。2020年2月发布了中央"一号文件"《中共中央 国务院关于抓好"三农"领域重点工作确保如期实现全面小康的意见》，该意见明确提出要集中力量完成打赢脱贫攻坚战和补上全面小康"三农"领域突出短板两大重点任务。全面推进乡村振兴成为党和人民的共识，在中央和各地方政府的带领下，各地开展了乡村振兴各项工作，为打赢脱贫攻坚战奠定坚实基础。

在党和人民的努力下，我们于2020年打赢了脱贫攻坚战，现行标准下绝对贫困人口全面脱贫，实现全面建成小康社会的第一个百年奋斗目标，为开启全面建设社会主义现代化国家新征程打下坚实基础，成为中华民族历史进程中的里程碑。但是，脱贫摘帽不是终点，而是新起点，国家下一阶段的工作重心转移到巩固拓展脱贫攻坚成果和乡村振兴有效衔接上，让农民过上更好更有获得感的生活。党的第十九届五中全会通过的《中共中央关于制定国民经济和社会发展第十四个五年规划和二〇三五年远景目标的建议》高度强调全面推进乡村振兴，加快农业农村现代化的重要性。该会议将乡村振兴作为"十四五"时期"三农"工作的主线，这意味着"三农"工作的重心由脱贫攻坚转移到乡村振兴上。习近平总书记在2020年的中央农村工作会议上指出，在向第二个百年奋斗目标迈进的历史关口，巩固和拓展脱贫攻坚成果，全面推进乡村振兴，加快农业农村现代化，是需要全党高度重视的一个关系大局的重大问题。在新的阶段，习近平总书记把乡村振兴战略提到了中华民族伟大复兴的高度，同时也强调了推进乡村振兴对于巩固脱贫攻坚成果的重要性。

2021年作为"十四五"规划的起步之年，是一个承前启后之年。一是它属于实现第一个百年奋斗目标，开启向第二个百年目标奋斗的第一个五年；二是它属于我国打赢脱贫攻坚战向巩固脱贫攻坚成果与乡村振兴战略有效衔接的关键节点；三是属于我国处于新发展阶段，站在新的起点的一年。因此，2021年中央"一号文件"《中共中央国务院关于全面推进乡村振兴加快农业农村现代化的意见》的发布有着新的时代背景，该文件的发布也具有承前启后的意义。文件明确指出加快推进农业农村现代化、大力实施乡村建设行动、巩固脱贫攻坚成果同乡村振兴有效衔接这三方面的重要性，将全面推进乡村振兴作为中华民族伟大复兴的一项重大任务。从战略部署来看，该文件强化了"三农"工作的可操作性，将农业现代化与农村现代化一体设计、一并推进，并且把乡村建设摆到社会主义现代化建设的重要位置。加快推进农业现代化就是加快推进"三农"问题的解决，就是推进社会主义现代化强国的建设，是新时代国家和经济社会发展的必然要求。2021年3月公开发布《中共中央 国务院关于实现巩固拓展脱贫攻坚成果同乡村振兴有效衔接的意见》，指出"要做好财政投入、金融服务、土地支持、人才智力支持等方面的支持工作，只有做好政策衔接工作，才能做好乡村振兴这篇大文章"。

同年3月，十三届全国人大四次会议通过了《中华人民共和国国民经济和社会发展第十四个五年规划和2035年远景目标纲要》，其中，第七篇对走中国特色社会主义乡村振兴道路进行了部署，全面实施乡村振兴战略，强化以工补农、以城带乡，推动形成工农互促、城乡互补、协调发展、共同繁荣的新型工农城乡关系，加快农业农村现代化。该纲要中还有四章与乡村振兴的具体工作相关，明确为如何走中国特色社会主义乡村振兴道路指明方向，在农业、农产品、乡村建设和城乡融合发展等方面作出明确部署，指出实现巩固脱贫攻坚成果与乡村振兴有效衔接的道路。此外，十三届全国人大四次会议还审查了国务院提出的《关于2020年国民经济和社会发展计划执行情况与2021年国民经济和社会发展计划草案的报告》，该报告中关于2021年主要任务的第六部分对全面推进乡村振兴、稳步推进农业农村现代化作出了安排，提出建设1亿亩旱涝保收、高产稳产高标准农田，提高农房现代化水平等具体要求，让乡村振兴战略落实有参考标准和奋斗目标。

2021年4月29日，第十三届全国人民代表大会常务委员会第二十八次会议审议通过了《中华人民共和国乡村振兴促进法》，自2021年6月1日起施行。这部法律是我国第一部直接以"乡村振兴"命名的法律，也是第一部围绕指导和促进乡村振兴的法律，这是顺应党的十九大报告提出乡村振兴战略的要求，也是实践的迫切需要。从此，我国乡村振兴的全面推进具有了法律依据，也将更加规范化实施。从法律的调整方法来看，本部法律属于典型的促进法，促进的主要对象是政府部门，因此它更多规定的是国家、各级政府及有关部门的行为，对他们围绕乡村振兴战略应履行的职责作出规范。本部法律的重点在于促进，即促进乡村产业发展、人才支撑、乡村文化繁荣、乡村生态文明建设、乡村组织建设和城乡融合发展。2021年5月18日，司法部印发了《"乡村振兴 法治同行"活动方案》，这项举措是为了贯彻落实国家乡村振兴战略的决策部署，推进乡村法治建设，为乡村振兴工作顺利开展提供法律援助和支持。2021年7月26日，最高人民法院发布《最高人民法院关于为全面推进乡村振兴加快农业农村现代化提供司法服务和保障的意见》，该意见围绕乡村振兴时期的重点工作，结合人民法院的审判职能，明确提出"依法从严加快惩处走私大米、玉米、食糖等农产品的犯罪行为，持续推进惩治制售假种子、假化肥、假农药等伪劣农资产品的犯罪行为"。这极大保护了农民的权益，为全面推进乡村振兴提供了司法服务和保障。

2022年2月11日，国务院印发了《"十四五"推进农业农村现代化规划》（以下简称《规划》），主要针对"十四五"时期推进农业农村现代化的战略导向、主要目标、重点任务和政策措施作出全面安排，从而增强农业农村对经济社会发展的支撑作用和"压舱石"的稳定作用，提高农民的生活水平，增强他们的获得感和满足感。该《规划》在习近平新时代中国特色社会主义思想的指导下，坚持农业农村优先发展，坚持农业现代化与农村现代化一体设计、一并推进，并且把巩固脱贫攻坚成果与乡村振兴有效衔接放在非常重要的位置。从具体措施来看，要推进中国特色农业农村现代化必须坚持十个战略导向，立足于国内基本解决人民吃饭问题，完善农村基本经营制度，引导小农户进入现代农业发展轨道，强化农业科技和装备支撑，推进农业全产业链升级，有序推进乡村建设，加强和创新乡村治理，推动城乡融合发展，促进农业农村可持续发展，促进农民农村共同富裕，为农业农村现代化指明更加多样化和切实可行的道路。从《规划》中的目标来看，再次明确指出到2025年，农业基础要更加稳固，乡村振兴战略全面推进，农业农村现代化取得重要进展。展望2035年，乡村全面振兴取得决定性进展，农业农村现代化基本实现。到2050年，乡村全面振兴，农业强、农村美、农民富全面实现。

乡村振兴战略自2017年首次提出，到现在成为党和人民关注的重中之重，只用了短短几年时间。但是我们需要意识到，乡村振兴战略的实施是一项长期的、艰巨的任务，我们目前仍处于起步阶段，既需要立足现状，更要谋划长远。站在新的征程，我们面临许多新任务、新挑战，需要准确把握目前的形势，坚持新发展理念，以高质量发展为主题，把实现乡村振兴作为目标任务，稳步推进。

(三) 乡村振兴战略成就

乡村振兴战略的五大总要求包括：产业兴旺、生态宜居、乡风文明、治理有效、生活富裕，按照这五大要求对现阶段我国实施乡村振兴战略开展的具体工作和取得的主要成就进行汇总，既是对现有乡村振兴工作的经验总结，也是为实现乡村全面振兴目标而奠定基础。

产业振兴是乡村振兴的物质基础。乡村产业发展有利于农产品产业结构升级，发展多样化产业，促进农业农村现代化；乡村产业发展有利于提高农民经济收入，带动农民就业，提高农民的生活水平，极大提高生活幸福感；乡村产业发展有利于农村乡风文明建设，改善农民的精神世界，从而形成邻里互助、和睦共处的文明社会。我国也出台了许多规划、文件来指导农村产业振兴方面的建设。2018年1月24日，国家农业综合开发办公室出台了《农业综合开发扶持农业优势特色产业规划（2019—2021年）》，该规划贯彻落实了乡村振兴战略的要求，强化农业综合开发过程中对农业优势特色产业的扶持。此外，农业部于同年2月26日印发《2018年农产品质量安全工作要点》，强调为农产品产业发展制定明确的标准，打造高质量的绿色农产品，扎实做好农产品质量安全工作。国务院于2019年发布了《关于促进乡村产业振兴的指导意见》，该意见以坚持农业农村优先发展为总方针，以实施乡村振兴战略为总抓手，以农业供给侧结构性改革为主线，促进农村各项产业发展。2020年7月，经国务院同意，中央农办、农业农村部、发展改革委、财政部、人民银行、银保监会、证监会等七部门联合印发《关于扩大农业农村有效投资加快补上"三农"领域突出短板的意见》，目的是推进农业产业发展向更高水平升级。以上各项指导意见使乡村振兴要求更加具体明确、路径更加清晰。随着中国特色社会主义进入新时代，面对城乡发展不平衡问题，乡村产业振兴更是解决该问题的关键之举。从我国的实际情况来看，乡村产业振兴已经取得了一系列成就，各地方政府也在有序推行该项政策。在农业方面，紧抓农业供给侧结构性改革这条主线，着力推进农业现代化,落实国家关于推动农业发展的顶层设计。在其他产业方面,根据国家要求和各地的实际情况,因地制宜发展主导产业,2020年7月农业农村部印发的《全国乡村产业发展规划(2020—2025年)》明确指出,到2025年,全国预计新认定1000个"一村一品"示范村镇,目标建设150个产值超100亿元、30个产值超1000亿元的优势特色产业集群;形成现代农业产业园中型经济圈、优势特色产业集群大型经济圈,构建乡村产业圈状发展格局。如位于杭州市的龙井村利用西湖的特色优势,在开发利用旅游资源的同时,将龙井茶推向全国各地的游客,在利用旅游业增收的同时也发展了当地的茶叶经济。

生态宜居是乡村振兴的载体,生态文明建设关系人民福祉、关乎民族未来,良好的生态环境是农村最宝贵的财富。国家贯彻绿水青山就是金山银山的理念,为实现生态宜居的要求做出许多努力。中共中央办公厅、国务院办公厅于2018年发布了《农村人居环境整治三年行动方案》,中央农办、农业农村部于2019年发布了《农村人居环境整治村庄清洁行动方案》,同年3月农业农村部、财政部发布了《农村人居环境整治激励措施实施办法》。从以上系列政策文件可以看出生态环境和人居环境对于农民、农业和农村发展的重要性。进入新时代,农村生活环境有了明显改善,广大农村地区基本实现了道路硬化村村通、户户通,农民改造或新建了住房,生活环境得到明显改善;通过退耕还林、集中修建垃圾堆放点等措施,使农村地区有了新的村容村貌;通过地方政府和村干部的教育管控,农民燃烧秸秆、过量施肥等污染破坏环境的行为大幅减少,农民生态环境保护意识得到加强。

乡风文明是乡村振兴的灵魂,是建设美丽乡村、构建和谐社会的关键之举,文化振兴更是乡村振兴的重要基石。为促进乡风文明建设,农业农村部于2019年发布了《关于做好2019年农业农村工作的实施意见》,推动出台了文明乡风建设的指导文件,要求配合做好农村精神文明建设示范县和文明村镇示范创建活动。农村长期存在的陈规陋习是阻碍乡风文明建设进程的绊脚石,也扭曲了乡村社会的价值观。为有效遏制农村陈规陋习、树文明新风,中央农办、中央组织部、中央宣传部、中央文明办、农业农村部等11个部门，于2019年印发了《关于进一步推进移风易俗建设文明乡风的指导意见》。当前，我国各地推进乡风文明建设主要以引导、教育的方式来强化农民的主体意识，提升其思想道德素质，帮助他们更好理解国家出台的各项惠农政策，积极践行党的路线方针。我国各地农村的社会风气整体上有所改善，基层民主建设也有序进行，激发了农民主人翁意识，增强其道德责任感，但是距离美丽乡村的要求还有一段距离。我国政府需要考虑农民的参与性，调动他们参与乡风文明建设的积极性。在乡村传统文化方面，需要人才来继承优秀民俗文化，需要重视优秀民俗文化对于社会发展的重要意义。

治理有效是乡村振兴的关键，有效的治理可以提高农民的参与热情，激发农民的责任感和自律意识，为乡村振兴积极贡献力量。中共中央办公厅、国务院办公厅于2019年发布《关于加强和改进乡村治理的指导意见》，为乡村振兴夯实基础。中共中央办公厅于2019年发布了《中共中央农村基层组织工作条例》，目的是加强党对农村基层工作的领导，带动乡村治理的有效进行，夯实党的基层执政基础。在乡村振兴的背景和中央各项政策的支持下，我国农村改革和农村治理取得了卓越的成就。农村基层治理在党和国家的改革中得到了有效的支持，其中，以村民自治为代表的基层群众自治体制在农村基层治理中发挥了重要的作用。村民自治体制在实践中不断变迁和优化，其中，以湖北秭归为代表的农村地区成立了村民自治单元，通过小村落自治促进行政村整体自治，不仅能强化村民参与，更能够提升治理的有效性。这种村民自治单元的模式为农村基层治理提供了新的方式，为乡村治理积累了更多的经验。此外，我国的乡村公共服务、公共管理和公共安全水平有显著的提高，党组织领导的自治、德治、法治相结合的乡村治理体系也更加完善，朝着现代化的乡村治理体系稳步推进。

生活富裕是乡村振兴的目标，是乡村振兴的出发点和落脚点。乡村振兴的主体是农民，农民的生活富裕是乡村振兴的最终目标。2018年，中共中央、国务院出台了《关于打赢脱贫攻坚战三年行动的指导意见》，为消除绝对贫困和全面建成小康社会提供了指导意见。我国于2020年实现了全面建成小康社会的目标，历史性地消除了绝对贫困，农民的生活水平得到了根本改善。目前我国乡村振兴工作与防止脱贫返贫工作共同开展，是保障农民生活的两大基本政策措施，是描绘产业兴、农民富、乡村美的乡村振兴画卷的关键之笔。从具体数据来看，全国832个贫困县传统特色产业得到升级，不断涌现出新产业、新业态，例如定西土豆、赣南脐橙等贫困地区特色优势产业的发展，盘活了地方经济，使很多地方的农民生活条件得到改善，生活质量得到提高。

二、乡村振兴在国家现代化进程中的价值和意义

乡村振兴实质是农业农村现代化，乡村振兴战略是推动实现农业农村现代化，进而实现社会主义现代化的重大战略。从已经实现现代化的发达国家的经验看，工业和农业以及城市和乡村的关系问题是现代化进程中不容忽视的关键问题，也就是结构转型问题。发达国家普遍完成了结构转型并处于向现代化高级阶段迈进的阶段，而发展中国家在现代化进程中往往存在未完成转型或者转型中结构失衡等问题。对于中国而言，经济与社会、城市与乡村的二元结构问题仍然突出，特别是农业和农村现代化尚未完成，这成为制约社会主义现代化目标实现的突出短板，也是党和国家做出乡村振兴战略决策的主要考量。

（一）乡村振兴战略的提出：补足现代化进程中的乡村短板

近代以来，尤其是新中国成立以来，社会主义现代化建设取得了重大成就和突破，但是广大农业农村没有享受到现代化进程的成果，反而在现代化进程中不断衰落、凋敝。回顾新中国成立以来的社会主义现代化进程，无论是工业化、城市化，还是现代化的发展战略，往往都是抽取农业农村的资源以供给城市的发展，农业和农村作为代价被牺牲。伴随着现代化进程的不是农村的繁荣，而是

乡村的凋敝、地域和业态的失衡，城乡二元差距的裂痕不断加深。随着社会主义现代化建设的深入，"三农"问题不断凸显，对整个国民经济和现代化的发展都将造成极大阻碍。调整关于农业农村、工业城市的发展战略，促进农业农村优先发展，给农村和城市同等的发展机会在新时代背景下刻不容缓。毋庸置疑，农业农村现代化是社会主义现代化的重要组成部分，但是由于长期以来的政策偏向导致农业农村成为现代化发展进程中最大的短板，因而必须对现代化发展政策进行调整，完善顶层设计，统筹城乡发展，补上乡村振兴和社会主义现代化建设的短板。

现代化作为近代以来国家发展希望实现的最终目标，却没有带来城乡的共同发展，反而造成了乡村的凋敝和衰败。20世纪二三十年代，对于发展工业还是农业，走工业化道路还是农业化道路的选择引发了极大的争论。直至新中国成立之际，这场论战才平息，工业化道路渐渐占据主导。新政权面临着复杂的国际国内环境，如何挽救战争摧残后的凋敝的国民经济，破解西方封锁下的发展困境，成为新中国成立后面临的首要难题。自此，社会主义现代化建设开始从理论变成实践，社会主义现代化建设自此开启。在当时的形势下，工业化成为现代化发展的首要任务，工业化道路成为新中国成立初期确立的现代化发展道路。国家战略强调优先重工业重建国民经济体系，这也就意味着农业农村的资源要倾向于工业的发展，农业要为工业化的发展提供原料、资本、人力，这一时期逐渐形成了"工业主导农业、城市主导乡村"的工农城乡关系和工农城乡不平等的利益交换格局。牺牲农业换取工业的发展，在当时特定的历史时期有一定的合理性，但是长期从农村汲取资源就造成了路径依赖，使得工农、城乡之间的不平衡状态加重。这不仅对农业农村，乃至对于整个国民经济体系和现代化建设进程也产生长期负面影响。锁定这一工业化道路的制度安排和社会结构，便是新中国建立以后逐步建立起来的城乡二元分割体制。人民公社体制在其中最具代表性。在人民公社体制实施的20多年时间里，最终将一个农业国变成了一个工业国，为工业化的建设做出了极大的贡献，但是这一体制对农民造成了前所未有的负担，农村凋敝的态势也进一步被加深固化，"三农"问题的种子在此时已被埋下。国民经济发展和现代化的进程受到阻碍，人民公社体制被迫破产。此时减缓工农业发展的单向剥夺趋势，摆脱过度行政化，给农民更多的自主权成为新的发展要求。

在人民公社制度破产后，家庭联产承包责任制顺应时代产生，它把广大人民群众从旧制度的桎梏中解放出来，恢复农民从事农业生产的自主权，激发了农民的积极性，使农村经济得到一定程度的恢复与发展，农村活力得到释放。但是家庭联产承包责任制使农户恢复到小生产经营状态，而随着改革的进一步深入，农民无力应对市场，个体化的小生产方式与市场化、工业化、资本化的冲突逐渐暴露出来。与此同时，相应的社会保护机制和社会支持体系没有建立起来，小农户的脆弱性在市场经济时代进一步暴露出来，个体小农生计受到严重威胁。而在20世纪80年代异军突起的农村乡镇企业的发展也遇到了瓶颈，由于污染、能耗等诸多问题，乡镇企业的发展不景气并逐渐退出了历史舞台。农民收入下降导致农民的负担再次凸显，被暂时掩盖的农村危机也再次暴露出来，农村社会安全事件频发，抗税抗粮、集体上访和群体性事件不断发生。

长期以来，在国家工业化进程中，国家采取的是优先发展工业和城市的政策，对农村、农业、农民和城市、工业、市民实行不同的经济社会发展政策，使资金、资源、技术、知识的配置持续地向城市、工业、市民倾斜。城乡二元体制造成了城乡的不平衡发展。"抽水机效应"下，大量农村劳动力选择离开农村进入城市，农村的"空心化"、"三留守"、土地撂荒现象开始频现。在城乡二元分割的制度安排下，无论是家庭联产承包责任制还是乡镇企业的发展，都无法改变城乡分割的局面。城乡差距不但没有缩小，反而在逐渐扩大。在汹涌的市场化和城市化浪潮面前，农村陷入了新的困境，长期没有得到解决的"三农"问题开始转化为"三农"危机。如果说，在特定历史条件下的现代化起步之际，牺牲农业农村加速了现代化的进程，但是在达到现代化中等水平以后，改变落后的农村日益成为实现社会主义现代化刻不容缓的任务，必须对工业化和城市化的发展政策进行调整。

2004年的中央"一号文件"强调，解决"三农"问题"不仅关系农村社会进步，而且关系全面建设小康社会目标的实现"，国家开始对农业农村的发展政策进行调整，开始逐步探索城市反哺农村的发展道路。2006年中央"一号文件"提出新农村建设的决定，明确"统筹城乡经济社会发展，实行工业反哺农业、城市支持农村"和"多予少取放活"的方针。2007年，党的十七大提出，"建立以工促农、以城带乡长效机制，形成城乡经济社会发展一体化新格局"。这表明长期以来的以牺牲农业为代价的现代化发展战略得到改变，中国共产党对于城乡关系和城乡统筹的认识也在不断深入，开始将解决农村问题放在优先战略位置，为今后的农村工作指明了方向。

然而，"三农"问题的产生是伴随着工业化、城市化与现代化进程而导致的传统城乡一体化发展模式破解后，乡村社会走向边缘化、贫困化、荒漠化和失序化的一个历史过程。因此，"三农"问题的破解非一日之功。

作为新时代解决"三农"问题总抓手的乡村振兴战略由此提出，为从根本上扭转农村的弱势地位做出了新的决策部署。实施乡村振兴战略，优先发展农业农村，是对长期以来牺牲农业农村发展战略的纠正，是对城乡关系认识的深化，不再是农业农村服从依附于工业城市的发展，而是工业反哺农业，城乡统筹的发展。乡村的衰落似乎是现代化进程中不可避免的趋势，但乡村振兴等政策安排则是致力于减少衰落过程中的阵痛，表现为"'拾遗补缺'性的政策安排"的工业主义现代化局限。农业农村现代化是社会主义现代化的重要组成部分，是中国社会全面现代化进程中的短板。通过实施乡村振兴战略促进农业农村的优先发展，使城乡统筹成为发展的现实，以希望最终实现农业农村现代化，补上社会主义现代化建设的短板。实施乡村振兴战略，是推进"三农问题"向"三农现代化"转型的重要环节。必须把农业农村的发展安排上升到战略高度，从顶层设计开始助力乡村的重建。

（二）乡村振兴在现代化进程中的价值和意义

党的十九大提出实施乡村振兴战略，这对解决"三农"问题，补上社会主义现代化进程中的短板具有重要意义，在我国"三农"发展进程中具有里程碑意义。乡村振兴是现代化强有力的基础，是解决现代化发展阻碍的重要手段。乡村能否振兴在一定意义上决定了中国能否真正实现社会主义现代化建设的奋斗目标，能否按时建成社会主义现代化强国。党中央做出乡村振兴的战略部署，是在总结新中国成立以来乡村发展经验的基础上做出的决策部署，对于破解"三农"难题，补上现代化进程中农村这个短板具有重要意义。作为破解我国"三农"问题的金钥匙，乡村振兴战略的实施关系到农业农村现代化的实现，关系到社会主义现代化的全面实现，关系到第二个百年奋斗目标的实现。乡村振兴战略是符合中国国情的顶层设计，是改革开放以来探索乡村建设规律的必然结果，具有创新性的实践意义。

1.乡村振兴有助于补齐农业农村发展短板，缩小城乡差距，是现代化进程的润滑剂和加速器

现代化本该是包括城市现代化和乡村现代化的整体系统，但是长期以来，由于国家战略安排的影响，导致现代化进程中的乡村不断衰落，城乡二元差距被不断拉大。在城乡二元体制的壁垒下，城市剥夺了原本属于乡村的人口、资源和发展机会，导致乡村出现资源、人口等方面的短缺，这对于社会主义现代化的进一步发展产生了明显的阻碍。作为关系到社会主义现代化能否如期实现的关键点，"三农"问题在现代化中后期越发凸显，乡村振兴便是在城乡发展悬殊的情况下针对农村发展缓慢的情况提出的发展战略。它既适应当前农村发展的实际，也符合国家整体的发展规划。城乡不同的户籍制度和资源配置制度是城乡二元差距存在的原因，也是其发展的结果。要想扫清现代化发展的阻碍，必须要改变目前的户籍制度所导致的资源配置差异，使户籍制度回归到单纯的人口管理功能，以此

达到城乡资源平等配置与流动的目的，发挥城乡统筹这个现代化进程的润滑剂和加速器的作用。通过乡村振兴战略的实施，首先能够对城乡资源进行充分的整合和利用，促进城乡之间资源的平等交换和自由流动，为乡村发展提供资金、人才等资源基础；其次，能够为农业农村创造优先发展的条件，通过技术、人才、金融等方面的扶持助推乡村振兴；最后，城市在乡村振兴的过程中不再是扮演第三人的角色，而是作为合作伙伴，城市为乡村振兴提供经验，乡村为城市提供生态价值，为城乡协调发展提供有力支撑。

2.乡村振兴有助于实现共富共建共享目标，回应最广大人民群众的发展需求，为全面建设社会主义现代化国家奠定群众基础

人是乡村的主体，也是发展的主体。乡村发展的速度和质量与农村居民的生活息息相关，因此乡村发展要更加有效、更加直接地回应农民的切身需求，满足农民对美好生活的需要。实施乡村振兴战略，缩小城乡发展的差距，缩小城乡居民的收入差距，使共富共享的理念在乡村振兴战略实施过程中得到充分贯彻。在我国经济社会发展进入新时代，社会主义现代化建设取得重大成就的新时期，乡村振兴战略有利于促进农村经济社会发展，促进农村三产融合，为农村居民的发展创造更有利的环境，满足人民群众在新时期的发展需求；有利于增加农民收入，改善农民生活环境，调动农民参与现代化建设的积极性，为社会主义现代化强国的建设奠定群众基础。实施乡村振兴战略不仅是广大农民的愿望，也是城市居民的期盼。乡村振兴不仅能够实现"三农"的发展，促进长期以来"三农"问题的解决，同时对于缓解城市发展压力，促进城市的优化设计具有积极意义，是真正符合城乡人民群众迫切需要的发展战略安排，能够真正满足广大城乡群众对于美好生活的需要，为社会主义现代化强国建设提供最坚实有力的群众基础保障。

3.乡村振兴有助于重构乡土文化，使中国传统文化焕发生机，为社会主义现代化建设提供强大的精神资源

中国本质上是乡土中国，中华文化本质上是乡土文化。历史悠久的农耕文化

便是中华文化的重要组成部分，村落、乡音、乡德等都是中华优秀传统文化的载体和生动的表现形式。正如习近平总书记所说，"我国农耕文明源远流长、博大精深，是中华优秀传统文化的根"。长期积淀的优秀传统文化依靠乡村社会进行维系和传承。随着工业化、城市化的推进，在城乡二元体制的差异下，城市对乡村产生"抽水机效应"，乡村的人口、资源源源不断地流入城市，乡村建设的主体缺失，乡村的文化生态受到冲击，传统的乡土文化在现代化浪潮的冲击下难以维系。实施乡村振兴战略，要求对乡村文化进行振兴，不仅有利于解决目前城乡文化发展的不均等，缓解城乡文化公共服务供给的不平衡，而且能够促进乡村传统文化、美德的传承和弘扬。实施乡村振兴战略，能够挖掘农耕文化中蕴含的乡土文化资源，并对其进行创造性转化和创新性发展，使历史悠久、内涵丰富的传统文化在当今社会焕发生机与活力。对农耕文化中符合时代发展要求的文化内容进行挖掘，可以为乡风文明的发展提供文化基础，进一步丰富、传承优秀传统文化，促进诚实守信、勤俭节约、尊老爱幼、知荣知耻的文明乡村建设。在乡村振兴过程中，要以社会主义核心价值观为引领，促进乡村精神文明建设，在推进农业农村现代化的过程中重构乡土文化，使农村在现代化浪潮中保持本色，使农民在现代化进程中坚定乡土文化自信，促进传统乡村在新的时代背景下的重建，唤醒中华民族的精神基因和文化血脉，为乡村振兴提供丰富的精神资源。

4.乡村振兴有助于夯实党在基层的执政基础，促进乡村治理现代化，为现代化建设提供组织保障

现代化的短板在乡村。工业化、信息化、城镇化的加快推进，给传统的乡村社会带来了巨大的影响，千万乡土村落在现代化进程中经历着社会转型的过程，原本的乡村治理方式不再适应农村现代化发展的需要。第一，农村人口外流严重，乡村治理的主体缺失。第二，通信、交通方式的便捷改变了农民的生活方式和交往方式，社会交往的范围被扩大，乡土关系下的熟人社会正在被瓦解。第三，市场成为资源配置决定方式，农民逐渐意识到利益关系的极端重要性，市

场逻辑对传统乡土逻辑造成了冲击。在这种情况下，原有的乡村治理体系受到挑战，在社会转型期找不到得以维系的动力。因此，在中国特色社会主义新时代，需要寻求新的乡村社会治理方式，打造新的乡村治理体系，乡村振兴战略提出的治理有效的内容是对这一需求的有效回应。实施乡村振兴战略，是党中央做出的符合时代要求的重大决策部署。乡村振兴，治理有效是基础，要想实现农业农村现代化的奋斗目标，我们必须要把治理有效摆在重要位置。坚持党管农村工作，坚持自治、法治、德治相结合，加强和创新社会治理，进一步促进国家治理体系治理能力现代化。乡村是社会治理的基础和薄弱环节，通过实施乡村振兴战略，为乡村治理培养并储备更多的基层干部队伍，为乡村治理提供强有力的政治保证，加强农村基层治理，健全乡村治理体系，走出一条中国特色社会主义乡村善治之路，确保广大农民安居乐业。

参考文献

[1] Sun Yat-sen, The International Development of China[M], 2nd ed., New York: G. P. Putnam's Sons, 1929, pp.8–9, 257–258.

[2] 贾建芳.世界现代化进程的基本经验[J].江汉论坛，2003（10）：5–9.

[3] 徐冬青.世界发达国家现代化的经验及启示[J].世界经济与政治论坛，2012（06）：150–159.

[4] 袁廷华.中国政党制度与国家经济和社会现代化[J].中央社会主义学院学报，2012（01）：7–12.

[5] 林尚立.政党与现代化：中国共产党的历史实践与现实发展[J].政治学研究，2001（03）：1–8.

[6] 李金华.新中国70年工业发展脉络、历史贡献及其经验启示[J].改革，2019（04）：5–15.

[7] 陶长琪，陈伟，郭毅.新中国成立70年中国工业化进程与经济发展[J].数量经济技术经济研究，2019，36（08）：3–26.

[8] 数据来源：国家统计局. https://data.stats.gov.cn/easyquery.htm?cn=C01&zb=A0301&sj=1949

[9] 数据来源：国家统计局.《第七次全国人口普查公报（第七号）》，http://www.gov.cn/shuju/2021–05/11/content_5605791.htm

[10] 数据来源：国家统计局.《人民生活实现历史性跨越 阔步迈向全面小康—新中国成立70周年经济社会发展成就系列报告之十四》，http://www.stats.

gov.cn/ztjc/zthd/sjtjr/d10j/70cj/201909/t20190906_1696323.html

［11］数据来源：国家统计局. https：//data.stats.gov.cn/easyquery.htm?cn=C01&zb=A0A05&sj=1978

［12］数据来源： 国家统计局.《中华人民共和国2020年国民经济和社会发展统计公报》， http：//www.stats.gov.cn/tjsj/zxfb/202102/t20210227_1814154.html

［13］数据来源： 中国教育报.《70年来我国教育事业取得巨大成就》，http：//www.moe.gov.cn/jyb_xwfb/s5147/201907/t20190725_392195.html

［14］数据来源：国家统计局.《第三次全国人口普查公报》， http：//www.stats.gov.cn/tjsj/tjgb/rkpcgb/qgrkpcgb/200204/t20020404_30318.html

［15］数据来源：国家统计局. https：//data.stats.gov.cn/easyquery.htm?cn=C01&zb=A0O02&sj=1949

［16］数据来源：国家统计局.《人口总量平稳增长 人口素质显著提升——新中国成立70周年经济社会发展成就系列报告之二十》，http：//www.stats.gov.cn/tjsj/zxfb/201908/t20190822_1692898.html

［17］数据来源：国家统计局. https：//data.stats.gov.cn/easyquery.htm?cn=C01&zb=A0O0I&sj=2019

［18］数据来源：国家统计局. https：//data.stats.gov.cn/easyquery.htm?cn=C01&zb=A0O0K&sj=2019

［19］数据来源：1978年数据来源https：//data.stats.gov.cn/easyquery.htm?cn=C01&zb=A0Q08&sj=1978，2020年数据来源于https：//data.stats.gov.cn/easyquery.htm?cn=C01&zb=A0Q08&sj=2020

［20］数据来源：国家统计局.《1978年全国年度统计公报》， http：//www.stats.gov.cn/tjsj/tjgb/ndtjgb/qgndtjgb/200203/t20020331_29991.html

［21］数据来源：国家统计局. https：//data.stats.gov.cn/easyquery.htm?cn=C01&zb=A0A02&sj=2019

［22］数据来源：国家统计局. https：//data.stats.gov.cn/easyquery.

htm?cn=C01&zb=A0A0H&sj=1985

［23］阮碧波,吴峰.浅谈中国近代政治体制的现代化[J].湘潮（下半月），2011（12）：30-31.

［24］中华人民共和国国务院新闻办公室,《中国新型政党制度》白皮书，2021年6月.

［25］王大超.论中国共产党大历史观视角下的"三农"情怀—庆祝中国共产党百年华诞[J].辽宁经济职业技术学院·辽宁经济管理干部学院学报，2021（01）：1-6.

［26］宋洪远,雷刘功,李永生,魏登峰,徐刚,杨勇,姜玉桂,蒙燕,王翔,李春艳,杨宗辉,丁钇清,赵围瀚.中国共产党百年农政史记[J].农村工作通讯，2021（Z1）：12-30.

［27］金碚.中国经济70年发展新观察[J].社会科学文摘，2019（12）：39-41.

［28］石连同.民国时期知识分子对中国现代化理论的探索[J].南京大学学报（哲学.人文科学.社会科学版），1998（1）：156-162.

［29］《毛泽东选集》第一卷[M].北京：人民出版社，1991：188.

［30］王翔.近代中国经济转轨与现存二元经济结构[J].江苏社会科学，1991（02）：24-28.

［31］段德罡,谢留莎,陈炼.我国乡村建设的演进与发展[J]. 西部人居环境学刊，2021，36（1）：1-9.

［32］随睿.造就"新农民"[D].合肥：安徽大学，2020.

［33］刘旭雯.新中国七十年现代化的历史进程和现实启示[J].改革与战略，2020，36（5）：48-57.

［34］安格斯·麦迪森.世界经济千年史[M].北京：北京大学出版社，2003.

［35］郑庆平.明清时期的土地制度及其发展变化特征[J].中国农史，1989（01）：9-15.

［36］李先东，李录堂，米巧.中国土地制度的历史追溯与反思[J].农业经济问题，2018（04）：43-49.

［37］Griffin K, Khan A R, Ickowitz A. Poverty and the Distribution of Land[J]. Journal of Agrarian Change. 2002，2（3）：279-330.

［38］陈翰笙.陈翰笙集[M].北京：中国社会科学出版社，2002.

［39］薛暮桥.旧中国的农村经济[M].北京：农业出版社，1980.

［40］王先明.试论城乡背离化进程中的乡村危机—关于20世纪30年代中国乡村危机问题的辨析[J].近代史研究，2013（03）：44-59，160-161.

［41］刘保中，邱晔.新中国成立70年我国城乡结构的历史演变与现实挑战[J].长白学刊，2019（05）：39-47.

［42］温铁军.八次危机：1949-2009 中国的真实经验[M].北京：东方出版社，2012.

［43］本书编写组，发展经济学[M].北京：高等教育出版社，2019.

［44］余欣荣.坚持农业农村优先发展 构建"三农"多元投入格局[J].中国农村金融，2019（04）：39-41.

［45］黄国勤.我国乡村生态系统的功能、问题及对策[J].中国生态农业学报（中英文），2019，27（02）：177-186.

［46］张雨，郭红鑫.乡村生态环境发展主要问题以及发展路径[J].区域治理，2019（50）：155-157.

［47］国家发展和改革委员会.开启全面建设社会主义现代化国家新征程的宏伟蓝图[J].宏观经济管理，2021（04）：1-5.

［48］蒋永穆.从"农业现代化"到"农业农村现代化"[J].红旗文稿，2020（05）：30-32.

［49］魏后凯. 深刻把握农业农村现代化的科学内涵[J]. 农村工作通讯，2019（2）：1.

［50］农业现代化辉煌五年系列宣传之一：农业现代化成就辉煌 全面小康

社会根基夯实，http：//www.jhs.moa.gov.cn/ghgl/202105/t20210508_6367377.htm

［51］王春光.迈向共同富裕——农业农村现代化实践行动和路径的社会学思考[J].社会学研究，2021，36（02）：29-45，226.

［52］蒋和平，杨东群.新中国成立70年来我国农业农村现代化发展成就与未来发展思路和途径[J].农业现代化研究，2019，40（05）：711-720.

［53］吕飞杰.依靠科技进步加快我国农业现代化建设[J].中国农业科学，1996（02）：1-7.

［54］黄佩民.中国农业现代化的历程和发展创新[J].农业现代化研究，2007（02）：129-134.

［55］中国社会科学院农村发展研究所课题组.农村全面建成小康社会及后小康时期乡村振兴研究[J].经济研究参考，2020（9）：5-45.

［56］魏后凯，崔凯.面向2035年的中国农业现代化战略[J].经济学家，2021，16（1）：18-24.

［57］彭超，刘合光."十四五"时期的农业农村现代化：形势、问题与对策[J].改革，2020，（02）：20-29.

［58］叶兴庆.迈向2035年的中国乡村：愿景、挑战与策略[J].管理世界，2021，37（04）：98-112.

［59］Wu Yiyun, Xi Xican, Tang Xin, Luo Deming, Gu Baojing*, Lam Shu Kee, Vitousek Peter*, Chen Deli. Policy distortions, farm size, and the overuse of agricultural chemicals in China[J]. PNAS, 2018, 115（27）, 7010-7015.

［60］袁金辉.中国农村现代化的基本内涵与经验[J].国家行政学院学报，2005（04）：27-30.

［61］王淑贤，郝云宏.农村现代化的基本含义和主要特征[J].延安大学学报（社会科学版），1999（04）：19-25.

［62］王立胜. 中国农村现代化：思路与出路[M].北京：人民出版社，2009：357.

［63］王华.农村产业结构调整中的城镇化建设[J].西南民族大学学报（人文社会科学版），2014，35（12）：121-126.

［64］黄锡富.论农村产业结构调整与农村现代化的实现[J].广西师范学院学报，2002（03）：15-18.

［65］张瑜.我国农村基础设施建设中存在的问题与对策研究[J].科技经济导刊，2016（22）：108.

［66］邹蕴涵.我国农村基础设施建设现状及存在的主要问题[J].财经界，2018（02）：3-5.

［67］拿地.浅析农村基础设施建设的现状及对策—以西藏自治区林芝市墨脱县为例[J].今日财富（中国知识产权），2019（09）：131-132.

［68］庞淑芬.农村产业结构调整面临的困境[J].中国集体经济，2008（27）：17-18.

［69］赵周华，霍兆昕.中国乡村振兴战略实施面临的人口问题及应对思路[J].农业农村部管理干部学院学报，2019（03）：26-33.

［70］释启鹏.制度变迁中的时间与结构：新中国户籍制度的演化[J].经济社会体制比较，2019（01）：181-191.

［71］数据来源：国家统计局.《第二次全国人口普查数据》http：//www.stats.gov.cn/tjsj/tjgb/rkpcgb/qgrkpcgb/200204/t20020404_30317.html

［72］原新，刘厚莲.改革开放以来中国农业劳动力变迁研究—基于人口普查数据的分析[J].中国农业大学学报（社会科学版），2015，32（04）：76-83.

［73］叶敬忠，王维.改革开放四十年来的劳动力乡城流动与农村留守人口[J].农业经济问题，2018，（7）：14-22.

［74］中华人民共和国农业农村部.《新中国成立60周年：乡镇企业发展成就》，http：//www.moa.gov.cn/ztzl/xzgnylsn/gd_1/200909/t20090918_1353912.htm

［75］邹晓涓.1978年以来中国乡镇企业发展的历程回顾与现状解析[J].石家庄经济学院学报，2011，34（02）：64-67.

[76] 中国农业新闻网.《乡镇企业崛起—"异军突起"逐新路》http：//www.farmer.com.cn/zt2018/ncgg/bwzg/201812/t20181207_1420995.html

[77] 朱庆生，蔡弘，丁仁船.农业劳动力结构变迁视角下农业现代化研究[J].江淮论坛，2020（02）：113-119.

[78] 苏昕，王可山，张淑敏.我国家庭农场发展及其规模探讨—基于资源禀赋视角[J].农业经济问题，2014，35（05）：8-14.

[79] 数据来源：中国政府网.http：//www.gov.cn/guowuyuan/2019-10/14/content_5439189.htm.

[80] 曹俊杰.新中国成立70年农业现代化理论政策和实践的演变[J].中州学刊，2019（07）：38-45.

[81] 中共中央，国务院.《关于加大改革创新力度加快农业现代化建设的若干意见》，http：//www.gov.cn/zhengce/2015-02/01/content_2813034.htm

[82] GB/T 32000-2015，美丽乡村建设指南[S].2015.

[83] 陆益龙.乡村振兴中的农业农村现代化问题[J].中国农业大学学报（社会科学版），2018，35（03）：48-56.

[84] 卢园园.新型城镇化研究综述[J].社会科学动态，2021（06）：78-82.

[85] 童星.发展社会学与中国现代化[M]，北京：社会科学文献出版社，2005：357-359.

[86] 徐勇，徐增阳.中国农村和农民问题研究的百年回顾[J].华中师范大学学报（人文社会科学版），1999（11）：1-10.

[87] 张军.乡村价值定位与乡村振兴[J].中国农村经济，2018（1）：2-10.

[88] 祝彦.三十年代乡村建设运动：梁漱溟与邹平实验，http：//cpc.people.com.cn/GB/85037/8516210.html

[89] 王春光.关于乡村振兴中农民主体性问题的思考[J].社会发展研究，2018，5（01）：31-40.

[90] "中国村镇建设70年成就收集"课题组.新中国成立70周年村镇建设

发展历程回顾[J].小城镇建设，2019，37（09）：5-12.

［91］李周.中国农村发展的成就与挑战[J].中国农村经济，2013（08）：4-14.

［92］林毅夫，蔡昉，李周.中国的奇迹：发展战略与经济改革（增订版）[J].党的生活（青海），2017（08）：59.

［93］曹晗.乡村振兴与中国人类学研究的新议题[J].广西民族大学学报（哲学社会科学版），2019，41（05）：18-26.

［94］章爱先，朱启臻.基于乡村价值的乡村振兴思考[J].行政管理改革，2019（12）：52-59.

［95］王先明.百年中国乡村建设的思想与实践论集[M].北京：商务印书馆，2020.

［96］王凤林.我国社队企业的产生和发展[J].农业经济丛刊，1983（04）：56-57，10.

［97］孙立田.工业化进程中的英国乡村改造[J].中国乡村发现，2018（04）：144-148.

［98］温铁军.告别百年激进：温铁军演讲录2004-2014（上）[M]，北京：东方出版社，2016.

［99］蔡昉.中国经济面临的转折及其对发展和改革的挑战[J].中国社会科学，2007（03）：4-12，203.

［100］国务院发展研究中心农村部课题组，叶兴庆，徐小青.从城乡二元到城乡一体：我国城乡二元体制的突出矛盾与未来走向[M].北京：中国发展出版社，2014.

［101］陆继霞，汪东升，吴丽娟.新中国成立70年来人口流动政策回顾[J].中国农业大学学报（社会科学版），2019，36（05）：120-128.

［102］杜鹏，王武林.论人口老龄化程度城乡差异的转变[J].人口研究，2010，34（02）：3-10.

［103］邹湘江，吴丹.人口流动对农村人口老龄化的影响研究—基于"五普"和"六普"数据分析[J].人口学刊，2013，35（04）：70-79.

［104］陈柳钦.现代化的内涵及其理论演进[J].经济研究参考，2011（44）：15-31.

［105］中国农村发展问题研究组.农村经济变革的系统考察[M].北京：中国社会科学出版社，1984.

［106］朱启臻，陈倩玉.农业特性的社会学思考[J].中国农业大学学报（社会科学版），2008（01）：68-75.

［107］国务院发展研究中心农村经济研究部"城乡融合发展的制度框架和政策体系研究"课题组.德国乡村振兴的主要做法及启示[N].中国自然资源报，2018-11-28（001）.

［108］郭笑然，周李，虞虎，吴殿廷，徐琳琳.日本乡村振兴政策演变及其效果分析[J].世界地理研究，2020，29（05）：905-916.

［109］王亚华，臧良震，苏毅清.2035年中国农业现代化前景展望[J].农业现代化研究，2020，41（01）：16-23.

［110］数据来源：《中国数字乡村发展报告（2020年）》https：//www.thepaper.cn/newsDetail_forward_10226917

［111］赵司空.中国农民身份的转变与市民社会的形成[J].学术界，2011（09）：27-34，255-258.

［112］中央农业广播电视学校.全国新型职业农民总量已突破1500万人—杭大鹏发布《2017年全国新型职业农民发展报告》和"新型职业农民发展指数"[J].农民科技培训，2018（12）：10-11.

［113］蒋永穆.基于社会主要矛盾变化的乡村振兴战略：内涵及路径[J].社会科学辑刊，2018（2）：15-21.

［114］叶敬忠，张明皓，豆书龙.乡村振兴：谁在谈，谈什么？[J].中国农业大学学报（社会科学版）.2018（6）：5-14.

［115］张海鹏，郄亮亮，闫坤.乡村振兴战略思想的理论渊源、主要创新和实现路径[J].中国农村经济，2018（11）：2-16.

［116］田毅鹏.乡村"过疏化"背景下城乡一体化的两难[J].浙江学刊，2011（05）：31-35.

［117］武小龙.英国乡村振兴的政策框架与实践逻辑[J].华南农业大学学报（社会科学版），2020，19（06）：23-33.

［118］叶兴庆.新时代中国乡村振兴战略论纲[J].改革，2018（01）：65-73.

［119］唐任伍，唐堂，李楚翘.中国共产党成立100年来乡村发展的演进进程、理论逻辑与实践价值[J].改革，2021（06）：27-37.

［120］张强.乡村与城市融合发展的选择：北京市城乡一体化发展研究[M].北京：农业出版社，2006.

［121］钟钰.实施乡村振兴战略的科学内涵与实现路径[J].新疆师范大学学报（哲学社会科学版），2018，39（05）：71-76+2.

［122］熊小林.聚焦乡村振兴战略 探究农业农村现代化方略——"乡村振兴战略研讨会"会议综述[J].中国农村经济，2018（01）：138-143.

［123］宣朝庆.百年乡村建设的思想场域和制度选择[J].天津社会科学，2012（03）：125-130.

［124］孔祥智，何安华.新中国成立60年来农民对国家建设的贡献分析[J].教学与研究，2009（09）：5-13.

［125］郑立新，罗鹏.乡村振兴视域中的农民主体作用、制约因素及路径选择——基于湖南岳阳乡村的调查与思考[J].云梦学刊，2020，41（01）：115-124.

［126］龙太江.国家政权建设与乡村发展——对革命后中国乡村社会现代化进程的反思[J].衡阳师范学院学报（社会科学），2002（01）：20-24.

［127］刘玉海.李小云：乡村振兴核心在城乡融合[N].经济观察报，2021-03-22（005）.

［128］朱启臻.乡村振兴背景下的乡村产业——产业兴旺的一种社会学解释

[J].中国农业大学学报（社会科学版），2018，35（03）：89-95.

[129] 胡永万.为推进乡村振兴提供有力的人才支撑[J].农村工作通讯，2017（24）：27-30.

[130] 胡元蛟.乡村文化振兴政策演进的阶段性特征——基于中央一号文件的政策文本分析[J].中共合肥市委党校学报，2019（01）：9-13.

[131] 范建华，秦会朵.关于乡村文化振兴的若干思考[J].思想战线，2019，45（04）：86-96.

[132] 黄国勤.论乡村生态振兴[J].中国生态农业学报（中英文），2019，27（02）：190-197.

[133] 中国理论网.组织振兴是乡村振兴"第一工程"[EB/OL].http：//www.ccpph.com.cn/yc/202102/t20210222_279049.htm，2021-02-22.

[134] 刘少奇. 刘少奇同志在中国工会第七次全国代表大会上的祝词[J]. 山西政报，1953（10）.

[135] 薛蒙林.剖析"三农"问题的历史逻辑[J].社会科学研究，2013（02）：105-109.

[136] 李小云."三农"问题的解体，"后三农"时代的来临[EB/OL].http：//sike.news.cn/statics/sike/posts/2016/06/219500304.html

[137] 刘守英，王一鸽.从乡土中国到城乡中国——中国转型的乡村变迁视角[J].管理世界，2018，34（10）：128-146，232.

[138] 王双正. 粮食流通体制改革30年：回顾与反思[J]. 财贸经济，2008（11）：111-124，127.

[139] 程世勇.中国农村土地制度变迁：多元利益博弈与制度均衡[J].社会科学辑刊，2016（02）：85-93.

[140] 温涛，何茜，王煜宇.改革开放40年中国农民收入增长的总体格局与未来展望[J].西南大学学报（社会科学版），2018，44（04）：43-55，193-194.

[141] 彭小辉，史清华，朱喜.中国粮食产量连续增长的源泉[J].农业经济问

题，2018（01）：97-109.

[142] 陆远，王志萍.传统与现代之间：乡镇企业兴衰与中国农村社会变迁—以苏州吴江区七都镇为例[J].浙江学刊，2019（01）：42-49.

[143] 李小云. 乡村振兴要改变只顾城市不顾农村的发展方式[EB/OL]. https：//baijiahao.baidu.com/s?id=1700997542870344450&wfr=spider&for=pc

[144] 张海鹏.中国城乡关系演变70年：从分割到融合[J].中国农村经济，2019（03）：2-18.

[145] 李小云.全面推进乡村振兴战略，构建新型城乡关系[J].贵州社会科学，2021（01）：143.

[146] 习近平多次提起的"中国式现代化"是什么？[EB/OL]. https：//www.chinanews.com/gn/2021/07-10/9516728.shtml

[147] 徐美银.乡村振兴战略的科学内涵、动力机制与实现路径研究[J].农业经济，2019（12）：3-5.

[148] 梁昊.中国农村集体经济发展：问题及对策[J].财政研究，2016（03）：68-76.

[149] 韩喜平，孙贺.美丽乡村建设的定位、误区及推进思路[J].经济纵横，2016（01）：87-90.

[150] 王金南，苏洁琼，万军."绿水青山就是金山银山"的理论内涵及其实现机制创新[J].环境保护，2017，45（11）：13-17.

[151] 周庆智.乡村社会关系重构、治理体制改革与乡村振兴—论乡村振兴的社会改革意义[J].南京大学学报（哲学·人文科学·社会科学），2019，56（06）：23-31，158.

[152] 张大维.优势治理：政府主导、农民主体与乡村振兴路径[J].山东社会科学，2018（11）：66-72.

[153] 张强，张怀超，刘占芳.乡村振兴：从衰落走向复兴的战略选择[J].经济与管理，2018，32（01）：6-11.

[154] 吕宾.乡村振兴视域下乡村文化重塑的必要性、困境与路径[J].求实，2019（02）：97–108+112.

[155] 张小平. 乡村振兴战略的伟大意义[N]. 中国社会科学报，2020–09–02（012）.

[156] 万信,龙迎伟.论乡村振兴战略的基本内涵、价值及实现理路[J].江苏农业科学，2018,46（17）：327–330.

[157] 叶兴庆.实现国家现代化不能落下乡村[J].中国发展观察，2017（21）：10–12，27.

[158] 沈坤荣,赵倩.以双循环新发展格局推动"十四五"时期经济高质量发展[J].经济纵横，2020（10）：18–25.

[159] 胡锦涛在中共第十七次全国代表大会上的报告全文：http://www.gov.cn/ldhd/2007–10/24/content_785431.htm

[160] 2019年农民工监测调查报告：http://www.stats.gov.cn/tjsj/zxfb/202004/t20200430_1742724.html

[161] 2020年农民工监测调查报告：http://www.gov.cn/shuju/2021–04/30/content_5604232.htm

[162] 石洪斌.谁来振兴乡村?—乡村振兴人力资源支撑体系的构建[J].治理研究，2019,35（06）：115–121.

[163] 孙悦，刘玉梅.内生增长理论评述[J].商业经济，2010，000（017）：28–29.

[164] 数据来源：国家统计局，https://data.stats.gov.cn/easyquery.htm?cn=C01&zb=A0D0C&sj=2020

[165] 数据来源：国家统计局，https://data.stats.gov.cn/easyquery.htm?cn=C01&zb=A0D06&sj=2020

[166] 张晓楠,邱国玉.化肥对我国水环境安全的影响及过量施用的成因分析[J].南水北调与水利科技，2019,17（04）：104–114.

［167］孙世芳.如何提升农业社会化服务水平[N].经济日报，2021-04-29（010）.

［168］王颜齐，史修艺.组织化内生成本视角下小农户与现代农业衔接问题研究[J].中州学刊，2019（09）：33-40.

［169］张磊.我国农业组织化发展路径研究[J].经济纵横，2014（10）：51-54.

［170］苑鹏.推动小农户与现代农业有机衔接[J].红旗文稿，2021（02）：23-26.

［171］陆益龙.百年中国农村发展的社会学回眸[J].中国社会科学，2021（07）：44-62.

［172］王先明.新中国建设路向选择与城乡重心的转移—试析中共领导层从革命到建设思想的历史转折[J].社会科学战线，2015（04）：81-98.

［173］王先明.民族复兴之基石—农村复兴思潮的兴起与演进[J].近代史研究，2014（04）：43-47.

［174］张彬，李更生.中国农村教育改革的先声—对20世纪20年代至30年代乡村教育运动的再认识[J].浙江大学学报（人文社会科学版），2002（05）：124-132.

［175］徐勇，徐增阳.乡土民主的成长：村民自治20年研究集萃[M].武汉：华中师范大学出版社，2007.

［176］孙诗锦.1930年代定县戏剧改良与乡村启蒙[J].史学月刊，2012（02）：93-98.

［177］虞和平.民国时期乡村建设运动的农村改造模式[J].近代史研究，2006（04）：95-110.

［178］中华职业教育社.黄炎培教育文选[M].上海：上海教育出版社，1985.

［179］张季直先生事业史编纂处.大生纺织公司年鉴（1895-1947）[M].南京：江苏人民出版社，1998.

[180]凌耀伦,熊甫.卢作孚文集(增订本)[M].北京:北京大学出版社,2012.

[181]熊彤.中国近代乡村建设的另一种典范—张謇的南通乡村建设[J].南通大学学报(社会科学版),2009,25(01):124-130.

[182]郭剑鸣.试论卢作孚在民国乡村建设运动中的历史地位—兼谈民国两类乡建模式的比较[J].四川大学学报(哲学社会科学版),2003(05):103-108.

[183]涂文学.自下而上:20世纪前半叶民间参与城市化运动论析—以张謇、卢作孚、刘歆生为中心之考察[J].江汉论坛,2020(10):105-121.

[184]杜慧.从思潮到事功:民国建设思潮的历史探研与反思[J].人文杂志,2015(01):90-96.

[185]刘秀艳.20世纪初中国乡村建设中农业推广的特征与启示[J].安徽农业科学,2010,38(25):14053-14054,14057.

[186]徐秀丽.民国时期的乡村建设运动[J].安徽史学,2006(04):69-80.

[187]吴洪成.20世纪二三十年代中国的乡村教育实验[J].四川师范大学学报(社会科学版),2002(05):96-106.

[188]李德芳.民国时期乡村治理方式的变革:以河北定县为例[C].中山大学行政管理研究中心.第二届中国地方治理学术研讨会论文集.2004:22.

[189]魏本权.合作运动与乡村建设—以20世纪前期社会各界的乡村改造方案为中心[J].历史教学(下半月刊),2013(01):21-26,42.

[190]李红辉,梁生.梁漱溟乡村建设的核心内容及意义[J].人民论坛,2010(29):212-213.

[191]宋恩荣.晏阳初全集[M].长沙:湖南教育出版社,1989.

[192]郑大华.关于民国乡村建设运动的几个问题[J].史学月刊,2006(02):52-59.

[193]杨东.乡村建设的延安道路[J].社会主义研究,2014(06):128-137.

[194] 高明.不激进的革命—延安乡村建设再理解[J].开放时代，2018（03）：45-49，7.

[195] 高尚斌.朱德与陕甘宁边区的经济建设[J].中共党史研究，2007（02）：84-90.

[196] 余小勇.三五九旅开发南泥湾及其现实启示[J].前沿，2011（12）：105-108.

[197] 李金铮.论1938-1949年华北抗日根据地、解放区的农贷[J].近代史研究，2000（04）：178-212.

[198] 王晋林.论抗战时期陕甘宁边区的农业政策与实施[J].社科纵横，2003（05）：63-64.

[199] 王方中.解放战争时期西北、华北五大解放区的农业生产[J].中国经济史研究，2010（02）：3-17.

[200] 王士花.北海银行与山东抗日根据地的货币政策[J].史学月刊，2012（01）：53-62.

[201] 张美琴.论中央苏区的文化建设及其先进性[J].南昌大学学报（人文社会科学版），2006（03）：79-81.

[202] 王予霞.赣南、闽西客家歌谣的现代化历史进程[J].江西社会科学，2002（07）：47-51.

[203] 杨东.谁为绅士，何以开明—中共视野中的开明绅士与根据地民众的乡土映像[J].福建论坛（人文社会科学版），2012（06）：67-72.

[204] 丁云.抗日根据地的乡村基层民主政治建设[J].北京工业大学学报（社会科学版），2006（01）：86-91.

[205] 王建华.民主革命时期中共根据地政权建设中的选举委员会[J].中共党史研究，2014（06）：54-63.

[206] 王先明.建设告竣时革命成功日—论孙中山建设思想的形成及其时代特征[J].广东社会科学，2013（01）：131-142.

［207］张玮，张娟.《新农村》及其学人与阎锡山之乡村建设[J].河北学刊，2018，38（06）：156-163.

［208］成新文.评阎锡山的村镇建设[J].晋阳学刊，1995（01）：110-112.

［209］杜慧.中国建设协会与民国现代农建的肇兴[J].史学月刊，2015（02）：133-136.

［210］王先明，李伟中.20世纪30年代的县政建设运动与乡村社会变迁——以五个县政建设实验县为基本分析样本[J].史学月刊，2003（04）：90-98，104.

［211］王蓉.南京国民政府的乡村建设与农民负担问题[J].福建论坛（人文社会科学版），2008（09）：73-75.

［212］谢健.国家政策与社团实践——平教会华西实验区农地减租问题考察[J].史学月刊，2016（05）：88-95.

［213］易棉阳.目标扭曲、政府控制与制度异化——国民政府时期农村合作运动失败原因解读[J].云南财经大学学报，2014，30（02）：10-19.

［214］温思美，张乐柱.建国60年农村经济发展轨迹及其愿景[J].改革，2009（08）：5-21.

［215］曹应旺.十六大以来建设社会主义新农村战略思想的形成和发展[J].党的文献，2012（05）：97-104.

［216］刘洪升，胡克夫.河北农业合作化运动述评[J].当代中国史研究，2001（03）：113-120.

［217］国风.中国农村工业化和劳动力转移的道路选择——论我国的小城镇建设[J].管理世界，1998（06）：197-201.

［218］颜公平.对1984年以前社队企业发展的历史考察与反思[J].当代中国史研究，2007（02）：60-69，126-127.

［219］陆学艺.二十年农村改革的伟大实践[J].中共福建省委党校学报，1999（02）：4-10.

［220］孙东升，曾珺.20世纪50年代前期扫除文盲运动的方法和启示[J].党的

文献，2012（05）：17-22.

［221］陈廷煊.1949-1952年农业生产迅速恢复发展的基本经验[J].中国经济史研究，1992（04）：24-36.

［222］董志凯.1949-1952年中国经济分析[M].北京：中国社会科学出版社，1996.

［223］李永芳.中国共产党乡村社会治理的百年历程与基本经验[J].兰州学刊，2021（07）：5-20.

［224］民政部.1995年民政事业发展统计报告[EB/OL].民政部，http://www.mca.gov.cn/article/sj/tjgb/200801/200801150094229.shtml，1996年4月4日.

［225］潘家恩，温铁军.三个"百年"：中国乡村建设的脉络与展开[J].开放时代，2016（04）：126-145+7.

［226］赵洪才.城乡统筹背景下的农村市政公用设施建设[J].城市发展研究，2010，17（05）：86-92.

［227］李忠杰.新中国70年贫困治理的历程和经验[J].社会治理，2019（07）：7-11.

［228］范先佐.我国基础教育财政体制改革的回顾与反思[J].华中师范大学学报（人文社会科学版），2003（05）：112-121.

［229］民政部.2019年民政事业发展统计报告[EB/OL].民政部，http://images3.mca.gov.cn/www2017/file/202009/1601261242921.pdf，2020年9月8日.

［230］江苏省农业农村厅.【乡村产业发展】江苏乡村产业振兴十大模式推介（三）[EB/OL].江苏省农业农村厅，https://mp.weixin.qq.com/s/IB0mDWpqy5aKK-rvb2kkmA，2021年7月16日.

［231］许雅文，唐豪.五问浙江乡村振兴[N].浙江日报，2021-07-26（005）.

［232］王佳.绍兴全域激活闲置农房，持续为乡村振兴赋能——"沉睡的农房"变身"钱袋子"[N].浙江日报，2020-12-31（009）.

[233] 王金虎.以更高水平打造乡村振兴齐鲁样板—专访山东省委书记、省人大常委会主任刘家义[N].经济日报，2021-06-21（002）.

[234] 佟明彪.山东蒙阴将生态优势转化为惠民富民新增长点[EB/OL].中国经济网.http：//www.ce.cn/cysc/stwm/gd/202008/08/t20200808_35482077.shtml，2020年8月8日.

[235] 黄克.当涂城乡融合当好"头"打造乡村振兴先行县[EB/OL].安徽文明网，http：//ah.wenming.cn/wmcjjh/wmcz/201811/t20181120_4902868.shtml，2018年11月20日.

[236] 刘一荻.黄山市祖源村：从"默默无闻"到"名声大噪"有妙招[EB/OL].央广网，http：//news.cnr.cn/dj/20191113/t20191113_524856098.shtml，2019年11月13日.

[237] 克拉潘：《现代英国经济史》（J. H. Clopham，An Economic History of Modern Britain），第2卷，剑桥，1939.171-172.

[238] Isabelle Tsakok. Success in Agriculture Transformation [M]. Cambridge University Press，2011.

[239]（意）卡洛.M.奇波拉.欧洲经济史（3）[M].北京：商务印书馆，1989：363.

[240] Overton M. Agricultural Revolution in England[M]. Cambridge University Press，1996.

[241] Mingay，G，E. The Agricultural Revolution：Changes in Agriculture，1650-1880. London：Adams & Charles Black. 1977：52，213-15.

[242] https：//assets.publishing.service.gov.uk/government/uploads/system/uploads/attachment_data/file/989701/agricaccounts-tiffstatsnotice-27may21.pdf

[243] Brennan，M. A. 2012. Rural Transformations and Rural Policies in the US and UK[J]. Contemporary Sociology-A Journal of Reviews，43（3）：416-418.

[244] Total Income from Farming in the United Kingdom[R]. United Kingdom：

Department for Environment, Food & Rural Affairs, 2020.

［245］李德健.英国慈善法研究[D].济南：山东大学，2016.

［246］张璟，许竹青.扶贫与社会保障制度结合的减贫国际经验启示[J].世界农业，2019（02）：9-14+106.

［247］Lichter D T., Brown D L. Rural America in an Urban Society: Changing Spatial and Social Boundaries[J]. Annual Review of Sociology, 2011, 37（1）: 565-592.

［248］罗鸣，才新义，李熙，逯汉宁，梁晶晶，孔双阳.美国农业产业体系发展经验及其对中国的启示[J].世界农业，2019（04）：43-46.

［249］刘鹏，贺露，尤龙.美国农业从业人口来源构成分析[J].农村经济与科技，2020，31（005）：234-235.

［250］谢冰.美国农业科技政策变迁及对中国的启示[J].科学管理研究，2020，38（3）：146-151.

［251］芦千文，姜长云.乡村振兴的他山之石：美国农业农村政策的演变历程和趋势[J].农村经济，2018（09）：1-8.

［252］赵洪宝.社会公平视角下的美国农业扶持政策研究[J].世界农业，2015（04）：87-90.

［253］夏金梅."三农"强富美：美国乡村振兴的实践及其经验借鉴[J].世界农业，2019（05）：10-14.

［254］Hagen, Everett E. 1962. On the Theory of Social Change: How Economic Growth Begins, Homewood, IL: Dorsey Press.

［255］Tsakok, Isabelle. 2011. Success in Agriculture Transformation [M]. Cambridge University Press.

［256］Yamamura, Kozo. 1986. "The Meiji Land Tax Reform and Its Effects." In Marius B. Jansen and Gilbert Rozman, eds., Japan in Transition: From Tokugawa to Meiji, pp. 382-399, Princeton, NJ: Princeton University Press.

[257] World Bank 1993. The East Asia Miracle: Economic Growth and Public Policy. A.

[258] World Bank Policy Research Report. Oxford: Oxford University Press for the World Bank.

[259] World Bank 2004. Little Data Book. Washington, D.C.: World Bank.

[260] 于喆.日本农村土地管理制度对中国乡村振兴的启示[J].农业与技术, 2019, 39(10): 168-170.

[261] 茹蕾, 杨光.日本乡村振兴战略借鉴及政策建议[J].世界农业, 2019 (03): 90-93.

[262] 冯勇, 刘志颐, 吴瑞成.乡村振兴国际经验比较与启示—以日本、韩国、欧盟为例[J].世界农业, 2019 (01): 80-85, 98.

[263] 王芳, 孙庆刚, 白增博.以绿色发展引领乡村振兴—来自日本的经验借鉴[J].世界农业, 2018 (12): 45-48, 75.

[264] 张佳书, 傅晋华.日本推行农村振兴的措施对中国制定乡村振兴战略规划路线的启示[J].世界农业, 2019 (02): 43-48.

[265] 徐雪.日本乡村振兴运动的经验及其借鉴[J].湖南农业大学学报（社会科学版）, 2018, 19(05): 62-67.

[266] World Bank, "Korea at a Glance," September 2, 2003.

[267] Ban, Sung Hwan, Pal Yong Moon, and Dwight H Perkins. 1980. Studies in the Modernization of Republic of Korea: 1945-1975, Rural Development. Cambridge, MA: Harvard University, Council on East Asian Studies.

[268] Eberstadt, Nicholas. 1996. "Material Progress in Korea since Partition." In Ramon H. Myers, ed., The Wealth of Nations: The Policies and Institutional Determinants of Economic Development, pp. 148-49. Stanford, CA: Hoover Institution Press.

[269] Kang, Kenneth and Ramachandran, Vijaya. 1999. "Economic

Transformation in Korea: Rapid Growth without Agricultural Transformation?" Economic Development and Cultural Change 47（4）: 783-801.

［270］Ramachandran, Vijava. 1995. "Does Agriculture Really Matter? The Case of Korea: 1910-1970." Journal of East Asian Economics 6（3）: 367-84.

［271］Ban, Sung Hwan . 1979 . "Agricultural Growth in Korea, 1918‐1971." In Yujiro Hayami, Vernon M. Ruttan, and Herman M. Southworth, eds., Agricultural Growth in Japan, Taiwan, Korea, and the Philippines, pp. 90‐116, Honolulu: University Press of Hawaii for the East‐West Center.

［272］Chung, Yung. 1990. "The Agricultural Foundation of Korean Industrial Development" in H. Lee Chung and Yamazawa, Ippel, ed., The Economic Development of Japan and Korea: A Parallel with Lessons. Westport, CT: Praeger.

［273］Park, Sup & Hee, Hang. Korean State and Its Agrarians: A Political and Social Condition for Saemaul Movement. Korean Political Science Review, 1997（3）: 47-67.

［274］中国农业银行三农政策与业务创新部课题组, 李润平.发达国家推动乡村发展的经验借鉴[J].宏观经济管理, 2018（09）: 69-77.

［275］李拯宇."我来做""我能行"—听韩国农民河四容讲新村运动的故事[J].农民文摘, 2007, （001）: 52-53.

［276］习近平.决胜全面建成小康社会夺取新时代中国特色社会主义伟大胜利［N］.人民日报, 2017-10-28（1）.

［277］中共中央, 国务院.中共中央 国务院关于实施乡村振兴战略的意见[EB/OL]. 2018[2022]. http://www.gov.cn/zhengce/2018-02/04/content_5263807.htm

［278］黄季焜, 陈丘.农村发展的国际经验及其对我国乡村振兴的启示[J].农林经济管理学报, 2019, 18（06）: 709-716.

［279］中共中央 国务院关于坚持农业农村优先发展做好"三农"工作的若干意见[J].中华人民共和国农业农村部公报, 2019（02）: 4-11.

[280] 中共中央 国务院关于抓好"三农"领域重点工作确保如期实现全面小康的意见[J].中华人民共和国农业农村部公报，2020（02）：6-12.

[281] 中共中央关于制定国民经济和社会发展第十四个五年规划和二〇三五年远景目标的建议[N]. 人民日报，2020-11-04（001）.

[282] 中共中央国务院关于全面推进乡村振兴加快农业农村现代化的意见[N]. 人民日报，2021-02-22（001）.

[283] 中共中央国务院关于实现巩固拓展脱贫攻坚成果同乡村振兴有效衔接的意见[N]. 人民日报，2021-03-23（001）.

[284] 中华人民共和国国民经济和社会发展第十四个五年规划和2035年远景目标纲要[N]. 人民日报，2021-03-13（001）.

[285] 国家发展和改革委员会.关于2020年国民经济和社会发展计划执行情况与2021年国民经济和社会发展计划草案的报告[N]. 人民日报，2021-03-14（002）.

[286] 最高人民法院关于为全面推进乡村振兴加快农业农村现代化提供司法服务和保障的意见[N]. 人民法院报，2021-07-27（003）.

[287] "十四五"推进农业农村现代化规划[N]. 人民日报，2022-02-12（001）.

[288] 农业农村部.全国乡村产业发展规划（2020-2025年）[EB/OL].（2020-07-17）2021-04-301.http：//www.gov.cn/zhengce/zhengceku/2020/07/17/content_5527720.htm

[289] 吴理财.近一百年来现代化进程中的中国乡村—兼论乡村振兴战略中的"乡村"[J].中国农业大学学报（社会科学版），2018，35（03）：15-22.

[290] 中共中央，国务院. 中共中央国务院关于促进农民增加收入若干政策的意见[EB/OL]. 2004[2022].http：//www.gov.cn/test/2006-02/22/content_207415.htm

[291] 王先明.现代化进程与近代中国的乡村危机述略[J].福建论坛（人文社

会科学版），2013（09）：86-91.

［292］钱宁.从摆脱贫困到乡村振兴—对当代中国农村变迁的历史考察和现实思考[J].西北师大学报（社会科学版），2022，59（01）：30-40.

［293］川江.乡村振兴：实现民族复兴的重要"高地"[J].中国商界，2021（Z1）：14-15.

［294］洪丽丽.乡村振兴对我国现代化进程的影响[J].合作经济与科技，2019（23）：18-20.

［295］黄承伟.乡村振兴的时代价值[J].红旗文稿，2021（23）：29-32+1.

［296］张小平.乡村振兴战略的伟大意义—学习《习近平谈治国理政》第三卷[EB/OL].2020[2022].http：//www.hinews.cn/news/system/2020/09/03/032411925.shtml

［297］张翼.乡村振兴重在治理有效[EB/OL].2018[2022].http：//theory.people.com.cn/n1/2018/1023/c40531-30356878.html.

［298］C. Martin Wilbur, Sun Yat-sen: Frustrated Patriot[M], New York: Columbia University Press, 1976, pp. 96-111.

［299］牛若峰.中国农业现代化走什么道路[J].中国农村经济，2001（01）：4-11.

［300］党国英.我国乡村治理改革回顾与展望[J].社会科学战线，2008（12）：1-17.

后　记

　　中国的现代化进程本质上也是农业现代化、农村现代化和农民现代化的过程。把中国最终建成社会主义现代化强国，离不开强大的、现代的农业、农村和农民群体。正在推进的乡村振兴战略，正是按照这样一个目标展开的一个全面的现代化的行动，所以从这个角度讲，本书中反复强调现代化的进程，对于乡村振兴具有重要意义。

　　谈到现代化问题，人们会有意无意地把已有现代化国家作为衡量、评价中国现代化程度的标准。但事实上，中国现代化有其特殊性，这个特殊性就在于中国有完全不同于西方原发性现代化国家的国情。中国的国情决定了中国现代化道路是不同于西方的，这是准确把握中国式现代化道路的关键。本书第一章系统梳理了中国现代化基本路径和中国现代化进程的历史基础，特别提到中国实现现代化的基本国情，包括人口众多、人均资源紧张、吃粮问题等等。在此基础上以新中国成立为起点，从经济、社会、政治各个方面阐述中国现代化基本路径。第二章聚焦中国农业、农村和农民现代化的基本进程以及与发达国家的主要差距。新中国成立以来，以土地生产率、劳动生产率、科技进步贡献率等指标反映的中国农业现代化水平显然要优于以基础设施和公共服务建设以及农民生活水平为代表的农村现代化水平，但无论如何，中国的农业农村现代化已经成为社会主义现代化的重要组成部分，并且成为未来一个时期国家建设的重点，由此引入第三章。

　　第三章阐述国家现代化进程中乡村振兴的战略和政策问题。从国家现代化进程的角度讲，实施乡村振兴战略的意义就不仅仅是乡村经济发展的问题，而且是政治、经济、社会和文化多个领域系统性关系的变迁问题。因此，未来乡村振兴的目标和内容，都涵盖了对乡村的政治、经济、社会和文化维度的再造。这显然有别于民国时期的乡村建设，也有别于新中国成立初期的农业现代化，因为无论是在民国时期展开乡村建设还是新中国成立以后展开农业现代化和工业化，国家的整体政治、经济、社会、文化结构均未达到一个高水平的现代化程度。从政策的角度看，今天的中国已经进入工业反哺农业、城市反哺农村的阶段，所以实施乡村振兴战略，实际上是推动国家最终完成现代化的问题。

乡村振兴并不是刚刚开始的行动，乡村振兴是国家现代化进程的重要组成部分，因此乡村振兴是一个历史的过程。中国的乡村自改革开放起就进入到了快速变化的过程，农业劳动力开始转向工业和城市。在这个过程中，出现了所谓的转型社会经济问题。随着城市化和工业化的推进，乡村的经济规模、人口数量都在不断萎缩，乡村出现衰落现象。在此条件下，自21世纪初以来，反哺农业、反哺农村开始成为乡村变迁的主要特征。21世纪初实施的减免农业税的举措以及建立农村低保、养老保险和农村新型合作医疗等制度，均标志着乡村发展进入到一个良性循环阶段，而社会主义新农村建设则可以认为是乡村振兴实践的开端。因此，第四章是以中国的乡村建设实践为基础，展示不同历史阶段乡村建设的实践案例，特别是在新阶段全面实施乡村振兴战略背景下，不同地方所开展的乡村振兴实践探索。

第五章则引入"他山之石"，以英国、美国、日本和韩国等国家乡村发展经验为切入点，系统梳理这些国家的经验，从而为中国的乡村振兴实践提供借鉴。

第六章站在全局的视角对乡村振兴战略在国家现代化建设进程中的价值和意义进行小结。一方面，乡村振兴作为一个长期战略，需要有足够的耐心去实践；另一方面，也应清楚地看到乡村振兴对实现国家现代化建设目标的重要意义，这也坚定了我们对中国式现代化道路的探索。

本书的特色在于从中国现代化进程看乡村振兴。从这个"大"视角看乡村振兴有利于从历史视野、全球视野、发展视野理解中国特色社会主义道路的理论内涵,理解中国式现代化进程的特殊性,以及中国在新阶段解决城乡矛盾的实践创新。在中国全面建成小康社会迈向社会主义现代化建设的新征程阶段,本书希望以此记录中国站在新的历史起点上全面实施乡村振兴战略的重大部署和实践探索,为丰富中国式现代化理论和实践作出贡献。

本书由李小云主持编写,作者分工如下:于乐荣负责第一、二、六章的编写,陆继霞负责第三章,董强负责第四章,张传红负责第五章,于乐荣负责最后统稿并撰写后记。李小云对全书写作风格和理论脉络做整体把握。中国农业大学人文与发展学院的杨淋淋、钱坤、姚秋涵、刘鑫、黄琛丹、林海森、梁明鑫、周涛、周昊泽等同学均参与了资料收集和撰写工作。

本书写作的资料来源是已公开出版和发表的著作、论文等文献,所用的数据主要来自国家统计局网站、世界银行网站以及各种类型的统计年鉴。本书涵盖资料比较丰富,逻辑线条明晰,结构编排合理,既可以作为学术著作阅读,也适合作为教学参考书来阅读使用。

本书的出版得到了湖南人民出版社的大力支持,得到云南省李小云专家工作站(202305AF150133)、中国农业大学2115人才工程的资助,在此一并表示感谢!书中若有不当之处,也欢迎读者朋友批评指正。

编　者